成功开店系列

CHENGGONGKAIDIANXILIE

U0876031

开店创业超级指导书！

这样开餐饮店才能赚

常桦/编著

择店址、选装修、购设备、招人才

全方位打造属于你自己的钻石店铺！

华中师范大学出版社

新出图证（鄂）字 10 号

图书在版编目（CIP）数据

这样开餐饮店才能赚 / 常桦编著. —武汉：华中师范大学出版社，2012.12
（成功开店系列）

ISBN 978-7-5622-5802-5

Ⅰ. ①这… Ⅱ. ①常… Ⅲ. ①饮食业—商业经营 Ⅳ. ① F719.3

中国版本图书馆 CIP 数据核字（2012）第 252559 号

这样开餐饮店才能赚

常 桦 编著

出品人：	范 军	**总策划：**	段仁国
责任编辑：	胡 维 郑 光	**责任校对：**	陈景熙
编辑室：	对外合作部	**电 话：**	027-67867370
出版发行：	华中师范大学出版社		
选题策划：	北京快乐共享文化发展有限公司	**电 话：**	010-63703381（发行）
社 址：	湖北省武汉市珞喻路 152 号	**邮 编：**	430079
电 话：	027-67863040（发行）	**传 真：**	027-67863291
网 址：	http://www.ccnupress.com	**电子信箱：**	hscbs@public.wh.hb.cn
经 销：	全国新华书店		
印 刷：	北京画中画印刷有限公司		
字 数：	250 千字		
开 本：	710mm × 1000mm 1/16	**印 张：**	19
版 次：	2013 年 1 月第 1 版	**印 次：**	2013 年 1 月第 1 次印刷
定 价：	32.00 元		

欢迎上网查询、购书

前言

Preface

有人的地方，就会有吃饭需要。餐饮业是一个古老而又永远充满活力的行业，永远吸引着大量的投资者。世界经济合作组织的一份研究报告声称，餐饮业将是新千年蓬勃发展的 15 类热门行业之一。

民以食为天。中国是饮食大国，有着五千年饮食文化的悠久历史，是真正的美食之乡，更有着“只有中国人是用舌头吃饭”的说法。

一个社会，无论经济发展到什么程度，都离不开吃饭。餐饮业是当之无愧的“百业之首”，从古至今，只有餐饮业长久不衰。时至今日，还在向更繁荣的方向发展。

美国石油大亨老洛克菲勒曾对他的儿子说：当你潦倒到兜里的钱只能用来干点小事，而又不想受制于人的时候，你就去开家餐饮店。因为自己总要吃饭，别人也要吃饭。所以，开餐饮店是明智之举。

开餐饮店就像魔力巨大的磁石，吸引着创业者。这些进入餐饮行业的创业者形形色色：或是因为生活所迫，无奈从几张桌子开张做起餐饮；或是有某项拿手好菜，众人称赞之余筹划开餐饮店；或是阴差阳错，误打误撞进入餐饮行业等。

开餐饮店如此吸引人，无非具有三大优势：一是投资可大可小，既可独立经营，也可联营、加盟；二是投资周期短、见效快，做对路了，短短几年时间，就能完成从单店到连锁的整个发展过程，做到资金的快速增值；三是门槛不高，进退自如。因此，餐饮业也就成为众多创业者首次创业的最佳选择。

开餐饮店虽然能赚钱，但并非每家餐饮店都生意兴旺，也并非每位餐饮店老板都能稳赚不赔。想要开一家赚大钱的餐饮店，并不容易。如果你开了一家餐饮店，客人要点的菜没有原料，服务员不小心把菜洒到客人身上，招来的员工跳槽了，采购员从中吃回扣，客人对餐饮店的菜价不满意，客人在就餐时丢失财物……种种情况，从一家餐饮店开业的那一刻起，都难以避免。所以，要想开一家赚钱的餐饮店，就要学会如何去处理餐饮店经营中每天都会遇到的这些问题。这些问题涉及顾客管理、员工管理、设施管理、采供管理、成本管理、品牌管理等方面。一位出色的餐饮店老板，必定是一个出色的管理人才。要想经营一家赚钱的餐饮店，也要从这几方面入手，真正地解决每日餐饮店运营中这些“麻烦事”。这样才可以为自己的财路清扫障碍，“财神爷”才会光临你的餐饮店。

开一家餐饮店绝不是小打小闹那么简单，开一家赚钱的餐饮店更是难上加难，需要百分之百的热情和策划，更需要不断地学习和借鉴他人的成功经验。

餐饮业市场潜力巨大，但同时也面临着“适者生存”的问题。餐饮业作为服务业的一种，不仅要提高自己的硬件设施、特色菜肴，而且要重视人性化管理，人性化服务。不仅要顾客满意，而且要顾客为你疯狂。尽管现在的市场中，大大小小的餐饮店数不胜数，每位经营者都面临着严峻的竞争形势，但是客人永远会选择他们心中最好的。经营者要想让客人经常光顾你的餐饮店，就要努力提高菜肴的质量、服务的质量，建立自家餐饮店的特色，只有这样才能吸引更多的客人。

本书从市场定位、地理位置、注册登记、店面装饰、菜单制定、店面设计、细节服务到内部管理等诸多方面，告诉创业者怎么做才能开好一家餐饮店。不仅要让这家餐饮店能够赚钱，还要能够持续稳定地发展下去。本书就是为准备进入餐饮业和那些已经进入该行业，但希望获得更大发展的创业者而准备的。希望书中的知识，将会给创业者的餐饮店经营有所帮助。

目 录
Contents

第一章 把握开餐饮店的方略

要想开一家赚钱的餐饮店，要通盘考虑。只有把全部需要规划的工作都整理出来，在餐饮店还没有正式启动之前，掌握好开餐饮店的核心要素，做到心中有数，才能正式开始筹划开餐饮店的事宜。

第二章 位置是成功开餐饮店的核心

餐饮店的位置对经营有着决定性的影响，位置选择在餐饮店的筹备工作中是重要的环节之一，是制定经营方针、选择经营方式、确定投资力度等重要决策首要考虑的因素。

第三章 注册登记，依法经营

餐饮服务关系着消费群体的健康和安全，顾客希望餐饮店卫生条件好，食物干净卫生。政府机构对餐饮业的控制十分严格，必须办理合法的营业执照、健康证、卫生许可证及环保审批程序、消防审批程序。

第四章 店面装饰，彰显特色

店面装修风格和店内的氛围，是吸引顾客的重要因素。很多餐饮店都把特色风格、气氛作为经营的主要卖点。通过塑造餐饮店的形象个性，增强餐饮店的影响力，提高其竞争力。

第五章 员工管理，以人为本

餐饮业员工流动大而快，会影响到餐饮店的经营效益和业绩。如何招聘到合适的员工，如何让员工协调一致，如何让员工有积极性，这是管理者必须考虑的问题。

第六章 菜单管理，餐饮名片

菜单是菜肴最佳“代言人”，是餐厅与顾客间的桥梁。菜单必须依靠餐饮店业主的精心策划和安排，突出重点，能展现餐厅经营风格，并运用色彩、图案等设计技巧吸引顾客注意，成为整体营销策略的一部分。

第七章　厨房管理，系统规范

厨房是生产餐饮店菜式的场所，厨房管理是餐饮店管理的重要环节。厨房管理成功与否，对菜肴质量、食品成本、餐厅服务质量及客人和餐饮店的利益举足轻重。厨房管理既复杂又困难，对新开业的餐饮店来说更是如此。

第八章　采供管理，价廉物美

原材料的采购和储存，直接影响到食材的质量和菜品价格，最终会影响到店面的经营效益。聪明的经营者都会从各个环节入手，下力气制定一套精细的后台流程，以保证品质，降低成本，促进赢利。

第九章　服务管理，顾客至上

做餐饮就是做服务，这一点已经成为人们的共识。要使餐饮店客满盈门，获取好的赢利，就必须把服务工作做好。坚持客人至上原则，处理好与客人之间的关系，创造出一流的服务，满足客人的需要。

第十章 顾客管理，情感为王

回头客是餐饮经营的重要顾客资源，是给餐饮店带来最多利润的顾客。一个餐饮店回头客数量的多寡，是餐饮店经营状况好坏和经营是否得法的一个重要的衡量尺度。因此，必须正确处理和顾客的关系，赢得回头客。

第十一章 特色管理，创新服务

人无我有，人有我优，人优我特，这是餐饮店取胜的永恒之道。在竞争激烈的时代，餐饮店一定要学会打造自己的特色，挖掘各种资源，创造有个性的菜品，创造出特有文化氛围，方可脱颖而出，成为餐饮市场上的佼佼者。

第十二章 成本控制，开源节流

餐饮店经营，只有打好算盘才能赚大钱。一旦餐饮店开业，每天就有各种现金流。只有通过精确的利润核算，量入为出，开源节流，看好自己的钱袋，防止各种财务陷阱，才有可能让自己的财富实现增长。

第十三章 安全卫生：平安坐谈，洁净吃喝

安全第一，是餐饮店全体人员必须牢记在心的原则。饮食的卫生和就餐环境直接关系到餐饮店的声誉和生意，更与顾客的健康息息相关。因此，无论设备、条件多么有限，都绝对要把好卫生关，营造良好的饮食环境。

第十四章 个性营销，追求创新

影响餐饮店成败的因素很多，但最关键的因素是经营策略。从一个餐饮店的市场定位，到确定经营目标，最后到制订经营策略。这一过程如果有一个环节出错，那么对于经营者来说就意味着失败。

第十五章 品牌塑造：根植文化，有口皆碑

餐饮市场的竞争，已由数量型向质量型转变，由价格竞争向品牌竞争发展。创品牌效应，适应新的市场竞争，将是今后餐饮市场竞争的焦点。餐饮店要想获得一定的市场占有率，形成可持续竞争的能力，必须有广大消费者充分认可的菜点信誉度。

第十六章 创新求变：异曲同工，新颖独到

餐饮店经营的创新，就是指用新的理念、手段和方法来整合餐饮店的各种资源，以创造一种新的餐饮运行模式。其根本目的就在于满足顾客需求，节约资源，创造竞争优势，实现餐饮店的不断发展壮大。

第一章

把握开餐饮店的方略

要想开一家赚钱的餐饮店，要通盘考虑。只有把全部需要规划的工作都整理出来，在餐饮店还没有正式启动之前，掌握好开餐饮店的核心要素，做到心中有数，才能正式开始筹划开餐饮店的事宜。

了解餐饮店经营的特点

餐饮店经营不同于其他行业，餐饮产品生产与其他产品生产相比，具有以下不同的特点：

即时性，及时性。餐饮产品生产是通过对食品原材料的加工、切配、烹调制作来完成的。餐饮生产的过程短，随产随销。即时性是指生产的速度快，及时性是指客人点菜后立即生产，即最大限度地缩短客人的等候时间。一份菜品制作往往只需要几分钟或十几分钟。即使是一次宴会所需的全部菜品也不会超过几个小时。菜品烹制完成后，必须马上销售。否则，菜品的色、香、味、形、温度等都将受到影响，将无法满足客人的消费需求。而且，上菜速度的快慢往往可以反映出一家餐饮店的经营管理水平。

餐饮管理具有很强的时间观念，必须将食品原材料的采购供应、加工切配、烹饪制作和销售服务形成一个整体，要坚持“一条龙”服务，正确处理生产过程中各个环节的关系，保持其衔接和协调。

多品种，小批量。餐饮产品有各种不同的风味，在长期的历史发展中又形成各种菜系和派别，如中餐有川菜、鲁菜、粤菜、淮扬菜等菜系。每一种菜系又能烹制出成百上千个品种。就一个具体的餐饮店而言，菜单上一般要安排几十个花色品种。随着季节和客人需求的变化，这些花色品种常常不断调整。

餐饮产品生产属于个别的订制生产，每个品种所生产的份数又比较少，事实上是一个多品种、小批量的生产管理过程。餐饮生产是等客人上门之后，根据客人点菜来烹调所需的成品，与一般企业依照规格大批量、标准化生产产品的方法是完全不同的，这就给餐饮产品的质量管理和统一标准带来了一定难度。

从技术要求的角度看，餐饮店每个品种的主料、配料、调味料和烹制方法各不相同，产品质量取决于厨房的技术力量和厨师的高超技艺。

因此，餐饮管理必须合理选择经营风味和花色品种，加强技术力量的培训，发扬优秀传统特色，树立应变思想和竞争观念，坚持继承和发展相结合，扬长避短，推陈出新，合理安排和适时调整花色品种，生产出独具特色的风味产品，创出自己的经营品牌。

餐饮店的食品原材料品种很多，在生产过程中，各种原材料的拣洗、宰杀、拆卸、涨发、切配方法和配制比例各不相同，原料耗损程度差别很大，它们在不同的餐饮产品中既可作为主料，也可作为配料或调料。

此外，食品原材料要经过采购、储藏、领料、发料、粗加工、切配和烹制过程，容易发生腐烂、丢失、耗损、报废等现象，使原材料管理不易控制。

随机性，不确定性。只有客人上门，餐饮店才能有生意可做，而因就餐者到来的时间、人数、消费需求等众多因素的影响，餐饮店很难准确预先估计。所以说，产量的随机性强，具有不确定性。

根据这一特点，餐饮店要做好充分的准备工作，以满足不同客人的多种需求为目标，充分利用天时、地利与人和的有利条件，吸引更多的客人前来就餐，以提高餐饮店的赢利水平。

餐饮店的生产原料种类繁多，而且很多属于鲜活原料，具有很强的时间性。一旦保存处理不当，就很容易腐烂变质，不仅严重影响产品质量，而且会使餐饮成本增加。餐饮产品因生产原材料不易储存这一特点，导致该产品没有工业产品储藏待售这一环节，因而餐饮产品具有不可储存性。

经营多样化。餐饮店接待客人的人数受到餐饮店面积大小、餐位数量多少的限制。餐饮店必须采取积极有效的措施，改善就餐环境，增加服务项目，提高服务质量，不断推出特色产品，吸引更多的客人前来就餐，从而提高就餐座位的周转率以及每位客人的平均消费水平，增加餐饮产品的销售量，达到提高餐饮店营业收入的目的。

此外，餐饮销售量还受到就餐时间的影响，尽管可以不断地变换经营品种和经营方式，但效果毕竟有限。所以，餐饮店一方面应在延长营业时间方面做文章，另一方面还要考虑拓展服务范围，如送餐服务、外卖等，以提高餐饮销售量，获得良好的经济效益。

餐饮店菜系多，餐饮类型多，花色品种复杂，市场客源广泛。因此，经营方式要灵活多变，除了正常的一日三餐外，还可以根据市场需要，举办各种食品节、食品周、啤酒节、烧烤会等经营活动，将餐饮产品销售同会议、演出、自娱自乐、音乐茶座等各种文化活动结合起来。

在实际经营过程中，餐饮收入多少与接待人次、人均消费水平关系密切。餐饮店座位就餐者周转越快，人均消费水平越高，收入越多；反之，收入越少。餐饮收入水平的高低主要取决于餐饮店的等级规格、市场环境、客流量大小、人均消费水平和服务质量。

因此，餐饮产品销售必须坚持经营方式灵活、服务项目灵活、产品价格灵活；必须努力挖掘潜力，广泛组织客源，提高餐饮店上座率和人均消费水平，改变客人消费构成，增加餐饮营业收入。

餐饮店的营销活动受季节、气候、地理位置、交通条件等多种因素的影响，特别是旅游业的发展程度及季节波动性、当地居民的消费方式和消费结构对餐饮经营的影响较大，必然带来营销活动的波动性。一年中有旅游淡季、旺季、平季之分，餐饮收入也必然会产生多和少甚至亏损之分。就是同一季节因天气或节假日等因素的影响，餐饮营销也同样会具有波动性。

另一方面，餐饮产品销售一般分早、中、晚三餐，其营销活动还有一定间歇性。餐饮店必须根据自身所处客观外界环境，研究营销活动变化规律及其波动程度，采用灵活多样的经营方式，充分运用市场调节手段，广泛组织客源，尽量克服不利因素的影响。

同时，要根据业务活动间歇变化规律，做好人力资源的调配和劳动组织，提高劳动效率和服务质量，降低劳动消耗。

餐饮服务的一次性是指服务只能当次使用，当场享受，不能被储存以备后用。表现在餐饮服务不能被保存储藏以应对将来之需这一点上。客人的感受和餐饮店所提供的服务同样是一次性的，不存在事后弥补的问题。

虽然仓库可以储存餐饮店在数月内所需的食品原料，但厨房却不能在一天内生产即使一周营业所需的餐饮产品。同样，餐饮店服务员由于闲着无事而浪费掉的时间，不可能延迟到第二天再使用。

同时，由于餐饮店的接待能力在一定时期内一般都固定不变，而客人的需求量却在不断地变化，因而造成了厨房、餐饮店应付需求波动的难度，特别是当就餐客人突然大量增加时，会不可避免地给厨房、餐饮店带来胁迫感。

餐饮服务中，任何一个环节出现问题，对于整个服务过程来说都是无法弥补的。因此，餐饮服务的一次性特点要求餐饮店必须采取措施，主动地改变客人的需求波动，使客人的需求量尽量接近餐饮店的接待能力，减少因接待能力不足或客流量不足所造成的损失。同时，餐饮店要注意接待好每位客人，给他们留下良好的印象，通过各种销售渠道推销餐饮产品，最终使客人成为回头客，并带来更多的新客人。

由于餐饮服务包含着大量的手工劳动，又由于员工的工作态度、技能技巧等各有好坏和高低之分，因此，餐饮服务不可避免地产生质量和水平上的差异。

服务的差异性并非指一家餐饮店和另一家餐饮店的服务之间存在着差异，而是指同一家餐饮店所提供的服务存在着差异，具体表现为同一员工在不同的时间、不同的场合或对于不同的服务对象所提供的同一餐饮产品或服务往往水平不一，质量不同。

因此，制定严格的服务质量标准和服务操作规程，坚持执行服务质量标准，加强员工培训，不断地改善、端正服务态度，提高服务技能，使员工的服务工作尽可能规范化、标准化，这是餐饮服务取得成功的必要措施。

餐饮服务具有无形性的特点。餐饮服务只能在客人购买并享用餐饮产品后，凭借生理和心理的满足程度来评估其质量优劣，所能带走的也只是服务产生的效果，即服务对客人所产生的生理、心理、感官上的作用和影响。

餐饮服务的无形性特点给餐饮店销售和管理工作带来诸多难点，为了不断提高服务质量，餐饮店的所有员工必须树立全员参与服务的理念，不分前后台，齐抓共管，只有这样，才能全面提升餐饮服务的整体水平。

餐饮服务具有同步性。餐饮产品多是生产、销售、消费同步进行。餐饮产品的生产过程，实际上就是客人实现消费的过程。餐饮服务同步性的特点使得餐饮产品不可储存。这就要求餐饮店除了考虑餐饮产品的生产环境，还要考虑其销售环境。使每一位服务员充分利用现场推销的机会，以良好的服务推动餐饮产品的生产与销售，为餐饮店创造更多的利润。

开一家适合自己的餐饮店

在做准备工作和开始经营之前，你必须首先确立自己希望开一个什么形式的餐饮店。通过下面对餐饮店的分类排列，你大致可以了解你希望自己开一个怎样的餐饮店，也就是你的餐饮店的基本定位。

高档餐饮店提供上档次的餐饮服务，所以无论从品位、档次、目标客户的收入等都相对较高。高档餐饮店的特点是配有领班，陈设和气氛都十分注重礼仪、规范；菜单内容丰富，注重中国传统著名菜系或欧洲式菜肴，供应名贵酒水；配备数量充足、操作熟练、服务规范标准的服务人员；经营成本昂贵；餐厅装饰精美、豪华。

中档餐饮店在大街上随处可见，一般为大众提供餐饮服务，规模、档次等都相对较低或者中等。其特点是餐厅装饰较好，不限于单一主题；菜单内容丰富，努力适应各种口味；能够提供餐桌服务；劳动力成本较高，库存各种食品、饮料。

民族和风味餐饮店供应某个国家或地区的特色饮食以及各种风味的饮食，如中国四川、扬州、广东，国外的意大利、墨西哥等地方特色菜肴，以及中国边疆少数民族的特色佳肴，装饰风格随主题而定。民族和风味餐饮店的特点是菜肴饮食以地方、民族特色为主；可以提供餐桌服务；服务人员较少；规模一般较小，但亦可以扩至一定的规模。

西餐厅是指装潢西化、提供欧美餐饮及以西式服务为主的餐厅。为方便大多数不谙西餐的消费者，大部分的西餐厅都供应套餐，如A餐和B餐，其顺序大致是汤、沙拉、主菜、甜点及最后的饮料。有些西餐厅为吸引更多的客人，甚至还会供应排骨饭、鸡腿饭等中式菜单让客人选用。因此现在吃西餐并非大款人士的专利，也没有特别讲究的餐饮礼仪，其休闲娱乐的性质大于正餐的性质。

自助餐的宗旨是以低廉的价格快速供应营养丰富、菜式多样的饮食给在外工作、上学的人食用。目前自助式除了广泛运用于学校、机关等团体外，还为一般商业型餐厅普遍接受。自助餐已成为全世界流行的一种用餐方式。

自助餐饮店按照目前的方式大致有两种：第一种是纯粹的自助式餐厅，其特点是食物需要提前做好准备，以便随时供应客人自取所需要的食物（一般来讲，饮料除外），并按所取付账，能在最短的时间内供应最多的客人；第二种经营方式叫“随意吃”，该方式与自助餐一样由客人自己端盘自取食物（烤肉则由服务员切割），一次付费任由吃喝到饱。

自助式餐饮店的特点是装饰别具一格；设有印制的菜单，供应热菜和冷拼盘；食物排行陈列，任由顾客选取；服务人员较少，厨房人员较多；由于采用“顾客自取和自助”的方式，所以餐饮店的餐饮成本可能较高，难以管理。

快餐餐饮店又称为盒饭业快餐业，是以米食为主的餐饮特色。盒饭的主要供应对象是学生、工厂和机关的员工及医院中的病人，价格在 8 元至 15 元，菜色内容和营养含量则根据价格而变化，大致有主菜类（如炸排骨、鸡腿）、半荤菜类（蛋、肉丝炒菜）及素菜类。目前盒饭业正在逐渐摆脱过去厨房的制作方式，从改善调理人员的工作习惯和工作环境着手，采用制度化的采购与科学化的生产系统，以求能达到预期的营养和卫生目标，减少因盒饭引起食品中毒的可能性。随着都市人生活形态的转变，中午吃自带的饭盒餐的情况已日渐稀少，大都市的快餐行业迅速发展。

快餐餐饮店的特点是膳食既可在快餐饮店内食用，又可以带出室外；菜单中品目有限且价格低廉；午餐和正餐价格低；服务迅速高效，膳食可按照顾客的要求配制；服务人员较少；工资和食品成本低廉。

以上是几种主要的餐饮店类型。这些类型的餐饮店目前在国内基本上都已经存在。到底要开怎样的一个餐饮店，怎么经营餐饮店，具体还要看当地市场环境、投入资金等情况。

合适的才是最好的

在餐饮店经营模式上有很多种选择。可以采取独资经营，也可以选择合伙经营，这两种经营形式各有利弊。餐饮店的经营者要根据自己的实际情况，谨慎选择经营模式。

独资经营是指资产归出资者个人所有，经营者独自承担无限责任，同时享有全部收益的经营方式。

独资经营的优点如下：

（1）利润的独占性。无论办企业、做买卖，追求利润是经营者最主要的目的，因此利润归属是关键所在。在独资经营的餐饮店中，由个人出资，最终利润自然归个人所得。

（2）经营的灵活性。个人独资的餐饮店规模相对要小，机构相对简单，操作方式灵活机动。由于资产归一方所有，在市场迅速变化的时候可以及时调整和改变管理策略，充分发挥自己的经营管理才能和运营艺术，从而使自己的餐饮店从管理到经营都有自己的特色。

（3）财务的保密性。独资经营的餐饮店除了按时上缴所得税和其他需缴税费外，无须担心竞争对手知道自己的利润和账目情况。

（4）服务的个性化。个人独资的餐饮店能够随时依据顾客的要求改变服务内容，提供顾客所选的菜肴，从而建立自己的固定顾客群。

独资经营的缺点如下：

（1）独资经营者的个人财产和企业财产基本上是不分割的。从开始投资的第一天起，就得做好心理准备来承担所有的风险。当餐饮店资产不足以清偿债务时，法律将强制经营者以个人的财产清偿。

（2）发展规模容易受到限制。由于独资餐饮店资本的扩大完全依靠所得利润的再投资，因此，个人投资资金和利润的有限性自然限制了企业的发展，所以个人独资经营的餐饮店规模扩展是有限的。

（3）存在时间的限制。存在时间的限制是指餐饮店的寿命，由于个人独资餐饮店在资金规模方面缺乏竞争力，开业不久即告停业的现象并不少见。经营者对此有举足轻重的作用，一旦经营者发生问题，餐饮店很可能倒闭。因此，独资餐饮店存在的时间往往比合伙餐饮店要短。

合伙经营是指由两个或两个以上的合作伙伴共同出资联合经营的企业。合伙经营中，合作伙伴之间应该有明确的权利和义务，更重要的是合作伙伴之间能否达成共识。如果不能达成共识，再多的资金也毫无意义。此外，合作伙伴能否同甘共苦也必须充分考虑到。

合伙经营的优点如下：

（1）资金源充足。与独资经营形式相比，合伙经营有着更为广阔的资金源。每个人拥有的资金是有限的，如果是两个人合伙，可以互相弥补双方在资金上的不足。有了足够的资金来源，餐饮店可以扩大经营规模、提高餐饮店档次，也能做更多的事情。所以采用合伙经营的筹资方式是中小餐饮店扩大经营、发挥潜力的一条很好的发展之路。

（2）能集思广益，共同管理。俗话说：一个篱笆三个桩，一个好汉三个帮。适当数量的管理人员可以明确分工，各司其职，从而使合伙餐饮店的日常管理容易得多。合作伙伴可以使各方的专业技能充分发挥，不但可以进一步提高餐饮店的经营管理水平，还可以使餐饮店有着更为良好的发展前景。

（3）容易取得多方面的客源。如果合作伙伴是某位知名人士，具有一定的社会效应，将会给餐饮店带来一部分客源。尽管这种吸引客源方式所起到的作用是有限的，但这也是合伙经营的一个优势所在，应给予足够重视。

合伙经营的缺点如下：

（1）债务的偿还期更为持久。合伙人自入伙那天起就有偿付债务的义务，不仅要偿付自己对公司的负债，而且必须在自己全部能力的范围内，负有偿付别的合伙人所负债务的责任。这么巨大的风险是经营者在合伙的时候必须考虑到的。

（2）餐饮店存在时间的限制。存在时间的有限性，是指餐饮店寿命的有限性。与独资经营餐饮店缺乏资金不同，导致合伙经营餐饮店消亡的原因往往是：任何合作伙伴的行为方式、生老病死或者宣告破产，都可以让餐饮店消亡。

（3）权力不集中，难以控制。由于经营者的非唯一性，管理权必然走向分散。每个合作伙伴都有自己的经营理念及人事管理和发展方案，经营中难免出现分歧，使得对合作条款规定的解释各不相同，各种分歧和意见冲突都会带来经营管理上的难题，甚至造成合作伙伴之间的不满情绪，从而对餐饮店的存在和发展产生不利影响。

找到你的目标客户群

随着生活水平的提高，人们对饮食内容有了更多的要求，对进餐方式提出了新的改进建议，如希望就餐方式更加自由轻松、无拘无束，有更多的参与机会等。针对客人有求新的心理特点，餐饮店经营者就要在经营方式上不断推陈出新，使客人产生新的消费需求，从而刺激人们的食欲。

餐饮店应该如何确立经营方向呢？

风味餐饮店一般采用较单一的产品组合来满足不同的顾客群体或某一顾客群体的特殊需要，如素食餐饮店、海鲜餐饮店、野味餐饮店、农家小炒等。以地区划分的餐饮店一般是以地方菜系为主，如川渝及云贵地区一般开火锅或川菜馆居多；两广地区及福建沿海城市则多以经营粤菜为主。当然，这只是相对而言，赚钱的餐饮店一般都有连锁加盟店，而且这种店在全国各地都开有连锁加盟性质的餐饮店。

正餐餐饮店只提供午餐和晚餐，而且午餐菜单和晚餐菜单相同。这类餐饮店有自己的特色菜，是最常见的一类餐饮店。茶饮类的餐饮店在餐饮业中所占比例现在逐渐加大，从营业时间上看，一般是和正常进餐时间错开的，以提供茶点为主。这种餐饮店的服务一般比较高档，因为前来消费的客人大多是经济收入比较高的人，他们有时会把业务谈判、部门会议等安排在茶餐饮店进行。

经营方向比较多，是目前餐饮业的流行趋势，它主要包括连锁经营、休闲式经营、超市式经营和外卖式经营等。

连锁经营是当今世界餐饮经营发展的一种潮流和趋势。连锁经营是指在本国或世界各地直接或间接地控制或拥有两家以上的餐饮店，在平等自愿、互助互利、共同发展的原则下以相同的店名、店貌；统一的经营程序和管理、统一的操作程序和服务标准，通过规范化管理，实现集中购物，分散销售，从而取得规模经济效益的联合经营方式。如国外的麦当劳、肯德基、好伦哥，国内的金山城火锅、九头鸟、金百万烤鸭、郭林家常菜等。

休闲式经营是集娱乐与餐饮经营相结合的方式，如餐饮店的包间里有各种娱乐设施，使娱乐形式与餐饮经营更紧密地结合起来。

超市式经营是现在比较受消费者欢迎的餐饮经营方式，它将休闲式的餐饮操作和就餐方式结合到一起。超市餐饮是以餐饮商品为经营内容的超级市场。其经营方式独特，餐饮布局采取透明化、开启式。一般分为进食区、食街区、操作区、就餐区。超市餐饮由于单位成本低，价格低，经济实惠，吸引了众多消费者，满足了消费者求实、求新、求奇、求全、求廉等消费心理。

外卖式经营的服务对象既有商务区白领，也有高校学生，还有普通居民，其经营领域比较广，有非常好的发展前景。餐饮店所需面积也不用很大，一般通过电话订餐，餐饮店派送或点菜后带走等方式进行经营。

不打没有准备的仗

餐饮店经营者要想获得成功，应尽可能拟订详细的投资计划，计算一下投资所需要的资金数额，衡量一下是否能够承担，避免因投资过大引起资金困难，导致餐饮店经营失败。

在制订餐饮店投资计划时，应以经过调查研究得到的资料为基础，预算出投资总额，估计资金的收支损益情况。

一般来说，餐饮店的规模越大、店址越好，所需的场地购置费或租金就越高。而服务档次越高，相应地在装修上也就需要投入更多的资金。大众化的餐饮店一般不必在装修上过分讲究，特别是在开业初期，还带有很大的试营业性质，不应把过多的资金用在餐饮店的装潢上面。

对于没有经验的创业者来说，开业费用似乎只包括餐饮店的租金、进货费用和聘请员工的薪金等支出，这样的估算太过笼统。正确的做法是将琐碎的开支详细列出，要将自己经营应得的报酬也计算在内，这样才有利于衡量经营是否真正赢利。

做好预算是餐饮店经营者在开业前要做的事情之一，因为通过预算能够知道开店前需要多少资金，而自己又有多少资金，如果资金不足，是借贷还是请合伙人投资，这些问题都可以通过预算做到心里有数。如果没有预算，就会盲目投资，如装修费用过高、劳动成本估算过低等。

在预算时，餐饮店经营者最好请有专业知识或经验的专家来具体操作，请他们对筹建及开业费用进行预算。一般情况下，预算要有根据，并且在业务表上显示出来，通过预算，餐饮店经营者可以知道多长时间能收回自己的投资、能赚取多大的利润。经营餐饮店的预算主要包括以下几个项目：

初期预算的费用比较广，包括用于办理各种证件的费用、会计核算、法律事务以及前期市场开发的费用，还有一些电话费、交通费之类的管理费用。

另外，如果餐饮店经营者所使用的资金有一部分是贷款的，则要根据银行的贷款利率进行估算。如果经营者都是用自己的资金投资，也可按贷款计算其利息，这样就能反映出筹建费用的全貌。

租赁场地费用包括租赁的店面、公共设施、车位等费用都要预算清楚，预算时要参照周围出租费用行情。另外，租赁场地费用最好按每平方米每日多少元计算，不要按月或按年统计算出，这样更详细、直观。

餐饮店的装饰包括门面、厅面、厨房 3 个大的方面，如果是中小餐饮店，门面和厅面装饰大多以简洁、雅致为主。厨房装修以卫生为主，结合方便厨师、工作人员操作，同时便于油烟、污水排放。在估算设备、设施费用时，还应包括运输费和安装调试费以及为此支付的额外人工费等费用。

家具费用主要指办公家具、员工区域家具、客人区域家具等。在进行家具费用的预算时，应先根据确定的餐饮店服务方式和桌位数，计算出各种家具需要的数量，再根据市场价格即可进行估算。

以中小餐饮店为例，中小餐饮店的厨房设备有高低档次之分，档次较高的厨房设备大部分是不锈钢制作的，相应的投资较多；一般档次的厨房设备有铁合金、搪瓷、陶瓷等多种设备组合。各种档次的厨房设备价格都可从市场报价获取，如果是成批购买则还可获得优惠。在估算厨房设备的费用时，应该把运输费和安装调试费算进去。

餐饮店劳动力成本由管理人员、厨师、服务人员的工资组成。可按不同人员的工资标准乘以人数来估算。各类人员的工资水平，在各劳动力市场都有平均工资标准可供参考。

运营费用包括营销费用、广告费用、培训员工等费用。同时，还应该考虑准备一定数额的准备金，一般为前几项总和的 5% ~ 30%。

对餐饮的投资要理性，并不是说钱投得越多越好，餐饮店的规模越大越好，餐饮店的档次越高越好，而是要根据实际情况决定投资额度。

投资目标的确定对投资人来说非常重要，投资目标要根据餐饮店所在地的居民消费水平、消费习惯等来确定，如当地的居民消费水平较低，则不适合投资开大型的、高档的餐饮店。另外，还要根据自己的经济实力来决定投资额，如果自己只有 10 万元，非要借债投资 500 万元的餐饮店，则风险太大。所以，要有效整合资源，明确投资目标：在哪里开？开多大规模的餐饮店？吸引什么样的客户群等？并为他们提供能满足他们消费需求的食品和服务。应当牢记：有多大能力就做多大的事，有多少钱就投资多大规模的餐饮店，当然，如果有合伙人，则另当别论。

和其他的商业竞争一样，餐饮业的竞争也是非常激烈的，因此不要把所有的资金一下子都投入到前期阶段，这一条对初次进入餐饮业的经营者来说尤为重要。经营餐饮业的初始阶段也是摸索阶段，在经营一段时间后，再根据实际情况决定是否继续投资才是最理性的。如果在初始阶段就大量投入资金，有可能在没有把握好市场和顾客定位上出现失误，这时前期投入就会成为一种损失了。

餐饮店经营是一件相对复杂的事情，凡是经营红火的餐饮店，无不是有一个和睦的团队在后面作为坚实的后盾。作为餐饮店的经营者，在开餐饮店之初，就要选择好团队的每一个成员，如果是独资的，自己在负责全面管理的同时，还要选择好餐饮店前厅的经理、主厨等关键人员。如果是和他人一起联合投资的，则要处理好和合伙人的关系。在选择合伙人时不但要考虑对方的人品，还要看对方的工作能力等。如果对方有人品方面问题，即使他愿意投资再多的钱，也要慎重考虑。

人是一切经营之本，好的员工是餐饮店生意兴隆的关键，所以，经营者要爱护人才，绝不能把他们当成赚钱的工具或是干活的奴隶。特别是在利益面前，要谨记“钱聚人散，钱散人聚”的古训，钱没有了还可以再赚，好的员工走了就很难再回来，所以作为经营者，不妨在权衡金钱与利益关系面前表现得大度一些。

确定投资方式

进入餐饮业有三条途径：一是从零开始新建一家餐饮店；二是收购一家现成的餐饮店；三是租赁别人的餐饮店。餐饮店经营者在进行选择时，一定要从自身情况出发，慎重分析和选择三种投资方式的利弊，衡量各自的投资风险。通过比较和衡量，选择出最适合自己的投资方式，做到投资少、风险小、收益大。

餐饮店的新建所需投资较高，承担风险高，但收益也不小，新建优点也最多。通过新建方式使建筑设计完全符合餐饮店的需要，做到餐饮店规划合理，装修满意并且能突出表现餐饮店的经营项目和经营风格；更大的优点是能为将来的发展留有余地，减少对配套工程的操心，有利于占领市场。新建餐饮店特别适用于自己有土地或拆除原建筑物的人家，手中特别有钱的、愿花大钱做大买卖的，采用此方法同样能取到好的效益。

新建餐饮店也有不足。首先，投资大，从图纸设计到施工、装修完成，总共需要几十万元，甚至上百万元。在此之后，你还需要解决生意开展所涉及的一切问题，例如你得找地点、做菜单、定价格、算销售、买设备、订计划、选装饰、建体制、找表演、雇职员、搞培训，如果说你的想法与众不同，你就还得去做广告，直至取得大家的认同。其次，新建餐饮店所需要的时间太长，工程周期保质保量一般在一年左右，这样就丧失部分市场机会。最后，风险大，高额投资必定加大投资者的精神压力。

但是，如果你对餐饮业确实有一套独到的见解，并且也有足够的资金将理想变为现实，那么你应该拥有一家自己的餐饮店，所以你很有可能会选择新建一个餐饮店，这样你就可以按照自己所希望的方式行事。

餐饮店经营场所获得的最普通方式就是转让购买，也就是所谓的收购。转让购买的信息可以从广播、电视、报纸杂志和朋友那里获取，在进行购买时，要对原餐饮店进行认真仔细的分析，找出其优点、缺点，以便拟定适合的价格进行收购。

收购现成的餐饮店最大的好处在于：第一，自己投入的资金能迅速流转；第二，收购完成之后，原先的员工们可以留下来，这样你可以省去重新招聘和培训员工的精力，因为他们已经积累了丰富的经验；第三，有现成的生产和服务体系，可以省去大量的广告和营销费用，利用原餐饮店良好的声誉可增加经营的成功率，原餐饮店一定数量的回头客也会给餐饮店带来一笔不小的收入，只需再投入少量资金购买原材料便可进行经营。

但同时，你必须十分小心收购带来的风险和问题，例如无法补救的坏名声，素质不过硬的员工，落后的设备或者过短的租赁期等都会给收购者带来风险。由于购买者对所购餐饮店的信息难以收集齐全，不能准确地对餐饮店进行评估，价格不公道必然存在，所以在购买前一定要通过多种渠道来了解原餐饮店的经营发展情况。一个经营中的餐饮店要出售，其中的原因很多，要全面、深入地了解待出售的餐饮店非常不易，但是总可以从各方面获取各类信息。例如，可向在该餐饮店就餐的客人打听该餐饮店的服务态度、食品的好坏；从餐饮店员工中了解业主的管理能力、对员工的可亲度，了解一些账务信息、营业额等。一位精明的买主，要了解更多的信息并不难，关键是要与被了解者倾心交谈，朋友相待，毕竟如果餐饮店被你购买后，那些被了解者也自然成了你的顾客、下属，你为人处世的态度也会被他们铭记于心，这些都能够给你带来赢利。如果你已经决定要收购别人现成的餐饮店，并准备前往考察时，最好邀请设备专家一起去。你要相信，付给这些人的劳务费是完全值得的。因为只有他们才能够准确地检查设备的年限和运行情况，看它到底有多落后或者是否早该被淘汰掉，还有这些设备能否生产出你计划中的食物。

在你了解了该餐饮店的经营情况后，接下来的问题是与卖主坐下来谈价格、签协议。买卖双方谈价格时，一定是卖方出价高，想卖个好价钱，连本带利都赚到；买方则把价格压得很低，尽量减少自己的投资额。若价格公道、合理，就能够达成协议。

餐饮店的价格评估实质上是买卖双方对餐饮店的赢利潜力的估计。买卖双方在估价过程中使用的假设不同，所估价格也就有相当大的差异。购买一家完整的餐饮店与购买这家餐饮店的部分资产或经营权，其价格自然相差很大；处于极为有利地段的餐饮店的收购价会比那些地理位置一般的餐饮店肯定会高出一筹。

准备收购餐饮店的买主可以通过多种方法对其进行评估，从所得出的结果来确定自己可接受的价格范围，以便与对方展开谈判。为此，你应该与你的会计师紧密合作。以下列出的是最常见的估价方法。

（1）相似餐饮店的比较价格：依据相似餐饮店的售价而定。

（2）收入法：将重心放在该企业的年收入上。通过收入来计算今后的投资回报。

（3）重置或替代成本：依据在开放的市场中重置该企业资产所需的成本而定。

在决定收购一家现成的餐饮店之前，你需要对它作一番彻底的调查。

当双方经过谈判后都能取得满足自己的利益时，就可以拟定销售协议。

销售协议不仅应详细说明买卖双方的义务和责任，而且应规定违约行为的处理方法，标准的销售协议还应规定双方的争议应由仲裁机构解决。受法律保护的销售协议应包括以下内容：

（1）物业描述。销售协议首先要列出物业的详细地址，描述要尽量准确，不能使用含糊不清的文字。

（2）购买价格。销售协议应列出双方商定的价格，并分门别类地列出各种物品的价格。销售协议规定：如果发生意外损失或餐饮店的实际情况与双方签约时有差异，就应调整最终售价。

（3）其他条款。销售协议中的其他条款应详细说明卖方向买方转让财产必须提供餐饮店的所有权证明、营业执照及相关证照；移交保养完好的设备；买方有权检查建筑物，对违反建筑法规的，买方有权让卖方改造或补偿；买方有权了解卖方在经营活动中的一切债务是否还清，以免转让后被迫替卖方还债；买方还应详细了解餐饮店的保险范围，判断餐饮店保险是否充分，对未投保的财产及保费要明了，以便尽可能压低餐饮店售价。

（4）协议要规定出餐饮店的实际转让日期及转让有效的餐饮店所有权。

租赁相对于新建、收购来说，其投资少，只需对所租的场所进行短时间的装修就可营业，这样显然能够节约大量时间；采取租赁方式所承担的风险也比新建、购买餐饮店要小得多，而且选择性较大、较灵活，因为如果你对该餐饮店或者餐饮店所属的地点不满意，可以另外租赁其他地方进行发展。

租赁也有不可忽视之处，如建筑物的结构会束缚经营条件；餐饮店的长远发展受租赁合同期限左右；较高的租金会给新餐饮店带来沉重的压力。

在出租方与承租方达成共识后，两方就可以签订租赁合同，并严格依照合同行事。租赁合同的签订，需要注意以下因素：

（1）物业条款。合同中必须详细说明所租物业的情况，并对使用规定有明确的文字记录；需要进行改良或装修的要得到出租方的书面同意才可开工，对于施工费用和所有权问题，租赁双方可协商而定。

（2）设备条款。合同中应说明设备的所有者，防止合同终止时租赁双方扯皮；对设备的维修保养，特别是公共场所的卫生、照明、排污、水、电、气管道必须明确负责人，物业管理费、保险费、财产税等在合同上要有明晰的条款。

（3）租期、租金条款。租期、租金条款是租赁合同中的关键条款，在签订合同时，双方都需认真客观分析，协商做出判断。租期通常有选择性，分为一次租赁期限和续租期限。餐饮店经营较为特殊，资金从投入到回收需要一个较长的时间过程，租赁双方在租期上要有一个回旋的余地；这样更有助于双方合作。常见的租金形式有：固定租金、滑动租金、累进租金、百分率租金、固定租金加百分率租金等，租赁双方应根据市场情况，协商制订出交纳租金的合理方式，做到双方均有利可图。

采用合适的经营形式

一般来讲，你的餐饮店可以采取以下三种最常见的法律形式中的一种：独资经营、合伙经营以及有限责任公司。三种形式各有所长，各有所短。

你可以和你的律师以及会计师共同确定一种最适合于你的法律形式。在确定具体的形式之前，你必须确认自己投入多少，你个人愿意在生意上投入多大的精力，还有税收、负债以及特许经营权等诸多条件。

独资企业是指个人独资经营，整个餐饮店归个人所有和控制。这是一种历史最为悠久，也是形式最为简单的企业形式。

独资经营的好处在于经营者可以对餐饮店的生意全权负责，这也是这种形式之所以会如此受人青睐的主要原因之一。你可以制定餐饮店的各种规章，按照自己的想法和方式经营企业，干多干少由自己决定，而且自己可以决定是休假还是要加班。显然，这种方式能够帮助实现自我。餐饮店除了就其经营向国家交纳个人所得税之外，不必向外界公布其利润和财务状况，所以容易保守企业的各种经营和财务秘密。最大的优点是，所有者无须与合伙人或股东分享利润。另外，经营者是餐饮店的最高决策者，享有很高的威信,员工的聘用或是解雇权,拥有对企业一切事务的最后决定权。

但是，这种形式也有很大的缺点。第一，所有者必须承担全部的经济压力，所有者必须独自一人应付生意上的所有问题。第二，最大的弊端在于它属于无限责任制。一旦生意失败而导致企业资产不足以抵补企业的债务时，法律就会强制餐饮店的所有者以个人财产来进行清偿，因此餐饮店的所有者有可能会失去其全部的个人财产。第三，由于独资企业的所有资本都来自自己的自有资金和个人借贷，所以餐饮店的资本量是有限的，如果想扩大资本，只能依靠利润的再投资。所以这种餐饮店的发展规模是有限的。

合伙经营是指由两个和两个以上的人共同投资一个餐饮店，以签订合同来确立法律地位。在合同中，每个合伙人的关系、权利和义务都得明确。

如果合伙人之间能相互取长补短，而且每个人都能投入相当数额的资金，那么合伙经营的优势就能得到最充分的发挥。规模较小的合伙经营与独资经营的企业有着相类似的优势，但有一点不同：其资产、利润等均由合伙人共同分摊。

合伙企业的优点在于：第一，使餐饮店经营从一开始就能够获得较多的资金来源。所以餐饮店的经营规模、档次、等级等各个方面都较独资企业有更大的发展空间；第二，几个合伙人共同管理餐饮店，可以进行能力互补。经过全面挑选的合作伙伴，可以使合伙企业的日常管理容易得多，合伙人可以各自发挥专长和技能，共同提高餐饮店的赢利水平。

但是合伙企业也有两个缺点，具体如下：

第一，无限债务责任。和独资企业一样，合伙企业对债务具有无限责任。一个合伙人不仅需要偿付自己为公司的负债，而且还要在自己的全部财产能力之内，偿付别的合伙人产生的债务责任。因此，和独资企业相比，无限责任甚至还要厉害。

第二，分散经营权力。由于合伙人的增加，势必增加餐饮店的管理和决策者，因此导致餐饮店管理权的分散，甚至几个合伙人可能在餐饮店的经营方针、资金规划、人事管理以及发展等方面产生分歧，引起冲突和矛盾，不利于餐饮店的生意。

在合伙经营企业中，所有的合伙人应签署一份由律师起草的协议。此协议应至少包括以下内容：合伙人的姓名，各合伙人的投资额，各合伙人有权分得的利润比率，在企业营运过程中各合伙人的职责和义务，以及合伙人死亡或欲出售其名下投资数额时的处理办法。因为合伙人的债务必须共同分担，故而任何一位合伙人的行为都可能会对整个企业造成致命的危害。有鉴于此，只有你完全了解、充分信任的人才能成为你的合伙人。

公司制是指公司完全独立于自然人的一个实体。不过，你可以成为其中的一位股东、一位董事、一名主管人员或者职员。通常必须要有三个及以上的人才能开办公司。他们还必须选出一个理事会，负责公司管理以及人事任命。

公司制的主要优势有以下四点：

（1）与合伙制或个人独资相比，更容易筹集资金用于发展或扩大生产。

（2）个人财产不会被公司债权人查封或扣押。

（3）所负责任只限于你在公司的投资额（除非你滥用公司资金或设备）。

（4）如果通过了公司章程，公司的赢利或亏损便能以个人收入的名义直接划分给股东。

巧取店名是营销推广的第一步

给餐饮店起店名，是经营决策的大事，绝不能等闲视之，或草率行事。一个人的名字要伴随他的一生，一个餐饮店的名字也将伴随这个餐饮店整个经营过程。为餐饮店取个好店名，从符号学上就占据了先机，这是餐饮店“外观推销”的第一步，也是生意兴隆的第一步。

当潜在的客人有了就餐需求，来到一家餐饮店时，他们所获得的第一条信息，就是餐饮店的店名。餐饮店店名传递给顾客的，就是餐饮店所要提供的餐饮服务内容，能使顾客产生一种触动，由此激发顾客就餐的欲望。

美国唐人街有一家餐饮店名叫乡音阁，生意十分兴隆，客人多是旅居美国多年的华人，他们多有一种思乡之情，乡音阁这个名字正好切合了他们的思绪，同时也用一种暗示的方式诠释了自己菜馆经营菜品的特色。于是，这家餐饮店就成了当地华人排解乡愁的好去处。

这家餐饮店所以成功，很重要的原因是这家餐饮店有一个非常好的店名。

一个好的餐饮店店名，必须适合潜在目标顾客的消费层次，适合餐饮店的经营宗旨和情调，只有这样，才能为餐饮店树立起良好的外部形象，增强对顾客的吸引力。“蟹老宋香锅”火暴京城，就与其独特的店名有关。

“蟹老宋香锅”之所以能够被广大消费者记住，除了菜品的高质量以外，还与其独特的店名有着密不可分的关系。“蟹老宋香锅”这个店名可以用“土而不俗、奇而不诡、新而不艳、活而不乱、稳而不滑”来形容。其中，“蟹”指主要原料，“老”暗示其历史悠久，“宋”指店主的姓氏，“香”指其风味的主要特征，“锅”指冬令美食。在这里，每一个字都有其特定的内涵，概括力较强。而且“蟹老宋”三字相连，是个独创的词组，与平常人们的语言习惯不同，意为“调制香辣蟹的老宋家”，虽然它有违常规，但读起来并不拗口，而且容易激发食客的好奇心，并能留下深刻的印象。如果换成“宋老蟹”、“宋蟹老”、“老宋蟹”、“老蟹宋”或“蟹宋老”等，视听效果和思维张力就不一样了。与此同时，用“香锅”而不用“火锅”、“暖锅”、“汤锅”、“涮锅”等，也是点睛之笔：一是新奇，古今中外很少有人用过；二是显示出与外地传统火锅不同，有自己的特异性；三是满足北京人偏爱香浓口味的喜好，有意淡化川菜中的麻、辣二字，与有“渊源”的“楚香蟹”相呼应；四是蕴涵着此锅必定吃香、必定火暴，图了一个吉庆的口彩。由此可见，虽然店名只有简单的五个字，却字字珠玑，寓意深长。

餐饮店的名字是吸引顾客的一块招牌，好的店名还是餐饮店的广告，从营销策略和品牌战略上都可以成为财富。但是，餐饮店的名字不是随便就能取的，不能为图新奇，或其他原因而草率地取一个名字。仔细观察周围就不难发现，那些经营成功的餐饮店，无不都有一个好的店名。事实上，给餐饮店取名是有一定依据的，不能凭个人爱好和想当然去取名，否则，名不副实的餐饮店吸引不了客人。一般情况下，给餐饮店取名要遵循以下几点：

用姓氏为餐饮店起名在餐饮业很常见，如杨记大食堂、谭鱼头、闵家菜、烤肉季、年糕张、馄饨侯、羊羯子李等。这些店共同的特点是，不但店名突出自己的姓，而且从店名中能体现出其经营的具体内容。比如，杨记大食堂不但可知道老板姓杨，而且能够知道他经营的菜品都是一般老百姓吃的家常菜和主食，这样的店名就能够吸引大批中低档收入的顾客。从烤肉季这个名字中可得知老板姓季，经营的是一家北京烤肉的馆子。这种取名法能让顾客一目了然，通过店名分析出所经营的具体内容，而且由于店名很朴实，能够给人一种亲切感，从而达到吸引顾客的目的。

以本地地名为餐饮店取名的很多。好处是突出地区，更方便顾客了解餐饮店的地理位置和方位，就餐时能够快捷、迅速地找到。如老刘记胡同、地安门小吃店、回龙观餐饮店等清楚地表明了餐饮店的位置。不过，有的地方餐饮店较多，为了使顾客就餐方便，在为餐饮店起店名时，应把餐饮店的详细地址和方位告知顾客。

很多经营得好的餐饮店店名不但包含姓氏、地区，还尽量突出自己的经营内容和具体的风味特色。如“阳坊涮肉”、“金山城火锅”、“金百万烤鸭”、“功德林素菜馆”等。这些以风味起名的餐饮店，不但能使顾客一看餐饮店名就了解其风味特色，方便顾客对菜肴的选定，同时还能节约顾客的时间，顾客可以根据自己的口味、爱好直接点菜。

除以上几种给餐饮店起名的方法以外，还可以在餐饮店名中加入数字，如“一品居”、“两义轩”、“三鲜烧卖馆”、“四海酒家”等。诸如此类的餐饮店名因为重复率低能够给人深刻的印象。还有用寓意的方法起名，餐饮店店名中包含“福”、“禄”、“寿”、“喜”等字，如“庆福居酒楼”。当然，给餐饮店取名的方法远不止以上这些，还有很多种方式，但不管是哪一种方式，都应该遵循一条原则，即所起的店名要与餐饮店的具体内涵有关联并符合实际为好。

在此需要说明的是，给餐饮店起名一定要注意有关法律禁忌的规定。起政治意识影响不好的店名会使顾客产生误解，如“东洋餐饮店”、“民国火锅城”、“大韩餐饮店”这些店名会对社会造成不良影响，都应禁用。

第二章

位置是成功开餐饮店的核心

餐饮店的位置对经营有着决定性的影响，位置选择在餐饮店的筹备工作中是重要的环节之一，是制定经营方针、选择经营方式、确定投资力度等重要决策首要考虑的因素。

地址决定业绩

有这样一句商业谚语：一步差三市。这谚语足以说明选址好坏直接影响餐饮店的兴旺与否。所以，人们把地理位置好视为餐饮店赚钱的第一要素。但是，有些经营者虽然意识到选址的重要性，由于餐饮营销经验不足，盲目乐观，单凭个人主观臆断，就草率决定餐饮店选址，结果给餐饮店经营带来不利后果，到头来不但客源不足，甚至会造成严重亏损。

选址好坏对餐饮店经营业绩起着决定性的作用，所以，地址在某种程度上决定了餐饮店客流量的多少、客人消费水平的高低、餐饮店对潜在顾客的吸引程度以及与同一商圈中同行竞争力的强弱等。选址科学、合理、准确，餐饮店便占了“地利”的优势，从而能吸引大量客人，生意自然就会兴旺。反之，即使其他条件再好，地址选择失误，也很难有大的客流量。

餐饮店有租赁的和自己购买的两种，无论是哪一种，一旦被确定下来，就需要大量的资金投入（装修、局部改造等）。当外部环境发生变化时，餐饮店地址不能像人、财、物等其他经营要素一样可以随即做相应调整，它具有长期性、固定性特点，是不可能随着外部的变化而立即变化的。所以，在选择餐饮店地址时要谨慎，考虑周详后再决定。

地址选择要有前瞻性，要有长远眼光，不能看到哪里有一家餐饮店的生意很好，便立即决定在那里开了一家餐饮店。而是要了解那里的客流量是否足够大，最近几年政府是否对该地段进行改造或是搬迁，附近的社区功能是否要改变等。了解清楚后再决定，就能够避免因为盲目选址而造成的经济损失。

天时、地利、人和，是投资餐饮店十分重要的开店要素。找准经营餐饮店的大环境，便是天时；选择理想的开餐饮店的地址，便是地利；培养一批好员工，吸引一批回头客，便是人和。

对于一家成功的餐饮店而言，地利是最重要的一点。餐饮店也是在销售商品，只不过它的商品是食物和服务，这就需要有客人来捧场。一个简单的道理是，人都是要吃饭的，只要人多，即使来餐饮店吃饭的客人只占总量很小的一个比例，汇集起来也是一个可观的数字。

在现实生活中常常会看到这样的场面。一家门面简陋、服务低下、卫生状况糟糕的小餐饮店，经营的不过是拉面、包子、小炒菜之类的饭食，可是生意却红火得不得了，即使不是在正常的吃饭时间，也是门庭若市，高朋满座，找个位子都很难，为什么？仔细观察不难发现，这类餐饮店不是在火车站、汽车站旁边，就是在集贸市场，公园、商场附近，人来人往，似乎没有个尽头。这些人总是要吃饭的，而且他们还很可能会在不是饭点的时间就餐，这样的餐饮店生意想不好都难。这就是位置选得好。

反之，如果餐饮店位于一个不为人知、没什么人流的小巷子里，位置偏僻，过往的行人稀少，附近又没有什么大的社区或机关、写字楼，即使天时再好，管理再完善，店面装潢再精美、烹调口味再好、服务再周到，生意也未必兴隆，想多赚钱恐怕很难。

因此，在筹划开一家餐饮店之前，找准一个好的位置是至关重要的，其重要性甚至超过了资金投入和管理经验。为此不妨花上几个月的时间，好好分析一下开餐饮店所选位置的优势和缺点，找到适合自己开餐饮店的最佳地点。

餐饮店的最佳位置，应选择城市化过程中自然形成的商业活动繁华地段，以实现市场化最优原则。

商业中心或副中心地段是人们购物、聊天、逛街、休闲的理想场所。在这些场所，人潮涌动，客流集中。这些人群普遍有一定消费能力，往往是三五成群结伴而行，对餐饮的需求较为迫切。在各大中城市的商业区和繁华地段，都可以看到麦当劳和肯德基的快餐店，就是这个道理。

而且，这些地方的人群大多数都是本地的长住居民，把餐饮店开在这里，只要客人对餐饮店的菜品和服务认可，就会成为回头客，他们还会把餐饮店的口碑传诵下去，从而吸引更多的亲朋好友前来就餐，这些地段也就成为开餐饮店的最佳地点。

有一点需要注意，这些地段虽是约会、聊天、逛街、休息等各种人士云集的场所，是开店最适合的地点，但也是投资较高的地段，不仅地价非常贵，而且容易受到市政规划的影响，随时有动迁的潜在威胁。

这样的地段无论对什么类型的餐饮店都很适合，但必要条件是该餐饮店的餐饮要有自己的特色，并且确定针对某些特定对象的经营内容。由于周末及节假日顾客较多，必须及早考虑灵活地雇用小时工。

选址的基本原则

当你有了投资餐饮店的心理准备和资金准备后，一定急切地想找一个门面好的位置进行经营，然而最使你头疼的问题恐怕就是选择地址。

经营场地是创办餐饮店的基本条件，也是餐饮店进行生产经营的核心。餐饮店地理位置选择好了，那么这个餐饮店也就成功了一半，地理位置的好坏直接决定餐饮店的经营效果和成败。一般而言，餐饮店的经营场地包括进行生产经营和服务的营业区域，还包括了一部分公共区域。

餐厅的位置有不可选择和可选择两种情况。不可选择情况如个人用自己的私房开餐厅、单位用自有房屋开办第三产业等，因为这样没有对外的房租负担，所以就不考虑选址的问题，重点要考虑的是针对具体的位置应当如何经营。这种情况相对较少，更多的是要进行选址。

餐饮店选址时应该考虑下列问题：这个地方适合开餐厅吗？如果适合，开什么样的餐厅最好？我能开这样的餐厅吗？我们就按这样的思路，对影响餐厅选址的因素进行讨论。

一般来讲，传统的餐饮店地址选择和现代的餐饮店地理位置选择有一些不同。传统的餐饮店地理位置选择的主要条件为：繁华的商业中心；人口比较集中的居民区；交通便利的地段；人均消费水平较高的地区。传统观念上的能够带来利润的好位置，如繁华的商业中心、人口集中的生活小区、公共交通方便的地段、风景名胜地区的周边地区等，是经营餐饮业的商家的必争之地，但是过度竞争的结果造成地价或房屋租金昂贵、店家之间竞争激烈、各种交通工具过分集中而使泊车位难寻。而现代的餐饮店位置选择的附加条件为：大型机构或单位的周边地区；竞争相对较弱的地区；停车场宽阔的地段。这些标准弥补了传统选址标准所带来的问题。

总的来讲，餐饮店选址要考虑的因素很多，但是主要涉及地理、经济、市场、客源 4 个方面。

地理位置

餐饮店选址的标准一般要求达到周围环境干净卫生、空气清新、无噪声污染。最好周边地绿化较好、建筑物美观。一般要求餐饮店离街道要有一定距离，离人行道要有 3 ~ 5 米，便于自行车的停放，或内设停车区域以方便食客，同时也可减少街道上川流不息的车辆施放出污染严重的灰尘、废气、噪声。

当选中某一区域后，必须了解该区域的规划是否有拆迁和重建项目，这些项目涉及位置和动工时间，避免在餐厅成本收回之前遇到拆迁和重建面蒙受损失或失去地理优势。因此，必须在向有关部门咨询清楚后，才能确定餐厅的具体位置。

选择地势平坦规整、无积水、周围绿化较好、环境干净的地点经营餐饮店，餐饮店的面积既要实用价值大，又能适应将来消费发展变化的可能；餐饮店建筑物风格要与周围建筑物相协调，并突出自身特点。

经济方面

餐饮店周边环境的经济特性直接影响餐厅的经营，必须根据其特性做出相应的对策。比如对商业区、商务区、工业区、大学区、娱乐区或住宅区等不同特性的区域，以及它们不同的规模和档次，餐厅要采用不同的营销策略。地区经济背景要注意选址区域的经济发展趋势，特别是商业发展速度。这些因素对餐厅的前景有很大的影响。

地区经济的繁荣程度会在很大程度上影响当地的房租，而房租是投资餐饮店主要的启动成本之一，也是影响营业利润的一个主要要素。房租过高会使经营者放弃比较满意的位置。

市场方面

地区同类型餐饮店的竞争程度在很大程度上会影响未来的利润。竞争其实可以分为直接竞争和间接竞争两个不同的部分：直接竞争指由提供同种类型的菜品和服务的餐厅引起的竞争，这类竞争会直接导致价格降低或成本增加，从而影响餐厅的利润率，所以通常被认为是有负面影响的消极因素；间接竞争包括由提供不同菜品或不同服务的餐厅或相关行业——如销售半成品食物的超市和销售便利包装即食食品的小摊一引起的竞争。由于菜品或服务的替代性而带来的间接竞争更能凸显餐厅的特色，所以通常被认为是积极因素。例如周围的餐厅都是正餐点菜式，快餐或自助餐就会引人注目；又如，在以内地菜肴为主的餐厅附近开一家海鲜餐厅，会有极大的吸引力。

竞争密度也在很大程度上影响餐饮店的经营方式和利润。所谓竞争密度是指同类型餐饮店和相关行业营业点的个数以及本区域内餐饮店的总座位数，即生意是否扎堆。通常来讲，竞争越激烈利润越低，但是在某种情况下也不是绝对的。比如，在北京西城白塔寺地区，有一个号称“羊肉一条街”的餐饮店密集地。在这里所有的餐饮店都只经营涮羊肉、烤羊肉、烧羊肉、羊羯子（即羊脊骨）等与羊肉有关的菜品。虽然餐饮店密度非常大，但仍然家家生意火暴，而经营其他菜品的餐厅在此根本站不住脚，几乎没有客人上门。来此的客人目的很明确，就是为品尝优质、正宗的羊肉菜肴，另类的餐厅决不光顾，源源不断的客源保证了所有同类餐厅都利润可观。因此，这里的直接竞争和竞争密度成了积极因素，而间接竞争倒成为消极因素。

考虑客源

餐饮店最好能够既靠近居住区又临近商业区。选址时，应了解附近居民的情况，如居民人口多少、收入高低、职业类别、年龄层次、家庭组成、人口增长或减少比率、居住区与餐饮店的距离、居住区的发展方向等。商业区中所包括的商店、公司类别、休息时间如何，这些商业的生意对象、顾客是否与你的相同，商业区的兴衰趋势，有无新餐饮店同时迁入等。

以中餐饮店为例，新餐饮店的顾客来源有以下几个方面：

（1）在供不应求的市场情况下，现有中餐饮店的生意忙不过来，新餐饮店正好填补这一空白，很快拥有自己的客源；

（2）顾客从市场外的附近地区而来，因为附近地区的中餐饮店不如这里；

（3）顾客从其他类型餐饮店转移到新餐饮店来，因为质量、价格较其他类型餐饮店优惠；

（4）顾客从别的中餐饮店转移到新餐饮店来，因为新餐饮店更有特色，更吸引人；

（5）顾客增加吃中餐的频率，如由每月一次改为每周一次，因为增加了新的中餐饮店，使中餐质量、价格、服务等方面都较西餐优惠，中餐的接受程度增大；

（6）顾客由完全不吃中餐转变为尝试吃中餐。

选址是一项很重要的工作，必须做到仔细考察、认真分析，慎重做出选择，否则会造成不可弥补的损失。

餐饮店选址的方法

在选址标准确定之后，就要进行科学的选址了。这些方法都是以前别人积累的经验。

经验判断法

这种方法特别适用于原餐饮店经营者转让和在新建的生活区、商业区、旅游区开办餐饮店，其优势是可先人一步得到有利地势，以最快的速度占领餐饮市场，得到较丰厚的利润。这要求投资者在决策时要把握“火候”，随时关注事态发展，做到当机立断。

正确选择“堂口”

堂口，也就是餐饮店的大门。在同一地点开的餐饮店，即使是两对门，有的门庭若市，有的却冷冷清清，其中虽有菜品和服务的因素，但与餐饮店的坐落点和堂口的设计也有很大关系。餐饮店应坐落在交通便利、过往行人较多的地点，它有利于顾客进出餐饮店，因此就出现了一条街两侧餐饮店经营兴盛各不相同的景象。少数精明的投资者还会根据观察街上人员、车辆流动方向和数量来选址经营。

要注意开店的方位，也就是店铺正门的朝向，这受当地气候的影响较大，主要指风向、日照等自然条件带来的影响。

如在南方城市，面向西的铺面会有日晒影响，夏季如果没有空调，会因炎热吓跑不少顾客。在北方城市，面向西北的店铺易受寒风的侵袭，也不利于顾客进餐饮店消费。这些因素都会给餐饮店经营带来一定影响，因此在选择餐饮店地理位置时应充分注意。一般而言，位于商业中心街道，客流又主要从东边来时，以东北路口为最佳方位；如果道路是南北走向，客流主要是南北流动时，则以东南路口为最佳位置。

一般来说，交叉路口一般是指十字路口和三岔路口这种交接地，店铺的能见度大。在选择十字路口的哪一侧时，要认真考虑道路两侧，通常要对每侧的交通流向及流量进行较准确的调查，应把流量最大的街面作为店铺的最佳位置和店面的朝向。如果是三岔路口，最好将店铺设在三岔路口的正面，这样店面最显眼；如果是丁字路口，则将店铺设在路口的转角处，效果更佳。

以下是对大门朝向的讳忌，你在投资餐饮店并开始经营的时候，一定要注意到这些。

（1）大门不宜正对城市主干道。城市主干道较为笔直，飞驰的车辆比普通路多得多，人员穿梭匆忙，汽车尾气污染大，噪声严重，尘土飞扬，空气、环境差。

（2）现代化城市高楼林立，并排的高楼大厦间都留有小巷，餐饮店大门切忌正对小巷。由于小巷狭窄，大楼高耸，终日不见阳光，餐饮店阴森森的，影响餐饮店生意是理所当然的。

（3）大门切忌正对人行天桥、高架桥、立交桥。桥上人流量过大，空气污浊，加之阻碍视线，不利于餐饮店经营。

（4）大门不能正对烟囱。高耸入云的烟囱喷出的烟尘，影响视觉，烟尘随风飘落到餐饮店附近，污染餐饮店环境。

（5）大门切忌正对交通灯。交通灯变动过于频繁，使人易产生烦躁感，影响就餐者和经营者的心情。

（6）大门切忌正对厕所、排污沟等恶气重的地方。恶气与财气相克，恶气进入餐饮店会令食客们食欲不佳。

综上所述，大门朝向要因人、因时、因地而开。餐饮店选址关键要对顾客产生吸引力，利用地形环境使顾客产生强烈的就餐欲望。

餐饮的最佳位置

在中国，有句老话叫“同行是冤家”，是说直接的竞争对手之间很难处理好关系。但是，这句话用在餐饮行业却并不适用。同行的餐饮业不仅不是冤家，而且是各有所长、互相搭配，为客人提供最佳的服务，形成“热岛效应”，吸引更多的客人前来消费。因此，多家餐饮店聚集在一起，不但不会互相挤了生意，还能相互促进、相互发展。

餐饮集中地更是投资餐饮店的好去处。在很多大中城市，都有著名的餐饮一条街。在这些餐饮一条街，少则几十家，多则上百家的餐饮店和餐饮店，经营着家常菜、火锅、烧烤、海鲜等各种门类和档次的菜品。服务的人群也包罗万象，既有高端的商务人群，也有普通的工薪阶层，形成了相当大的规模和品牌。尤其是到了晚间，几十甚至上百家餐饮企业一起点亮灯火，更是热闹非凡。这些地点也就成为人们吃饭、休闲、聚会、商务宴请、婚庆典礼时首选的餐饮地点。

究其原因，主要是人们喜欢扎堆和热闹喜庆的心理在起作用。在这些地方开餐饮店，选择余地大，只要有特色，就能独树一帜。像北京著名的簋街，重庆南滨路餐饮一条街等都是餐饮集中地，生意非常火暴。

在餐饮集中地开餐饮店，客人有安心感，可以从中挑选最适合自己需要的一家餐饮店就餐。所以，开业的各家餐饮店只要各有特色，一定可以发挥良性竞争的效果，共同进步，共同繁荣。须知，钱是赚不完的，作为餐饮店老板，应当有一种有钱大家赚的胸怀。

此外，在餐饮店的选址上，还应当有“傍大款”的意识，也就是说把餐饮店开在另外一家著名的店面附近，甚至就开在它的旁边。例如，你想经营一家中式餐饮店，你就可以将餐饮店开在“麦当劳”、“肯德基”的周围，也可以依托当地著名的某家餐饮店，在它的附近经营，因为，这些成功的店面在选择店址前已经做过了大量细致的市场调查，挨着它们开店，不仅可以省去考察场地的时间和精力，还可以借助它们的品牌效应招徕一些客人。

火车站、汽车站、地铁站、轻轨站、轮船码头附近，是开餐饮店的好位置。在这些地段，来往的乘客就是最主要的顾客群，这些顾客群的社会属性相当复杂，其中有上班的白领和机关工作人员、出租车司机、学生，也有做个体生意的人群，以及大量的旅客。

这些地段的客流量非常大，潜在的顾客非常多。因此，在这些地段开餐饮店，其市场前景还是非常令人期待的。

但是，要注意的是，这些顾客的餐饮需求非常简单，就是为了满足最基本的填饱肚子的需要，相对而言社交需求不是很强烈。而且，这部分人群的消费能力相对也不会太高，他们更加注重的是价格和餐饮的实惠与否，考虑菜品的性价比的心理比较强烈。因此，在这些地段开餐饮店，尤其要慎重选择定价。

餐饮店所在位置应交通便利，易到达，易周转，人群流动量大。最好在公共汽车站 200 米范围内，且要避开单行道，禁止通行路段等。

同时，还应该了解开店期间是否有城市道路维修等不利于交通的情况出现。

餐饮店选址在行政机关、工厂、事业单位、学校较集中的地方，也是开餐饮店的好地段。在这一地段开餐饮店，应充分考虑满足上班一族、教育消费一族的需要。

公司商号集中区是以上班族为主的顾客，其光临的目的不外乎洽谈生意或聊天。为应付午餐时大批涌入的顾客，如何提高顾客就餐周转率，节假日及周末生意清淡时如何提高营业收入，是选择该地段需考虑的重点。白领阶层是餐饮业重要的顾客，因为他们的消费水平和档次都比较高，满足了他们的需求，餐饮业必定兴旺。

院校所在的街道是以学生为主的顾客。一天中没有明显的高峰与清淡时段的差异，但季节性的差异却相当大，每年的寒暑假时节学生放假，这个问题要考虑到。学生利用餐饮店的动机，除了聊天、消遣之外，还有同学聚会或看书等，所以必须注意桌椅移动的便利，并准备书报杂志。

现如今，私家车越来越多，找就餐停车泊位越来越成问题。现在吃饭的客人，有相当一部分是企事业单位的商务宴请和白领有车阶层聚会。赴宴的客人，大多自己开车而来，这都需要较为宽敞的停车场。餐饮店如果有专用停车场作为配套服务，那就再好不过了，这也符合市场要求。一方面方便消费者，另一方面也可为自己树立更良好的企业形象。

一般来说，餐饮店门前有一个开阔的停车位，比地下停车位要好，对于客人来说，地下停车要麻烦得多，而且，对于很多客人的心理而言，门口停放很多中高档汽车显得有人气，客人往往有较强的从众心理，他们更愿意在人多的地方吃饭。

餐饮店的黄金店址

所谓黄金店址，就是占尽“地利”优势，能使开餐厅者坐收涌门之财的地段。一般来说“黄金店址”应具备如下特征：

商业会聚

开餐饮店的黄金店址应该是商业气氛浓的区域，这样适合于做生意，如商业区。商业区前来购物的人较多，而且这些购物、逛商场的人都可能是餐厅的稳定客源。如西安开元商城是西安一家大型购物中心，周围又有国美电器、友谊商场、人人乐商场等商店，每天来此购物的有几万、十几万人次。显然，在这里开餐饮店一定会有很大的市场。小肥羊就是看准了这一点，在这里开了一家面向大众的火锅店，结果每天宾客盈门，赚了大钱。

人口密度高

开餐饮店的黄金店址应该是人口密度高的地区。餐厅的服务对象是人，有人吃，餐厅才能赢利。所以开餐厅，尤其是大众化的餐厅开在居民区或新兴市区比较适宜。居民聚居区，常住人口集中，人们有着各式各样的饮食要求，如果创业者倾心研究，想方设法去满足他们的需求，就会有做不完的生意。除此之外，这样的地方，顾客的需求比较稳定，这就保证了餐厅的收入比较稳定。

街道交叉处

街道的交叉处也是开餐厅的黄金地段，可以产生“拐角效应”，一方面可以增加橱窗的面积，另一方面可以吸引两条街道、四个路口行人的目光，从而使较多的人前来光顾。

交通便利

交通便利是“黄金店址”的必备特征。要注意附近是否有停车场地，尤其是中型的餐厅，以及有接待社团聚餐、会议用餐和举办大型宴会能力的餐厅，一定要选择交通方便、停车方便的地区，生意才会兴隆。

同行聚集

常言道：同行密集客自来。餐饮业需要和声才热闹，才能形成声势，才能造成一方繁荣的景象。成都小吃市就是一个好的例证。自古成都就有赶花会、灯会、庙会的习俗，每逢此时，各类小吃纷纷上市，各显其技，形成了食市。“小饼戏龙供玉食，今年也到浣花村”，这是陆游描写的当年成都小吃的热闹场景。现在，各地的“美食城”、“食品一条街”等，都办得很好，对经营者集中竞争、消费者充分选择都是有利的。同行聚集，有竞争亦有合作，有竞争才能互相促进、互相补充，这就形成良性竞争的环境。

人群聚集

人群聚集区大致可分为以下三类：

（1）学校、工厂、机关附近，是人流较大的地区。工厂、机关是人们上班集中的地区，这里的特点是工作日生意较好，周末与节假日生意稍差。餐饮店如果开在学校附近，肯定会招来许多学生，聚会谈天、消遣时光，他们需要吃文化、吃情调，或浪漫、温馨、素雅的环境，餐饮店要适应他们活泼、志趣广泛的特性，为他们营造一种文化氛围。但在放假期间，可能生意会差，餐饮店可作一些变通，补偿这一缺欠。

（2）长途汽车站、火车站、地铁站附近，是南来北往旅客集中的地区。由于人群流动量大，这些地段的商业价值较高，经营方便快餐最为适宜。

（3）公园名胜、影剧院、旅游区附近，顾客的消费需求主要是吃喝玩乐、赏心悦目。这里的餐饮店也如一道风景，如果能满足客人吃的需要，解除他们玩后的饥渴和疲劳，就会给他们留下深刻的印象。

以上都是黄金的开餐厅地区。但地区条件的好或差是相对的，也是可改变的。选择地区的原则应是主客观条件的统一，内容和形势的协调一致，达到经营的品种、风味、档次与所处环境、地段相适应，这样的选址就使餐厅赢利有了一半的保证。

第三章

注册登记，依法经营

餐饮服务关系着消费群体的健康和安全，顾客希望餐饮店卫生条件好，食物干净卫生。政府机构对餐饮业的控制十分严格，必须办理合法的营业执照、健康证、卫生许可证及环保审批程序、消防审批程序。

开餐饮店的流程

开办任何企业都需要经过申请和注册，否则将被视为无照经营或违法经营，会受到相应的处罚，餐饮店也不例外。根据国家相关政策和法规规定，凡是经营餐饮店者，必须经过当地政府的工商、卫生、税务、消防等有关部门的严格审核，符合要求者才会获得相关许可证照，才具有合法的经营主体资格。

办理手续流程如下：

租赁场地时，先确定准备租用的房屋使用属性中是否可用来开办餐饮，确认后与周围相似出租屋进行价格对比，然后联系房东谈租房合同（房东需有房产证），最后进行租赁合同登记。其间发生的相关费用包括租赁管理费、印花税（业主出）。与此同时，设立临时银行账号，按章程规定，各股东将出资额存入账号；请符合资格的会计师事务所验资，出具验资报告。

办理营业执照前，到工商局办理名称登记。名称核准后，领取企业登记申请书。然后，办理必备的卫生许可证、排污许可证、消防批复，另外，还可能需要场地的房产证或租赁合同书、法定代表人资料。如办理有限责任公司，还要提供公司章程、验资报告、股东会任免决议。

营业执照领取后办理公章审批、刻章，办理组织机构代码证，办理正式银行账号，办理地税登记（营业税、城市维护建设税、教育费附加），办理国税登记（销售税、企业所得税、个人所得税），办理社保手续（社保金包括单位交和个人交）。

开业后，按时交纳营业税、所得税（包括企业、个人）、财产保险费等，还要进行各项年检（工商、税务、卫生许可证、机构代码证等）。

下面以开一家快餐店为例，其手续办理程序分为申请、审查、审批、发照四个步骤。

根据规定，个体工商户（含个人合伙）申请开业登记须提交下列证件：

（1）申请书。

（2）申请人及从业人员身份证及职业状况证明。

（3）个人合伙的合伙人对出资数额、盈余分配、债务承担、入伙、退伙、合伙终止等事项订立的书面协议。

（4）与帮手、学徒或员工签订的书面劳动合同。

（5）经营场地使用证明（自有房提供产权证明，非自有房提供产权单位证明和承租协议）。

（6）从事关系人身健康、生命安全等行业的学徒、帮手的保险凭证。

（7）国家有专项规定的许可证或有关部门的审批证件。

（8）育龄人员的计划生育证明。

（9）登记机关认为应提交的其他证件。

申请人提交的证件齐全后，登记主管机关查验有关证明，手续完备的，发给《个体工商户申请开业登记表》，由申请人如实填写。手续不完备的，通知申请人补办。

登记主管机关受理申请后，对其从业人员、字号名称、场地等主要登记事项进行调查核实，详细填写《开业调查报告》，于受理之日起 15 个工作日内作出核准或不予核准登记的决定。不符合登记条件的，书面通知申请人。

对核准开业的，由县级工商管理局分别发给下列执照：

（1）经营期限在 6 个月以上的，核发《营业执照》及副本。

（2）经营期限在 6 个月及 6 个月以内的，核发《临时营业执照》。《营业执照》及副本、《临时营业执照》必须加盖县级工商管理局印章。

根据国家工商总局《关于填发个体工商户营业执照及其副本有关问题的通知》（个字 [1988] 第 4 号）的规定，营业执照填写字迹要清晰，各项内容要准确无误。其中，负责人栏个人经营的，填写经营者本人姓名；家庭经营的，填写家庭成员中主要经营者姓名；个人合伙，填写合伙人共同推举的负责人姓名。经济性质栏填写“个体工商户（个人经营）”或“个体工商户（家庭经营）”；个人合伙填写“个人合伙”。其他项目的填写必须与核准的登记内容一致。营业执照一律打印或用毛笔填写。

办理卫生许可证

从行业管理角度区分，餐饮店经营属食品生产经营的范畴，它关系到每个消费者的身体健康。有关消费者健康的行业管理职能机构是各级卫生行政管理部门（如省卫生厅、市县卫生局、卫生防疫站等）。卫生行政管理部门负责餐饮店的卫生核准发证工作，并通过日常稽查监督餐饮店按章经营，以确保卫生达标，保障消费者的身体健康。“卫生许可证”是卫生行政管理部门对餐饮企业发出的经营许可证，餐饮店领取了“卫生许可证”才可以到工商行政管理部门申领营业执照。如果卫生不达标，卫生行政管理部门可按章处罚，直至收缴“卫生许可证”，工商行政管理部门也将随之吊销营业执照。因此，“卫生许可证”既是一家餐饮企业的“出生证”，也是“护身符”。另一方面，对于消费者来讲，到挂有“卫生许可证”的餐饮店里消费，显然可以得到更有效的健康保障。

办理卫生许可证应准备这样一些材料：从业人员健康证，店面方位图、平面图，房产证或租赁合同，法人身份证。

办理卫生许可证手续流程如下：

（1）项目评估报告（收费）。

（2）有关卫生实施的审查批复（临时卫生许可证，供办理“营业执照”时使用）。

（3）开业前进行验收，包括卫生环境指标检测，食品、用具餐具检测

（收费数千元不等，看检测的项目多少）。

（4）从业人员健康证、培训证（每人100元，一年有效期，每年一次）。

从事餐饮工作的员工，因为其直接面对食物，个人身体状况非常重要，它直接影响到消费者的身体健康。所以，餐饮业内人员领取“健康证”是必不可少的事项之一。

根据我国《食品卫生法》的相关规定，从事食品生产经营的人员都必须进行健康体检。体检合格，领取健康合格证后，方可参加工作。也就是说，办理健康证的第一步是要进行体检。体检一般应到县（区）级以上卫生部门进行。体检内容包括：心脏、肺部、腹部、肝脏、皮肤、细菌检查、乙肝接种情况等方面的检查。患有疾病者，尤其是患有如伤寒、病毒性肝炎等消化道传染病（包括携带病原体者）、活动性肺结核、化脓性或渗出性皮肤病及其他有碍食品卫生疾病的人员，不能参加餐饮工作。需要注意的是，为保证体检结果的准确性，卫生部门要求体检者在体检前一天需要“择食”，即不能吃蛋白质较高的食品，当天早上还要空腹、少喝水。如果经过体检身体合格，卫生部门就会发给“健康证”。

办妥“健康证”后，就可以向卫生监督机构申请办理“卫生许可证”。在受理申请“卫生许可证”前，卫生监督部门会派人对餐饮店硬件设施进行一次全面检查，检查的具体要求以当地卫生部门的要求为准。这类检查一般包括以下项目：

（1）对餐饮店的拆建、扩建、装修等工程选址和设计进行卫生检查，看是否符合卫生安全的要求。比如，餐饮店周围20 ~ 50米内不得有污染源（厕所、粪坑、垃圾堆、污水沟塘、排放有害气体的工厂等）。

（2）厨房与堂口的比例也有要求，一般情况下为1∶1。

（3）参加工程验收，检查卫生消毒设备。

如果是转租承包或购买的餐饮店，则着重检查卫生设施的完善程度。

经审验合格后，便可填写《卫生许可证申请书》。填写《卫生许可证申请书》的相关要求：字迹工整、规范，不得涂改，使用钢笔或签字笔，以黑色为佳，无内容填写的地方应用“无”字代替。《卫生许可证申请书》的内容，总体来说有以下一些主要项目：

（1）申请人单位：填写餐饮店名称。

（2）申请负责人：餐饮店业主。

（3）单位地址：餐饮店所在地，××市（县）××区（乡、镇）以及街道的门牌等。

（4）职工人数：全体员工数量。

（5）应体检人数：直接从事食品原材料加工处理的工作人员（含业主）。

（6）固定资产：房屋、设施、设备等折合人民币数额。

（7）竣工验收认可证：该证书的编号，非建或租赁承包的可填“无”。

（8）经济性质：国有、集体、私营、个体、三资等，以自身实际情况填写。

（9）法人代表：直接从事餐饮店经营管理的餐饮店负责人。

（10）联系电话。

（11）使用面积。

（12）原卫生许可证。

（13）申请许可项目：填写生产经营的范围、形式和种类，在此可填写“饮食业”。

（14）申报材料及保密要求：应填写清楚设备、布局及工艺流程图，设施、布局用文字详细说明，工艺流程则应以图表形式说明从原材料加工至上桌的这一流程，但要力求简洁明了。

（15）卫生设施：如实填写所拥有的清洁设施的数量和种类。

其他如“主管部门意见”“收到申请书日期”“经办监督员意见”“卫生监督机构审批许可项目”等项目，由卫生监督机构填写。

在填写申请书时，还应提交这样一些材料：建设项目设计卫生审查认可书、竣工卫生验收认可书、设备布局及工艺流程图、原料配方、使用标准、特殊规定品种批准证明、从业人员卫生检查及培训证明、卫生设施情况等。

在办证时，从业人员有时还需参加健康卫生、法律、法规等方面的培训，学习《食品卫生法》《保健食品管理办法》《传染病防治法》《公共卫生管理条例》等法令法规，合格后可获取健康卫生培训合格证。

以上手续全部办完之后，便可申请“卫生许可证”了。

执照不可少，法人要确定

营业执照

无论餐饮店规模和经营形式如何，无论餐饮店是否具有独立民事责任承担能力，都必须到工商行政管理部门注册登记，获取“营业执照”后，才可合法经营。否则，将属于擅自开张，必遭法律制裁。

办理营业执照有两种方式：前制式和后制式。

前制式营业执照，就是在餐饮开业前通过卫生、消防、环保部门检验合格后，到工商局申请，待审批合格后，工商局发放正式营业执照。

后制式营业执照，就是在正式营业执照没有办理下来之前，餐饮店已经装修好，设备、大货、人员已准备齐全，只差营业执照未办的情况下，为了顺利开业，先办理临时性营业执照，有效期为6个月。在这6个月内，必须把所有手续补齐，把正式营业执照办好。否则，如消防、卫生、环保有一个部门不批准，营业执照批不下来，就不能营业。

那么，具体如何办理注册登记呢？

注册登记有两种方式：一种是餐饮企业法人登记，另一种是餐饮企业营业登记。前者适用于具备独立民事责任承担能力的餐饮业，如一些大企业或单位下属的餐饮业（其民事责任由隶属单位法人承担）。当获得申办人资格、“卫生许可证”以及经公安机关检查合格盖章获得“消防安全许可证”后，到工商行政管理部门办理注册登记手续时，可以根据所要办的餐饮业是否具备独立民事责任承担能力，在餐饮企业法人登记或者餐饮企业营业登记两者之中，相应的选择其中一种。

企业法人登记

餐饮企业法人登记，是指能够独立承担民事责任的餐饮业为取得法人资格而办理的登记，是具有双重法律效力的登记。该登记一经核准，领取“企业法人营业执照”，就标志着所经营的餐饮店具有独立的法人资格，能够以自己的名义从事餐饮经营活动，并以自己的财产承担民事责任。

这类登记不仅需要具备营业条件，还必须具备独立承担民事责任的能力。相关的要求如下：

企业注册资金不少于3万元，有健全的运营机制、一定面积的营业场所、明确的经营范围和企业标志，有独立的财会核算制度及法律法规所规定的相关条件。这类登记较适合大中型、财产独立、有经营自主权的餐饮企业。

餐饮企业法人登记有以下相关程序：

（1）照前审批。为保护企业名称专用权，在企业尚未成立时，由企业代表或股东预先向工商部门提出申请，由工商管理部门对企业名称进行预先核准，此时应向工商部门提交以下文件：企业负责人或全体股东签署的企业名称预先核准申请书，负责人或股东的法人资格证明或自然人身份证明，其他工商部门要求提交的有关文件。

（2）核准企业名称。企业名称核准是一项很重要的工作。比如，已经为自己要开的餐饮店想好了一个有卖点、很响亮的名称，如果不进行核准，当餐饮店开始营业并日渐红火时，难免有人盗用甚至注册相同的店名进行经营，使餐饮店经营因此而受损。

如果事先核准自己餐饮店的名称，遇有上述情况，便可运用法律武器保护自己的餐饮店品牌。

（3）开业登记。开业前，每个餐饮企业都应持相关文件及“卫生许可证”到工商管理部门办理申请开业登记手续。办理开业登记手续分为以下四步：

①申请。如实填写《企业开业登记申请书》并提供以下证明材料：企业组建人签署的《企业法人申请开业登记注册书》；组建章程；主管部门或审批机构的批准文件（没有上级主管部门的可不用提交，但必须提交一定的资金担保）；资金使用证明、验资证明或资金担保；企业负责人的身份证明和履历；住所或经营场所证明；其他有关文件、证明。

②受理与审核。工商行政管理部门在接到申请后，经全面审查、核实，30日内给予裁决。若核准通过，向企业发出《企业法人登记核准决定书》。

③发照、领照。被核准的企业应在决定书指定的期限内到工商部门领取营业执照，此期间应做好以下几项工作：办理企业法人代表签字备案手续；按规定交纳开业登记费（一般为注册资金的千分之一）；领取“企业法人营业执照”的正副本，并执副本到相关部门刻制公章、办理银行开户等手续；有上级主管部门的，应把相关手续，如印模、银行账户、雇工合同副本等，上报备案。

④公告。对被核准的企业法人，工商行政管理部门会在近期内向外界公布，公布内容包括企业名称、住所、法定代表人、经济所有制性质或企业类别、注册资金、经营范围等。

餐饮店的营业登记

营业登记是指不具备法人条件的餐饮企业或经营单位为获取合法经营权所办理的登记。营业登记核准后，发放“营业执照”。在领取“营业执照”后，便获得了合法的经营资格，但除表明该餐饮店有合法的经营地位外，业主并不具备法人资格，不能独立承担民事责任，其民事责任由隶属单位法人承担。这一类登记特别适宜于一些大企业或单位下属的餐饮店或小型、个体餐饮店等。一般来说，企业只需具备健全的营业条件即可向工商部门申请营业登记。营业登记程序和法人登记程序有很多相似之处，其具体程序如下：

申请

该项申请由企业主管单位负责人提出，其中企业法人设立的分支机构、机关法人所属的营业机构，由法人单位代替申请。申请时同样要提交相关文件、证明材料，主要包括：营业登记申请书、资金信用证明、负责人的任职文件、场地使用证明、其他相关文件证明。

审量，核准

在收到申请及相关文件、证明后；工商行政管理部门便会对其进行审量、核实。符合开业条件的，进行登记注册，注册内容包括企业名称、地址、负责人、经营范围、经济性质、隶属关系、资金数额等。一经注册，企业就有了法律所赋予的经营活动资格。

发照

发照程序主要包括以下四项内容：一是向工商行政管理部门提交相关证明及交纳费用；二是企业负责人签字备案，并向工商行政管理部门领取“营业执照”副本；三是刻制公章；四是银行开户。

环保审批

环保审批由所在地的主管环保局办理，主要审批项目包括噪声、排污（污水、油烟）。在工商局领取申请开业登记注册书后，到所在地主管环保局申请办理环保审批。需要提供的资料包括：餐饮店方位图，场所房产证或租赁合同。环保局工作人员会到现场进行检查，其后要求找一家环保局认可的单位出具一份环境评估证明（收费）。

主管环保局检验合格后，会在申请开业登记注册书中“有关部门意见”一栏中签署“同意开业”，并加盖公章。

领取营业执照之后，可以刻制餐饮店的印章，如公章、财务专用章、人名章等。具体办理方式如下：

（1）新成立的企业申请刻制印章，需持“营业执照”原件和复印件各一份，单位开具证明一式两份，法定代表人身份证复印件一份，附印章样模，到所属地区公安分局治安科办理。

（2）私营和个体企业申请刻制印章，由法人写出申请报告一式两份，附印章样模和数量。私营企业须持法人身份证原件及复印件一份，个体企业需到工商部门开具证明后携带“营业执照”原件进行办理。

（3）申请刻制企业各类专用章，由本单位出具证明一式两份，携带工商部门颁发的“营业执照”复印件及“申请刻制印章登记卡”到属地公安分局治安科审批印章办公室办理。

在领取营业执照并刻制公章之后，即可到银行办理开户手续，开立银行结算账户。申请开立基本存款账户，应填写开户申请书，提供相关办法规定的证件，送交盖有存款人印章的印鉴卡片，经银行审核同意，并凭相关银行当地分支机构核发的开户许可证开立账户。

根据中国人民银行关于结算账户管理的有关规定，每个公司仅可开立一个基本账户,用以提取现金及日常结算支付等,并可根据经营业务的需要，再开立其他的一般账户。在开立银行账户的时候，银行会在上报人民银行系统的时候对该企业进行审核，确保企业开立唯一的基本账户。

基本存款账户，是指存款人办理日常转账结算和现金收付的账户。存款人的工资、奖金等现金的支取，只能通过基本账户办理。

一般存款账户，是指存款人在基本存款账户以外的银行借款转存、与基本存款账户的存款人不在同一地点的附属非独立核算开立的账户。存款人可以通过账户办理转账结算和现金缴存，但不能办理现金支取。

开立银行账户需要准备的资料包括如下：

（1）营业执照副本及其复印件。

（2）组织机构代码证书副本及其复印件。

（3）法定代表人身份证复印件。

（4）留存非法定代表人印鉴的，需要有法人签署的相应授权书。

（5）公章、财务专用章及预留人名章。

（6）经办人身份证复印件（通常工商银行需要）。

（7）税务登记证（含国税及地税）副本复印件（通常招商银行需要）。

（8）房屋租赁协议（一般基本户开户行需要）。

（9）其他需要的证明文件。

从工商部门领取营业执照或经有关部门批准后，应在30天内向主管税务机关领取和填报“税务登记表”，办理税务登记。若有跨县（市）、区设立的分支机构和从事生产经营的场所，除总机构向当地主管税务机关申报税务登记外，分支机构还应当向其所在地主管国家税务机关申报办理税务登记；流动经营的个体工商户，向户籍所在地主管税务机关申报办理税务登记。

在向主管税务机关申报办理税务登记时，应提供的证件、资料具体如下：

（1）营业执照或其他核准营业证件。

（2）有关合同、章程、协议书。

（3）银行账号证明。

（4）餐饮店公章、财务章。

（5）居民身份证、护照或者其他证明身份的合法证件。

（6）组织机构代码证书及复印件。

（7）住所或经营场所证明。

（8）税务机关要求提供的其他有关证件、资料。

第四章

店面装饰，彰显特色

店面装修风格和店内的氛围，是吸引顾客的重要因素。很多餐饮店都把特色风格、气氛作为经营的主要卖点。通过塑造餐饮店的形象个性，增强餐饮店的影响力，提高其竞争力。

招牌制作，要大和美

招牌是餐饮店十分重要的宣传工具。因此，餐饮店经营者在餐饮店招牌的制作上，一定要大、要醒目，不但要使招牌的可见性大，而且要让坐车经过的人，远远就能看见。

夜晚，餐饮店招牌要有灯光照明。设计人要试验从马路的各个方向观察，并且还要在晚上观察，注意能否清楚地见到招牌。在餐饮店中开设的餐饮店，不仅要有明显的招牌，并且要在餐饮店过道及客人从大堂到客房的路经之处立有明显的标志。

有一家餐饮店开张后整整两年时间，生意一直不佳。后来，餐饮店经理咨询了一位业界资深专家，将餐饮店的标志加大，并避开挡住客人视线的物体，同时，还在夜晚加设灯光指示。结果，短短的3个月内，“奇迹”发生了：这家餐饮店在“除了变化招牌，其他都没变”的状况下，前来就餐的客人居然翻了一番，因为来这家餐饮店的客人，许多是第一次光顾，如果他们看不到餐饮店标志，肯定就会去别处就餐。

直立式招牌

直立式招牌是在餐饮店门口或门前竖立的带有餐饮店店名的招牌。这种招牌比贴在门上和门前的招牌更能吸引顾客。直立式招牌有各种形状，有竖立长方形、横列长方形、长圆形和四面体形。为增加可见度，招牌的正反两面或四面都应书写餐饮店名称。

在餐饮店门口设一块直立式招牌，既可以增加餐饮店店名的可见度，使两边及正面往来的人们都能远远看见，同时，它不像门上招牌那样受篇幅限制，在直立式招牌上可设计美丽的图案。一块精致的招牌，能起到点缀餐饮店、加深对餐饮店印象的作用。

以动物或人物造型制作的招牌，具有较大的趣味性，能吸引人。在这些招牌上可列出餐饮店的店名和一些特色菜。人物和动物的图形要明显地反映餐饮店的经营风格，使人在远处就能看到前面是什么类型的餐饮店。餐饮店门前竖立人物造型招牌，还能明显活跃店面气氛，增加餐饮店情趣。这类招牌多半用于具有轻松气氛的非正规的餐饮店中，例如风味餐饮店、咖啡厅、酒吧等。

在晚间，霓虹灯和日光灯招牌能使餐饮店明亮醒目，增加餐饮店在晚间的可见度。同时，这些招牌能制造热闹和欢快的气氛。

一般来说，霓虹灯和灯箱招牌的设计要新颖，独具一格。它们可被设计成各种形状，采用多种颜色。灯光巧妙的变色和闪烁能产生一种动态感。比起一成不变的静态灯光来说，这种灯光更能活跃气氛，更富有吸引力。

壁式招牌

壁式招牌是贴在墙上的招牌。一块小小的、不起眼的壁式招牌难以吸引顾客。这类招牌由于贴在墙上，其可见度不如其他类型的招牌大。要使这类壁式招牌吸引人们的注意，就要设法将这种招牌从周围墙上突出来。招牌的颜色要能形成明显的对照，但又要与墙的颜色协调。招牌设计要有独创性，千万不要只是枯燥的一行字。如果壁式招牌还能配合餐饮店的主题，配上卡通人物，有反映就餐气氛的文字，这样一来，会使招牌生动地从墙上凸显出来。

悬吊式招牌

悬吊式招牌是挂在餐饮店门口的招牌。悬吊式招牌挂得高，比较突出并且一般双面都印上餐饮店店名，可使两边往来的人们远远地就能见到招牌。悬吊式招牌也不一定只印餐饮店店名。为吸引客人，可印上就餐方面的图案。悬吊式招牌，一方面可制作出厨师人像的图形；另一方面，还可印上餐具和食物的图案，使人在没见到餐饮店店名前，光凭图案就知道这是一家餐饮店。

我国餐饮店招牌的传统模式都是以汉字为主，有的餐饮店为了体现民族特色，也在汉字的旁边增加民族文字；有的根据需要注上了汉语拼音或是外文。文字内容除名号外，有的还适当增加了宣传餐饮店风味、特点的内容，如“正宗麻辣烫”、“新派粤菜”、“内设雅座”、“工薪价格”等。需要注意的是，如果要加宣传内容，其内容一定要言简意赅，不能啰唆或是文字表意模糊，更不能所宣传的内容与所经营的菜品不符，“挂羊头卖狗肉”，最后糊弄的只能是自己。

餐饮店招牌制作的字体大多采用隶书、行书、楷体、魏碑，也可使用其他美术字体，如宋体、仿宋、等线体等，这些字体各有特点，所以，字体应根据餐饮店风格而定。

餐饮店的店名要尽量使用规范的简化汉字，这一点特别是在大城市尤为重要，已被列入市容监察管理的范围。如果是名人用繁体字书法题写的字号,餐饮店可将其作为标志使用,但招牌仍要用规范简化字作为正式文字。如果用繁体，既违反有关单位对市容市貌的规定，也给顾客认识这些字造成一定困难，这样，就违背了请名人题写招牌的初衷。

写真图案和抽象图形统称为图案。所谓写真图案是指经过计算机处理后做成的精美店招，使其成为独具时代魅力的“招牌”。不过，写真图案一定要有自己的特点，否则，就起不到吸引人眼球的作用。抽象图形可以是店标（如九头鸟餐饮店的店标），也可以是和餐饮有关的图案。

招牌一般都采用多种颜色的组合，因此要注意颜色配合的效果，不能够太俗气，其基本色调要与餐饮店门面的色调协调一致。

招牌的结构设计主要考虑尺寸大小、外形是否美观、材料是否与餐饮店品位一致、安装位置是否合理醒目等。

安装招牌

安装的招牌一定要有足够的安全系数，如能抗风、抗雨、抗日晒等。同时招牌安装要牢固，安全是餐饮店经营者必须注意的重要问题，千万不能忽视。

在餐厅店面设计中，店门也是“招牌”之一，绝不可忽视。

常言道：万事开头难。餐厅的大门是顾客进入消费场所的头关，因此顾客进出门的设计是十分重要的。

一般情况下要根据具体人流定制餐厅大门并确定其安放点。一般大中型餐厅大门可以安置在中央，小型餐厅门安置在中央是不妥当的，因为店堂面积狭小，直接影响到店内实际使用的面积。小餐厅进出的门，不是设在右边就是设在左边，这样比较合理。

餐厅门的设计，还要考虑门前路面是否平坦，有无隔挡，有无影响餐厅形象的物体或建筑物。例如，要注意垃圾筒设置的位置，垃圾筒要放在拐角处，既不影响餐厅的卫生，又便于清理垃圾，最好顾客不易看到。另外还要注意采光条件、噪声及太阳光照射方位等因素的影响。

硬质木材，或在木质外包上铁皮或铝皮是小型餐厅店门所使用的材料，因为它制作较简便。铝合金材料制作的店门，富有现代感，耐用、美观、安全。无边框的整体玻璃门透光好，造型华丽，适合大型豪华餐厅使用。

规划布局，安全合理

餐饮店一般由三部分构成，即前台、后台和辅助部分。

前台是接纳客人用餐并提供餐饮服务的重要场所，是餐饮店的主体部分。

后台是指为前台经营提供服务的部分，由备餐间、生产制作间（厨房）和洗涤间组成。

备餐间为前台经营准备各种餐用具，如储备餐盘、饭碗、各种杯具；台布、餐巾等。各种餐用具的存放要按照不同品种和规格分类存放，以方便服务人员取用。

生产制作间（厨房）为前台经营提供食物产品。根据一般菜点生产特点，可分为加工间、冷菜间、热菜间、面点间等。

洗涤间主要用于清洗和消毒客人就餐用过的餐具，所处位置一般离厨房较近，便于及时将干净的餐具送人厨房盛装菜品。

辅助部分是为就餐客人提供更多方便、提高餐饮服务质量而设置的，主要有客人衣帽间、卫生间、员工更衣室、仓库等，可根据餐饮店的具体情况配备。

餐饮店的装修、规划和布局对于餐饮店生命而言具有举足轻重的地位。合适对路的装修、规划和布局，可以直接提升餐饮店品位和餐饮店在同行业中的竞争地位，也可以使客人获得最大限度的就餐享受，从而在客人中树立这样一种信念：在这家餐饮店就餐是值得的。反之，如果装修不合理，即使花了大价钱，也会让客人产生不舒适甚至是不愉快的感觉，从而使客人敬而远之。

因此，餐饮店经营者要在充分调研餐饮店客源市场，综合考虑餐饮店不同规模、不同档次的经营产品结构现状的基础上，组织专业设计师、建筑师和餐饮店经营管理者，围绕餐饮店的市场定位、产品开发、功能布局和流程设计、管理模式及其配套隐蔽工程的整体布局，将餐饮店改造的规划设计放在有利于企业整体发展的平台上进行充分的科学论证，使其更加科学合理。

打造绿色环保型餐饮店，完善配套隐蔽工程，是目前餐饮界的潮流之一，也是餐饮店布局工程的重要目标之一。对所有的配套管线和效率低、耗能高、不利于环境保护的设备进行全面更新改造，对周边环境进行绿化、美化、亮化，并根据整体布局，对隐蔽管线走向作相应调整，为餐饮店整体经营的经济性、安全性、环保性和舒适性打下良好的基础。

餐饮店外观设计必须符合自身的行业特点，从外观和风格上使人一目了然地了解餐饮店的经营特色。符合主要客户的“口味”。充分考虑与原建筑风格及周围店面的协调。要知道，“个别”、“另类”虽然抢眼，但一旦消费者觉得“粗俗”，就会失去更重要的信赖感。简洁大气，宁可“不足”，不能“过分”，不宜采用过多的线条分割和色彩渲染，以免顾客有“太累”的感觉。

店面的色彩要统一协调。不宜采用任何生硬的、强烈的对比手段。招牌上的字体大小要适宜，过分粗大会使招牌显得太挤，容易破坏整体布局，可通过衬色来突出店名。另外，除非特殊需要，店名一般不要使用狂草或外文字母。

店外的灯箱、广告板、宣传栏要遵守交通法规或城管条例。此外，餐饮店大都有一定的具体位置，在设计餐饮店时，要因地制宜，而且只有把餐饮店的类型同地理位置优势巧妙地组合起来，餐饮店才能在未来的经营中取得主动，占得先机。

在餐饮业，保持自己的特色永远是制胜的法宝。有特色的装修能使顾客牢牢地将餐饮店记在心里。顾客的消费需求在上升，他们对店面环境的要求也越来越高，既要高雅，又要有与众不同的品位，换言之，他们选择到哪一家餐饮店吃饭，不仅仅是为了品尝美食，同时还希望得到独特的享受。所以，环境在餐饮店中的作用已经越来越明显，一个好的环境，有时候可以成为开店成败的关键因素。以前，一些大城市的部分大型餐饮店以平价和豪华的环境，一举取胜。现在，全国各城市有特色的中小型餐饮店也开始在环境上下工夫。如在北京就出现了一些高档精致装修的小餐饮店，生意很兴旺，这在很大程度上就是环境胜人一筹的结果。

餐饮店环境如何，并不是说投入越多就越好，更多地在于设计。有时候，花不多的钱设计出一堵泥巴墙，或是粗糙的石头垒起的墙，就能够直观地体现出餐饮店农家菜定位，反倒很能吸引顾客。

装修是一个很复杂的过程，餐饮店装修和一般家庭装修不一样，将会涉及环保、消防等专业问题，所以，在装修前要请专业人士来指导。为了让装修和餐饮店定位协调，最好在装修开始前请厨师长或有餐饮店管理经验的人同自己一起商量，多听取他们的意见，这对一次把餐饮店装修到位是有益处的。

装饰风格，个性独特

我们都知道，到一家餐饮店用餐，要过的第一道“关卡”是门，因此，如何设计和包装门非常重要。

门的设计很有讲究，豪华的大、中餐饮店，门一般都安置在餐饮店正中央，小型餐饮店门安置在一侧。因为小餐饮店面积不大，如果门安置在中央，就会直接影响到店内实际使用的面积，所以大多数小餐饮店进出的门，不是设在右边就是设在左边，这样才比较合理。

在设计餐饮店门时，还要考虑门前路面是否平坦，是否防滑，有无隔挡，有无影响餐饮店形象的物体或建筑物。招牌安置的位置是否合理，垃圾筒设置的位置是否在较隐蔽的地方，这样既不影响餐饮店卫生，又便于清理垃圾。另外门面的采光条件是否好，切忌把门面开在避光的地方，这样就会给人阴暗、压抑的感觉。大门最好朝阳，明亮、干净的大门能够给人以舒适、温暖的感觉。

一般情况下，小型餐饮店店门所使用的材料为硬质木材，或在木材外包上铁皮或铝皮，铝合金材料制作的店门，富有现代感，耐用、美观、安全。大、中型餐饮店一般是选择无边框的整体玻璃门，这样透光好，造型华丽，能够给顾客比较舒适的感觉。

如果餐饮店大门是玻璃门，要根据餐饮店的定位在门上显眼的地方挂上卡通画或是其他的小饰件，这样顾客进门时就会意识到眼前还有一道玻璃门挡着，避免因没有及时发现而碰撞顾客额头等事件的发生。另外，也可以在玻璃上直接贴上“推”或是“拉”，也能给顾客以提示。注意到这些小细节后，这些小细节就会成就餐饮店。

现代餐饮店越来越注重运用适应时代潮流的装饰设计新理念，突出餐饮店经营的主体性和个性，满足客人在快节奏的社会中追求完善舒适的心理需求。

因此，餐饮店的装饰设计要充分体现“完美舒适即是豪华”这一新理念，一改传统的烦琐复杂的设计手法，通过巧妙的几何造型、主体色彩的运用和富有节奏感的“目的性照明”烘托，营造出简洁、明快、亮丽的装饰风格和方便、舒适、快捷的经营主题。要让共享大厅空间自然延伸，并与室外绿色景观融为一体。客房装饰要突出舒适感和人性化的设计理念。

餐饮店的风格是由餐具决定的，所以在装修前期，就应对餐桌、餐椅的风格定夺好。其中最容易冲突的是色彩、天花板造型和墙面装饰品。

餐饮店主题优劣直接影响餐饮店对顾客的吸引力。餐饮店经营的经验表明，很多餐饮店之所以倒闭，就是因为没有进行餐饮店主题的最优化设计。

一般而言，餐饮店的主题包括两种：一种为有形主题，如餐饮店的位置、门面、内部装饰、格调布局等；另一种为无形主题，如服务人员的态度、礼节以及让顾客满意的程度等。

餐饮店内部布局是形成餐饮店主题的重要因素，所以餐饮店的经营者要予以充分重视。餐饮店内部的设计与布局应根据餐饮店空间大小决定。由于餐饮店各部门所占空间的需要不同，因而在进行整个空间设计与布局规划时，应统筹安排，既要考虑到客人的安全性与便利性、营业各环节的机能、实用效果等因素，又要注意全局与局部间的和谐、均匀、对称，体现出浓郁的风格情调和餐饮店主题，使客人一进餐饮店在视觉和感觉上都能强烈地感受到形式美与艺术美的统一，得到一种全方位美的享受。

餐饮店通道的设计布置应体现流畅、便利、安全，切忌杂乱。

餐饮店座位的设计、布局，一般按餐饮店面积大小，就餐座位的需要做适当配置，使有限的餐饮店面积能最大限度地发挥出其使用价值。

餐饮店动线的安排也十分讲究。餐饮店动线是指客人、服务员、食品与器物在厅内的流动方向和路线，客人动线应以就餐座位之间通道的畅通无阻为基本要求。

一般来说，餐饮店中客人的动线采用直线为好，避免迂回绕道，任何不必要的迂回曲折都会使人产生一种人员流动混乱的感觉，影响或干扰客人进餐的情绪和食欲。

餐饮店中服务的动线长度对工作效益有直接的影响，原则上愈短愈好。在服务人员动线安排中，注意一个方向上的道路作业动线不要太集中，尽可能除去不必要的曲折。

有的餐饮店别出心裁地设置了一个“区域服务台”，既可存放餐具，又有助于服务人员缩短行走路线的动线，十分实际。

在餐饮店名称、风格、色调一致的基础上，其他用品也必须与之一致。即使是主营某个菜系的中餐饮店，也需要更多讲究，保证整体的统一。如果是高档次的包间餐饮店，就必须更加周密考虑。

餐饮店的桌椅及陈设要高低相间、错落有致。如沙发、茶几、扶手椅是矮的，花架、几案等就要高一些。餐饮店内要以餐桌为中心，不能喧宾夺主。

餐桌在中心摆定之后，其他一切陈设必须与之相呼应。根据餐饮店面积大小，决定取舍。原则上以宽绰为佳，便于客人活动，也便于服务人员操作。壁画大小要与墙面大小比例协调一致。餐饮店在装饰布置上要特别注意突出一个重点面，可以把那个重点面看成是正面，是上首，举行宴会时，安排主人在此面就座。

适当摆放或悬挂一些干鲜五谷、瓜果或小型农具等。要少而精，能起到点缀作用即可。必须清洁美观。不可摆放活鸡活鸭之类，那样既不卫生又易产生异味。

餐饮店内部设计没有统一的规定，但大、中餐饮店的内部设计一般都兼顾不同层次顾客的需求，在一家餐饮店里尝试设计并安排不同特色的风格，这是最近流行的一种方法，通过这样的内部设计，一些餐饮店已经开始赚钱。在同一家餐饮店设计不同的特色风格，这种餐饮店最适合接纳具有较高消费水平的顾客，所以，如果决定开这种档次的餐饮店，其店址就要选择在一些较高档的社区附近。

现在有眼光的餐饮店经营者都会在餐饮店里开辟出一个休息区。休息区要高于餐饮店地面，一般可供三个或更多的客人围坐一较大的桌子，自由进行交流。由于居高临下，这里能看见餐饮店的其他区域。一些结伴而来的客人也会光顾此地，由于这个区域最接近普通意义上的餐饮店，所以，来的客人也最多。由此可见，独特体贴的设计会成为餐饮店的“亮点”。

不过，以上两种独特设计适用于规模较大的餐饮店。如果是中小型餐饮店，单一的特色设计也会有良好的效果，如布置一家异国情调的餐饮店。经营者依据顾客的不同喜好，布置不同国家风格的单间，由顾客自己随意挑选。每个单间适当地放置当地的民俗艺术品、风景画、音乐或民谣等，使餐饮店充满了浓浓的异国情调。

另外，餐饮店还可以实行多元化经营。也就是餐饮店提供给顾客既能开生日宴会或节日小型舞会，又可以洽谈生意的雅间，在客人谈生意时，提供水果、点心、茶水、酒等，只要宣传到位，服务周到，来光顾的客人一定很多。餐饮店实行多元化经营，肯定会提高营业额，而且还有可能为餐饮店带来好的声誉。

空间分隔，富有特色

餐饮店的空间分隔就是指充分运用顾客的感受和视觉变化特征，通过凹或凸的物体在无遮挡的空间中形成一种视觉的变幻空间区。实行空间分隔后，能使顾客在享有相对隐蔽的空间时，又能感受到整个餐饮店的气氛。空间分隔的方式有多种，具体采用哪一种方式要根据餐饮店的整体设计和定位来考虑。但有一点需要注意，空间分隔不是硬性的阻隔，也不是对每一个独立的小区域进行完全隔离，否则，顾客就会觉得压抑或是产生一种被关“禁闭”的感觉，从而对餐饮店产生反感。但是，餐饮店又不能够完全不分隔，否则会因杂乱而给人一种在“集市”上的感觉，这同样会影响顾客的回头率。所以，餐饮店的分隔既要有艺术，又不能给客人压抑感。

软隔断分隔就是用垂珠帘、帷幔、折叠垂吊帘或其他悬挂的手工艺品把餐饮店进行分隔，软隔断的材质一般都富丽、高档，给人很舒适或是“家”

的感觉，客人在这种环境下就餐，一般心情较好，回头率往往比较高。不过，软隔断一般用在档次较高的餐饮店使用。如果是以早点或是学校附近以中小学生为主的简陋小餐饮店，就不需要采用材质较好的软隔断。

装饰物的设置与通透的隔断或造型美观的柱子一样，能够给餐饮店内部带来丰富的空间层次，对视线无障碍，利于餐饮店的变幻感觉，使顾客不会感到乏味，也不会产生审美疲劳。诸如此类的还有花架、水池以及铺地材料的变化都能起到分隔空间的作用。不过，用来作装饰物的物品外观最好有一定的柔和感，不能给人“硬”、“糙”、“俗”的感觉。

造型美观的灯具是最佳的分隔物之一，一般灯具都能给人一种隔而不断的感觉，效果与一般分隔物不一样。特别是西餐饮店和酒吧，灯具是最常采用的空间分隔物。因为采用灯具分区，既可保持大的整体空间气魄，又在顾客的心理上形成分隔，而且空气流通良好，视野宽阔。需要注意的是，采用灯具进行空间分隔时，灯具所发出的光线要柔和、温暖，不能太强烈，散发出的热量也要弱，否则，就会给就餐的客人不舒服的感觉。

通透隔断空间通常用带有传统文化气息的屏风式博古架、花窗墙隔断等，将一个大餐饮店分隔成若干个雅座使用。一般餐饮店使用屏风式博古架的较多，因为它能够伸缩自如，使用很方便。如平时分散型的客人较多时，可把餐饮店用屏风一一隔开，给客人一个独立的空间，但是，在婚庆或是其他喜宴时，由于就餐的客人多，为了方便请客的主人统一招呼客人，则可临时撤去屏风，使每桌的客人之间也能够互相招呼，从而让喜宴的气氛更加热烈。

利用各种材质的矮墙分隔空间，能给就餐者一种很大的心理安全感。顾客既享受了大空间的共融性，又保持了一定的心理隐秘性，具有大厅分隔的很多优点。但是，分隔的矮墙一定要有质感，不能给人一种冷冰冰的感觉。

植物分隔不仅可以美化餐饮店，还可以保持一定的独立私密空间。使餐饮店舒适、空气清新，增加视觉上的舒适度，同时还能使空间保持完整性和开阔性。但是，利用植物分隔时，要注意所选择的植物不能是带刺的，或是容易造成人皮肤过敏的及不适于室内种植的植物。给植物浇水时注意不要浇得太多，以防水从植物的根部渗出，污染地面。或是造成地面湿滑，行走不便。同时要注意经常维护植物、保养植物，使它们呈现出健康的颜色，对枯黄的枝叶要及时清除掉，不要让其长久地停留在植物上，以免影响客人对植物的好感。

装饰基调，温馨舒适

对于餐饮店而言，色彩是餐饮店定位消费人群的一个基调。可以说，一个餐饮店的色彩，直接决定了消费人群的构成和消费意愿。

如在自然界中，对于人类的食物而言，没有蓝色的食品，除非是人工设计的。因此，在餐饮店的色彩使用上，若非特别构思与考虑，应该尽量避免使用蓝色作为餐饮店主色调。在现实应用中，使用蓝色作为主色调的餐饮店多为快餐店。

对于大多数的餐饮店而言，色彩的使用上，宜采用暖色系。因为按照色彩心理学原理，红色令人振奋、激励；橙色令人兴奋、活跃；黄色令人刺激；绿色令人宁静、镇静；蓝色令人轻松、自由；紫色使人感到优美、雅致；棕色令人感到松弛。而具体到餐饮环境而言，暖色有利于促进食欲，这也就是为什么很多餐饮店采用黄、红系列的原因。

鲜黄的柠檬色带着清新的香味，可以让餐饮店拥有清爽活跃之感，给人以愉快心情。通常可将餐桌、墙面或者窗帘配上柠檬色彩，在阳光下餐饮店更显清新明快。

酸里透甜的蓝梅色，在水果中拥有丰富的营养和别致的色彩，神秘且魅力十足。快餐饮店若以此色彩为主，可使人心情得到很好的放松。海水般清凉的蓝色使这里成为用快餐兼休闲的理想场所。

甜甜的草莓色，无论是外形还是色彩都十分讨人喜爱。在餐饮店用上如此鲜红的色彩，热情与活力得以四处张扬，不仅情绪持续上升，也使这片空间散发着甜甜的气息，滋润心田。

光线是形成餐饮店主题的最关键因素之一，因为光线的明暗能够决定餐饮店的情调。餐饮店使用的光线种类很多，如烛光、白炽光、荧光以及彩光等。不同的光线有不同的作用。

烛光是餐饮店的传统光线。这种光线的红色焰光能使顾客和食物都显得漂亮，比较适用于朋友集会、恋人会餐、生日聚会等。

白炽光也是餐饮店使用的一种重要光线。这种光最容易控制，食品在这种光线下看上去最自然，而且调暗光线，能增加顾客的舒适感，从而延长顾客的逗留时间。

荧光是餐饮店使用最多的光线。这种光线经济、大方，但缺乏美感。因为荧光中蓝色和绿色强于红色和橙色而居于主导地位，从而使人的皮肤看上去显得苍白、食品呈现灰色。美国宾夕法尼亚州立大学饮食管理系的卡罗琳·兰伯特博士认为荧光会缩短顾客的就餐时间。

此外，不论光线的种类如何，光线的强度对顾客的就餐时间也有影响，昏暗的光线会增加顾客的就餐时间，而明亮的光线则会加快顾客的就餐。

彩光也是光线设计时应该考虑到的另一因素。彩色的光线会影响人的面部和衣着。红色光对家具和绝大多数食品都是有利的。绿色和蓝色光通常不适于照射顾客。桃红色、乳白光和琥珀色光可以用来增加热情友好的主题。

总之，灯光一定要给人一种舒适、温暖或庄重，切忌给人压抑、忧郁的感觉。

艺术陈列，烘托气氛

有特色的餐饮店，必不可少的元素之一是它的艺术陈列。餐饮店的艺术陈列物品可以取自花草、字画、工艺品三大类。这些陈列品可以起到装饰空间、美化环境、烘托气氛、增进食欲的作用。这些都是中高档餐饮店需要配置的物品。

大型餐饮店在使用新鲜的花木时，应当立体美化，可以考虑在大厅的四角摆设棕榈树、橡皮树等枝干高大的树木盆景。如果有条件，可在大厅的上方边缘再养些藤蔓类花木，使枝条下垂，将会使大厅更加绚烂。如果是小餐饮店或是包间，应当使用小盆花木，但是必须放在花架上，原则上与餐桌或窗台持平，所有花木都要有套盆或其他装饰，不应将泥盆直接裸露在外，花盆内的土壤应当覆上树皮或白砂石，不能露出泥土，不能有异味，更不能招虫子。

为了提高餐饮店档次，也为了给顾客提供更美好的精神享受，一些中、高档餐饮店对餐饮店艺术品陈设非常讲究。因为通过餐饮店艺术品的陈设方式，能够看出一家餐饮店的品位和档次。虽然餐饮店中陈设的艺术品不可能很多，但对它的陈列方式要求比较严格。所以，餐饮店经营者必须懂得如何根据餐饮店的不同装饰风格，恰当选用不同的艺术摆件和陈设方式。

古今中外的各类绘画在餐饮店里的陈设比较普遍，同时，它还在室内各种艺术摆件中占有相当高的位置，绘画不仅能给人以艺术上的享受，还能提高人的文化修养，陶冶人的情操。因此在各种风格的餐饮店环境中都能找到相应的绘画，但要准确自如地选择画种、画风，并把它摆放在最适当的环境中，经营者或是负责餐饮店整体设计的人员就要了解各种绘画的起源、画种、风格、流派，这样才能发挥绘画的艺术欣赏效果。需要提醒的是，并不是名人字画就一定能够提高餐饮店档次，最主要的是所选择的绘画要与餐饮店的经营风格相适应、协调。如在中式风格的餐饮店内摆上一幅油画（西洋画），就显得有点不伦不类，如用书法和国画取而代之，就会显得高雅而不失文化气息。同样的道理，如果经营西餐饮店或是中式自助餐，在室内挂满书法作品或是中国的山水画，也会因为与整体气氛不协调而使就餐的客人心生反感。

织物在餐饮店室内陈设品中也占有很重要的地位。由于织物在室内的覆盖面积比较大，所以对室内的气氛、格调、意境等起到很大作用。如窗帘和台布都能起到调节室内光线、温度、声音及色彩的作用，从而影响到就餐客人的情绪变化。

瓷器在餐饮店的室内陈设中被广泛应用，带有绝对的中国韵味。无论是宋元的“黑釉牡丹文瓶”、“白釉黑彩绘碗”，还是明清的“青花花卉纹瓶”、“青花鸟纹器耳壶”等，都是高档餐饮店艺术陈设中的佳品。

由于成本高，一般高档餐饮店才选择摆放工艺品。餐饮店内摆设的工艺品范围比较广，如漆器、青铜器等。在高档餐饮店，青铜器用得较多。

青铜器由于年代久远，许多青铜器上长满了铜锈。铜锈的颜色有孔雀绿、翠鸟蓝，此外还有黄色甚至红色，而这些色彩和它的考古价值正是其魅力所在，是室内环境中的最佳摆设品。尤其摆放在幽雅古朴的高档餐饮店展示台上，更显其尊贵。

不过，需要指出的是：艺术品在餐饮店中的陈设要适量，要与室内整体氛围“情投意合”。不论是绘画还是瓷器或是其他工艺品，都不要过多。否则，就成为艺术展览了，容易使前来就餐的客人心里产生困惑感。不论是哪一种艺术品的陈设，都要少而精，起到画龙点睛的作用即可，客人就餐时再配以恰当的灯光，使其更为悦目，就能在一定程度上强化餐饮店的高雅气氛和文化氛围。

背景音乐，放松心情

餐饮店里的背景音乐能起到调节气氛、增加情调、放松心情、增进食欲的作用，同时还能营造良好就餐环境，提升餐饮店品位和档次。所以，背景音乐必不可少。不过，餐饮店配置背景音乐时一定要与餐饮店风格相适应。如果是西式餐饮店，则不适宜播放古典的中国名曲。如果是中式餐饮店，则应尽量选择一些快乐、轻松的流行音乐，或古典、婉转的中国名曲等。播放时的音量不能过大，播放的曲目不能够太俗气，更不能不健康，否则就降低了餐饮店的档次，也会引起客人的反感。

餐饮店背景音乐不同，带给大家的感受也不同，一般餐饮店宜播放缓慢柔和的音乐，而酒吧是节奏劲爆的舞曲。不过，餐饮店营业中最忌放低俗歌曲，最好以轻音乐为主，曲目保持常换常新，以带给客人新鲜感。同时宜保留一优美固定的曲子作为餐饮店主曲，声音控制应适中，切忌时大时小，并需由专人负责。

事实上，餐饮店背景音乐不仅能够为客人营造一种轻松舒服的氛围，甚至还能够给员工一个舒心的工作环境。如刚上班时选择轻快音乐，可以调动员工的士气。营业开始时，可固定放同一首曲子，以起到提醒的作用。

鉴于餐饮店背景音乐的重要性，餐饮店经营者必须重视，并在挑选曲目时要用心，要把那些低级趣味的音乐剔除出去。让轻松、高雅的音乐成为吸引顾客的又一法宝。

在餐饮店装修过程中，如何利用材料对餐饮店噪声进行有效隔离，也是经营者不能忽略的问题。可以想象一下，如果正在某餐饮店和朋友一起品尝精美菜肴，这时，餐饮店厨房或是其他地方突然传来很大的噪声，大家肯定感觉到不舒服，甚至变得一点胃口都没有，继而对该餐饮店产生不满情绪，最后决定再也不来这家餐饮店用餐。之所以产生如此后果，都是因为噪声产生的坏作用。可见，重视噪声隔离，也是留住顾客的一个因素。

根据科学测定，65~120dB 之间的噪声可能会导致人患上高血压、消化不良、周期性偏头痛、失眠、抑郁等病症，85~120dB 之间的噪声会导致听力损伤，大于 130dB 的噪声会直接导致失聪。

餐饮店中的噪声主要来自厨房烹调、顾客流动、人员喧哗、杯碟碰撞和餐饮店外部的杂声。餐饮店中的噪声也会对员工的心理、生理造成影响，降低员工的工作效率。

同样，噪声在一定程度上会影响就餐客人的情绪，并干扰他们的语言交流，使客人对餐饮店产生不满。所以，餐饮店装修时就应考虑控制噪声。餐饮店中的隔墙通常采用轻钢龙骨纸面石膏板，可采取增加纸面石膏板层数，并在龙骨间填充玻璃棉、矿棉板等隔音材料降低噪声污染级别。据科学研究证实，每增加一层纸面石膏板，其隔音量就可以提高 3 ~ 8dB。

另外，要尽量控制厨房噪声。厨房噪声的主要来源有排油烟机、搅拌机等厨房设备发出的声音。要想隔断厨房发出的声音，在选择先进的厨房设备，加强厨房管理，降低噪声源的同时，还需要在传菜通道上设置两道门，形成声锁而隔断噪声。

最后，餐饮店还可以使用地毯、软包装等装饰材料，以起到一定的隔音作用。

总之，为就餐顾客创造良好的就餐环境是留住顾客、激起其消费欲望的一个关键因素。要达到这个目的，餐饮店在装修时就必须考虑多运用隔音材料。

橱窗设计，格调雅致

橱窗设计

橱窗是餐饮店的眼睛，是餐饮店内就餐环境和就餐氛围的展示台，集中了餐饮店中最敏感、最精彩的信息。特别是对于半开放型或开放型的餐饮店来说，橱窗最具艺术性，有着其他装饰所无法替代的功用。

作为餐饮店外观的重要组成部分之一，橱窗是餐饮店向外宣传自身形象的重要阵地。现代化餐饮店特别强调橱窗的展示作用，作为餐饮店外观的一部分，以特殊的造型设计吸引行人的目光。展示餐饮店的经营方式，体现餐饮店的格调。随着社会环境与自然环境的变化而改变设计，指导流行趋势、引导消费潮流。留住往来行人的脚步，制造顾客光临机会，并刺激其消费欲望。

在现代商业活动中，橱窗即是一种重要的广告形式，也是装饰餐饮店店面的重要手段。一个构思新颖、主题鲜明、风格独特、装饰美观、色调和谐的餐饮店橱窗，是一幅整个餐饮店建筑结构和内外环境组合体的立体画面，能起到美化餐饮店和市容的作用。

橱窗横渡中心线最好能与顾客的视线相齐，那样，整个餐饮店内的环境和主题都在顾客的视野之中了。在橱窗设计中，必须考虑防尘、防热、防淋、防晒、防风、防盗等，要采取具体有针对性的措施。不能影响店面外观造型，橱窗建筑设计规模应与餐饮店整体规模相适应。橱窗应保持清洁，肮脏的橱窗玻璃、橱窗内布满灰尘，会给顾客带来不好的印象，引起对餐饮店经营的怀疑、反感，从而失去来餐饮店就餐的兴趣。橱窗的形式设计要根据餐饮店的位置、营业项目和营业场所的大小而定，一般有三种方式：一是左边一个或右边一个；二是左右各一个；三是左右和中央共三个。这样可使小餐饮店中的商品一览无余，又能反映餐饮店的经营情况。

包间设计

在餐饮店里设包间（也称雅间），可以构建出一个与外界完全隔绝的环境。在包间中进餐、宴请、谈事等，有一定的私密性，可满足那些不愿受打扰的顾客的需要，又能够在一定程度上满足宴请者的心理需求。因此，包间是消费层次比较高的顾客的首选，而包间为餐饮店带来的利润也往往很可观。所以，重视包间装修，是餐饮店经营者不能忽视的一个问题。包间装修档次一般比大厅高，以雅、静、富丽等为特点。

一般情况下，餐饮店包间大多是根据餐饮店建筑结构而自然形成的隔间设置，其面积也是预先固定的。包间布局设计比大厅简单，没有太复杂的结构。首先要根据面积确定餐台形式、尺寸和座位数量，以宽敞、舒适为原则，包间内陈设的家具也较简单，有的餐饮店除了用餐桌椅外，只有一个挂衣服的衣架，有的还有电视、沙发等。如果是 KTV 包间，则需增加卡拉 OK 等音响设施。如果原建筑结构没有隔间，经营者就需自己通过装修隔出包间。在隔包间时必须慎重，不能为了扩大经营面积而拆掉承重墙。在隔包间时还要正确设计包间的位置和面积，以满足经营目标的需要。另外，隔间墙壁一定要隔音。如果隔音效果不好，就会影响客人的情绪，使餐饮店的美誉度大打折扣。

餐饮店包间风格对顾客就餐情绪有一定影响，一般情况下，包间风格和大厅风格既要统一又要有差异。统一是要保持餐饮店整体风格的一致性；差异是要使进入包间的客人产生独特的感受，使他们体会到包间的优越性和就餐时的舒适性，还有和大厅不一样的服务。同一家餐饮店的包间相互之间也要有差异（如名称、内装修、艺术品的布置等），这样可以使客人没有单调感，并可加深客人对餐饮店的印象。每个包间应根据餐饮店的特色，如地域、主题、菜色、情趣等，结合包间自身的风格命名，名称要贴切、优雅、温馨、大方，发音响亮，令人遐想、回味，如喜相逢，蓬莱阁等。包间名切忌太俗或是含有某种不健康的因素，同时尽量不用序号，如 1、2、3 等，因为它会破坏情调，同时还会使人感到拘束。包间的装饰物品以字画、盆景、小型盆花为主，实用物品要选用小巧的。包间名称可制作成铜字、铜牌，镶嵌在门楣上方，既美观又便于顾客寻找。

包间的色调与大厅的色调应该有所区别，一般以温馨、柔和为主。包间的客人就餐时间一般较长，身份一般也较高，采用淡淡的橙色会收到比较好的效果。切忌在包间使用暧昧的色调，也不要使用过分沉闷的色调。

包间的光线可采用可调强度的白炽光，既可使室内光线柔和，又可通过调节光线强度产生不同的情调效果，以适应不同顾客的需要。

第五章

员工管理，以人为本

餐饮业员工流动大而快，会影响到餐饮店的经营效益和业绩。如何招聘到合适的员工，如何让员工协调一致，如何让员工有积极性，这是管理者必须考虑的问题。

招聘录用，选人为先

会用人，就要先会选人。店员的招聘和录用是餐饮店用人、管人的第一步。走好这一步，便为今后的管理工作打下了好的基础，也就成功了一大半。受金融危机的影响，最近一段时间各行各业失业人数较多，与此同时，竞争上岗的人数就会急剧增加，这就给餐饮店员工的招聘和录用工作增加了不小的压力。在这种情况下，经营者更应该把招聘和录用工作做细，以保证员工的质量。

招聘启事

发布招聘启事是招聘员工最基本的方法。在写招聘启事时并不是随性而来，还有许多必须注意的事项，处理不好就有可能在日后产生纠纷。根据《劳动合同法》的最新规定，在发布招聘启事时一定要做到以下几点：

（1）用词准确。不能模棱两可、含混不清。如有的餐饮店在招聘启事中写到“具有一定的文化水平”，具体是高中还是大学，搞不清楚，日后很容易产生纠纷。

（2）内容详尽。录用条件可分为刚性条件、柔性条件，比如，你要求高中以上学历，这就是刚性条件，一目了然。还有一些比如个人品质、举止文明程度、责任心、勤劳度、对餐饮店的忠诚度等，这些可能需要经过一定时间的考察才能得出结论。

（3）内容合法，不含有歧视性内容。

有的餐饮店在招聘启事中写到“能喝酒”“能陪顾客跳舞”等用语，还有的餐饮店的招聘启事带有明显的歧视性内容，如性别歧视、身高歧视、民族歧视等，显然是不符合法律规定的。

（4）明确告知。餐饮店制订的录用条件必须告知才能产生法律效力。老板要特别注意保留好招聘广告或者将录用条件、告知内容写进劳动合同，以便将来有据可查。

择优录用

创业之初，举步维艰，餐饮店需要招聘到精英来共同发展进步。所以，在筛选员工的时候要精心策划，对前来应聘的人员进行全面的考察，择优录取。一般要进行初步审查和面试，还可根据情况进行笔试与能力测试。

（1）审查。身份、学历、资格、工作经历等信息是否真实。餐饮店有权了解应聘者与劳动合同直接相关的基本情况，应聘者应当如实说明。这里指的是“与劳动合同直接相关”的基本情况，与劳动合同没有关系的情况用人单位无权了解。

是否有潜在疾病、身体缺陷等。在正式聘用员工前，给员工做必要的体检，看员工的身体状况是否适合应聘的岗位需要。老板们不要心痛体检费，这是餐饮店降低不必要支出的有效保障。

餐饮店从事的是餐饮行业，病从口入，员工是否健康，是否带有传染病，直接关系到顾客的饮食安全。根据《劳动合同法》的规定，员工患病或非因工负伤，在规定的医疗期内的，餐饮店不得解除劳动合同。即便医疗期届满，餐饮店也不能随意解除劳动合同。只有在符合法律规定的情况下，才可以解除劳动合同，并且要支付经济补偿金。

是否达到了法定就业年龄。我国的法定就业年龄规定为16岁，根据《禁止使用童工规定》的有关规定，擅自使用童工属于违法行为。

是否与其他企业签订有未到期的劳动合同。《劳动合同法》第九十一条规定：用人单位招用与其他用人单位尚未解除或者终止劳动合同的劳动者，给其他用人单位造成损失的，应当承担连带赔偿责任。

（2）面试。经过初步的筛选和审查，对人选的应聘者要进行下一步的面试。面试就是要观察应聘者是否适合从事本行业的工作，在面试中要对应聘者进行综合素质的测评，包括言谈举止、心理素质、表达能力以及应聘动机等，可以用以下两种方法来进行。

第一，观察法。可让应聘者扮演一个服务员的角色。现有一名顾客因在就餐过程中就食物品质问题投诉，或见一名顾客在发牢骚，作为服务员，应该如何去处理。

第二，交谈法。由应聘者扮演一个顾客，假定营业高峰期去餐饮店用餐，让他指出餐饮店的优缺点，并针对缺点提出改进方案。

老板可询问应聘者这些问题：在哪些地方工作过？担任过什么职务？有过什么业绩？对餐饮店目前的状况有什么好的建议……诸如此类的问题。问得越详细越好，老板可以通过这些问题对应聘者有一个比较深入的了解。

在运用各项测评、面试的成绩对候选人进行选拔后，就能得到关于他们的胜任表现的信息，根据这些信息从高到低依次录取，签订聘用合同。按约定的时间集合，进行上岗前的培训。

在录用员工时，还要向新员工详细介绍餐饮店的工作内容、工作时间、付薪日期和方式等一些关键性问题。

录用标准，素质为王

餐饮店的员工包括服务人员、财务人员、采购人员、厨师、经理等，一家餐饮店经营成效如何，与其员工的素质水平联系密切。

服务人员

作为餐饮店第一线的服务人员，是直接为顾客提供服务的人，服务人员素质的高低很大程度上决定了餐饮店的档次。前台服务人员在一定程度上体现着餐饮店整体素质，起着重要的“门面”作用；后台服务人员的工作虽然不起眼，却是餐饮店不可缺少的“无名英雄”。

选择服务人员要从两个方面考虑，一是性别方面，应尽量多招女性服务人员，因为女性更具细致、周到、耐心和冷静等特点，在服务技能上有许多胜过男性的地方。二是自然素质方面，应挑选仪表端庄、头脑灵活、记忆准确、语言得体、态度诚恳者，曾在餐饮店工作过，有一定经验者优先考虑。

有一家餐饮店的老板比较重视餐饮店的形象，因此总是偏重于录取那些相貌比较出众的服务人员。刚开始确实收到了一些效果，有些顾客会再次光临，也有一些顾客以此为由带一些朋友前来就餐。但是时间一长，问题就出现了，常常会有一些醉酒的顾客对服务人员进行纠缠，另外有些服务人员自恃漂亮对顾客不够尊重，尽管老板付出的工资和精力很多，但是由于各方面的原因，服务人员还是接二连三地跳槽，一时间餐饮店的营业也变得十分不景气。归根结底，还是由于这家餐饮店的老板走入了人才选拔的误区，过分看中了外貌，忽视了实际业务能力。

财务人员

财务人员是餐饮店主管经济大权的重要人员，掌握着资金运营、成本核算、现金收支、工资发放、缴纳税金与银行往来等经济活动的全过程。

对财务人员的选择和聘用应该特别慎重。在没有确定合适人选前，可由经营者按照财务和工商管理部门对餐饮业财务工作的规定和要求自行管理，待业务进一步发展并有适当人选时再招聘。

采购人员

餐饮店每天都要从市场购进各种原材料，数量大、品种多，质量是否有保证、进货价格是否合理，这对餐饮店成本的高低和能否赢利起着决定性的作用。

合格的采购人员必须为人诚实、作风正派、懂得业务，对食品原材料的质量鉴别、产地、行情等较内行，责任心强。如一时难以找到全面合格的人选，应该坚持最根本的一条，即必须为人诚实，其他条件在录用后通过实践逐步历练。在开始时，经营者可用一定的时间亲自带领采购人员前往市场进行采购，一则全面了解市场的行情以及需求状况，与供应商建立长期供需关系，再则也可以对采购员进行现场观察和具体指导。

厨师

厨师是餐饮店的台柱，但是一般餐饮店没有必要聘请大牌名厨，只要聘请经过专业培训，具有厨师资格证书的年轻厨师即可。这些年轻厨师一般都具有热情、创新、敬业和表现自己才能的素质，能够听取意见，比较平易近人，能根据顾客的需求设计菜肴，能同经营者一起考虑整个餐饮店的利益。

现代厨师应具有的技能修养：具备经营理论，精通业务技能，并能够理论联系实际，不断钻研提高，具有管理理念。

岗位职责，分工明确

餐饮店的岗位一般有经理、服务人员、厨师、收银员以及采购人员等。要管理好每一位员工，做到有章可循，就必须详细制订每一个岗位的职责说明，做到分工明确，使每个人都明确自己在组织中的位置、工作范围。只有分工明确、有序才能保证经营业绩。

经理

经理需要具有多方面的才能。首先，他必须是个出色的技术员，通晓服务的全部过程和细节；必须是位称职的主管，善于培训、指挥店员，调动他们的工作积极性；必须具有应付各种类型的顾客及推销餐饮、提高销售收入的能力；更必须是一位精明的管理者，具有组织部门工作、安排生产以及控制餐饮品质和成本的知识和能力。

服务人员

主要进行清洁维护、物料补充、设备保养及与顾客之间的沟通等工作，具体如下：

（1）准备工作。检查是否有干净足量的工具，定位放在顾客看不见的地方，工具包括抹布、捣压棒、扫把、地拖、地拖桶、玻璃清洁剂、玻璃刮、垃圾袋等；检查洗手间内是否有洗手液、纸巾、水、烘手机等供应，并且清洁无异味；检查垃圾桶是否装满，保证垃圾无外溢且无异味；检查所有设备是否都正常运转且维护优良。

（2）日常工作。餐桌收拾及擦拭干净，桌椅排列整齐；地面清洁的维持，如有打翻饮料，及时处理；垃圾箱内备有一定数量的垃圾袋及抹布，以备不时之需；垃圾桶内的垃圾达 2/3 时需捣压，达 3/4 时需倒掉垃圾并更换垃圾袋；垃圾桶内外要保持清洁且无异味；适时检查玻璃门、窗及镜子，如有需要进行清洁；餐厅摆设要整洁，如墙画、花草等；清洁用品不能随处摆放，不能让顾客看见；顾客离开后立即清洁台面（30 秒内清洁，60 秒内清洁完毕），以消毒水及清洁抹布擦干台面，随时清洁台面上的油污及水渍；随时清洁脏的地方，立即拖干倒翻的饮料，扫地及拖地时，接近顾客要有礼貌，尽量不要影响顾客用餐；每次清洁后，都应将清洁工具清洗干净并放回指定的位置；餐厅内一旦发现问题（顾客投诉、设备损坏等）应马上向经理汇报，并尽快采取措施解决。

（3）关心顾客。如有顾客不小心打翻饮料，应及时补给并通知值班经理；积极主动地协助需要帮助的顾客；做清洁工作时，注意不要影响顾客用餐；音响、空调太大或太小时，应通知经理进行调节。

（4）团队精神。主动与其他工作伙伴沟通、协调、合作。

柜台人员

柜台人员负责顾客的迎接、点餐及账目结算，是营业的关键性所在。柜台人员的工作必须细致，再细致。

（1）顾客服务。顾客服务包括以下四项内容：

顾客得到快速的服务：顾客到达柜台 5 秒内欢迎、招呼，顾客，点餐结束后 60 秒内，顾客得到所点的餐饮。顾客开始排队，5 分钟内得到其点购的所有餐饮。所有调味料及服务用品均备货充足且摆放整齐。

让顾客感到被尊重和受欢迎：欢迎顾客时要目光注视对方，让顾客看到热情的笑容，话语要友善，不要用重复或机械式的问候语。点餐后致以微笑并说："谢谢"。儿童应被尊重及得到适当的欢迎。

顾客得到协助且受尊重的服务：服务员是根据餐单推荐餐点、配餐或为顾客推荐更多或促销的食品。员工能够正确回答有关产品名称、制作方式及规格的问题。员工以礼待客，彼此之间互相尊重。服务人员举止不粗鲁，不说脏话和胡闹。

顾客得到准确无误的餐点：菜单上的产品都有供应，提供正确的作料及用品（柜台提供或顾客自取）。收银员重复餐点内容，以确保正确点餐。正确找零。提供餐饮前核对配餐内容，顾客拿到的餐饮项目、配料、规格和数目与点购的一样。

（2）点餐。目光注视顾客，专注倾听顾客的点餐内容；快速正确地为顾客点餐，顾客点餐时请不要打断他们；询问顾客堂食或外带；将餐点的内容打人收银机；协助解答顾客对餐点的疑问；告诉顾客正在促销的产品。

员工培训，提高素质

刚入职的新员工素质和业务水平参差不齐，在工作中存在各种各样的问题，直接影响到餐饮店的管理和经营。有效的员工培训和培养计划，可以直接针对问题开处方，不仅可以提高员工的素质，而且可以满足员工自我实现的需要，从而增加餐饮店的凝聚力。

培训原则

随着餐饮业的飞速发展，员工培训将发生重心转移，业务水平的培训依然重要，但是新观念和行为技巧的作用将更加显著。因此，在餐饮店新员工培训中必须遵循以下基本原则：

（1）与时俱进原则。为了不断迎合顾客的需要，提高顾客的满意度，引导顾客的消费，需要从餐饮店的服务理念、服务技能等各个方面进行创新。这就要求餐饮店在培训新员工时做到与时俱进，保证培训内容的新颖。

（2）实事求是原则。无论是培训内容、形式、方法、进度等都应从员工自身的实际出发，具有较强的针对性。

（3）学以致用原则。培训所传授的知识、技能等应该是员工在日后的工作中能很快应用的。应紧密结合岗位需要和个人需要，理论联系实际，使培训内容具有较强的实用性。

培训内容

餐饮店作为服务型企业，应当根据行业的特点制订相应的培训内容。通过对员工在服务态度、专业知识和业务技能等方面的训练，提高他们的职业素质，提高餐饮店的管理水平和服务质量，从而实现餐饮店经营管理的目标。针对新员工，主要应从以下几方面进行培训：

（1）餐饮店基础知识培训。包括餐饮店的经营理念、经营特色、客源状况、规章制度、餐饮店菜品等内容，使新员工对餐饮店有一定的认识和了解。

（2）餐饮店礼节培训。新员工上岗前必须经过礼节礼貌知识的培训，包括严格的仪容、仪表、仪态、表情、眼神、语言、动作等方面的要求等，以便在日后的服务中处处体现出对客人的尊重。

（3）餐饮店意识培训。在培训新员工时还必须培养他们的餐饮店意识，如服务意识、角色意识、团队意识、服从意识等。

（4）业务培训。新员工业务培训可以从知识、技能等方面进行。知识培训的目的是帮助新员工上岗后能顺利开展工作；技能培训则侧重本岗位的具体操作规程，尽量使员工掌握必要的服务技巧。另外应对新员工进行基本应急能力的培训，以提高他们应对突发问题的能力。

培训方法

恰到好处的培训可以激发员工的潜能，改善技能，消除压力，增强员工的工作成就感。一般情况下，有以下 7 种简单而有效的培训方式：

（1）讲授法：运用起来方便，便于培训者控制整个过程。但是反馈效果差，常被用于一些理念性知识的培训。

（2）视听技术法：通过现代视听技术（如投影仪、DVD、录像机等工具），对员工进行培训，直观鲜明，但缺乏实践，且制作和购买的成本高，内容易过时。多用于餐饮店概况、传授技能等培训内容。

（3）讨论法：讨论法的特点是信息交流时方式为多向传递，员工的参与性高。多用于巩固知识，训练餐饮店员工分析、解决问题的能力与人际交往的能力，但运用时对培训教师的要求较高。

（4）案例研讨法：通过向员工提供相关的背景资料，让其寻找合适的解决方法。这一方式使用费用低，反馈效果好，可以有效地训练员工分析解决问题的能力。

（5）角色扮演法：员工在培训者设计的工作情境中扮演角色，其他员工与培训者在表演后作适当的点评。由于信息传递多向化，反馈效果好、实践性强，因而多用于人际关系能力的训练。

（6）自学法：这一方式较适合于一般理念性知识的学习。成人具有偏重经验与理解的特性，让具有一定学习能力与自觉的员工自学是既经济又实用的方法，但此方法不易监督。

（7）互动小组法：主要适用于管理人员的人际关系与沟通训练。通过让员工在培训活动中亲身体验来提高他们处理人际关系的能力。可以明显提高人际关系与沟通的能力，但其效果在很大程度上依赖于培训者的水平。

培训要点

对员工的岗前培训并不是无限期进行的，老板还要考虑到对餐饮店前期投入的回收，这就要在培训中讲究一些方式与技巧，这样才能用最短的时间培养出合格的员工，尽快使餐饮店投入运营。

（1）分配工作岗位。分配新员工到工作岗位时不一定要分配到人手不足的地方。重要的是，该工作岗位上一定要有优秀的指导员。可能的话，就算是工作性质不同，也应该让新员工到有优秀指导员的工作岗位上去接受一段时间的培训。

（2）制订完备、科学的培训计划。工作计划越详细越好。当然，首先要将工作上的知识、技术和各个工作岗位固有的精神等方面，以易于让人理解的方式详细地列出来。计划中比较困难的可能就是态度培训。态度培训中最重要的一项是设定具体且可以付诸行动的目标，而不是抽象的口号。无论任何人，如果能以“积极”和“协助”的态度，并亲自以身教去教导新人的话，成功的概率是很大的。

（3）在工作中培训。例如，若要培训员工的团队精神，可以以两三名为一组，并给他们时间限制，要求他们在规定时间内完成某件事。这样的培训不但可以使他们体会到团队精神的重要性，也可以让他们彼此之间建立起良好的人际关系。

（4）帮助新员工建立人际关系。新员工一般会很担心自己是否能建立良好的人际关系，多数人际关系是借着工作建立的。偶尔也要和新同事谈些轻松的话题，在一种放松的气氛中帮助员工建立良好的人际关系。还可利用中午休息时间聚谈，搞些文体活动等，更容易让员工之间搞好关系。

薪酬待遇，基本保障

餐饮店员工的待遇是人们最为关切，也是议论最多的部分。过高会增加餐饮店的经营成本，造成入不敷出；过低则会降低员工的工作积极性和满意度，容易造成人才的流失。所以，在确定员工的薪资待遇的时候，一定要把握适度的原则。员工的待遇一般有工资和保险两种。

工资

工资是指员工每个月领取的基本工资，经营者在制订员工的基本工资的时候，应该遵循以下原则：

（1）公平合理原则。公平是指员工所获得的薪资与自己的工作成果或跟其他员工比较是否公平。合理是指员工的薪资所得足够支付其生活所需的费用。所以，经营者在制订员工的工资时要使用统一标准，否则就可能因为工资问题引起员工的不满，另一方面更需考虑到是否能满足员工一般的生活需要。

（2）明确工资等级原则。餐饮店要将员工工资与员工岗位的职责挂钩，职务责任重要者要根据实际水平和业绩支付较高工资，尤其是负责有关管理和经营责任的管理岗位，包括主厨和经理。工资等级间应有适当的差距，主管与员工之间也相应有所不同，这样才能产生激励作用。

（3）竞争性原则。这是指在社会上和人才市场中，餐饮店的工资标准要有吸引力，才可以与其他餐饮店竞争，招聘到所需的人才。员工工资待遇至少不应低于市场平均水准。

（4）激励性原则。将员工的工资与业绩挂钩，可以避免员工吃“大锅饭”，又可以达到奖勤罚懒的目的。所以要求餐饮店内部各级职务在工资水准上适当拉开差距，真正体现按贡献分配的原则。

（5）经济性原则。提高餐饮店员工的工资水准，不可避免地将导致人力成本上升。所以工资制度不能不受经济条件的制约，管理者在对人力成本进行考察时，不能只看工资水平的高低，还要看员工绩效的质量水平。事实上，员工绩效的质量水平对餐饮店竞争力的影响，远大于成本因素。

（6）合法性原则。餐饮店工资制度必须符合党和国家的相关政策与法律。

保险

保险是最基本的社会福利保障，也是餐饮店提高员工福利的手段。在发生意外事故时，通过保险理赔也在一定程度上可以减轻餐饮店和员工自身的负担。社会保险的手续应到餐饮店所在的社保中心办理，因每个人基数不同，所以保险的计算也不同。

（1）带上餐饮店营业执照和组织机构代码证到银行办理开户许可证。

（2）缴纳保险需要根据员工上一年度平均工资标准的基数来确定缴纳

的额度。

（3）如果是新员工，没有缴费基数，按照上一年度社会平均工资标准来确定缴纳基数。

员工所买保险的种类，主要有以下四种：

（1）养老保险：按照本人上一年度平均工资标准缴纳，企业 20%、个人 8%；

（2）失业保险：按照本人上一年度平均工资标准缴纳，企业 1.5%、个人 0.5%；

（3）基本医疗保险：固定的缴费基数，单位 10%、个人 2%、大额每人每月 3 元；

（4）工伤保险：单位全额负担 5%；

另外，餐饮店还应该缴纳女职工生育保险。

激励策略，一步到位

对员工进行激励可以充分调动员工的工作积极性，增强团队凝聚力。具体到餐饮店的管理中，就是通过采取正确的方法，激励员工的工作热情，使其产生完成餐饮店经营目标的行为。经营者为了实现既定的目标，就要采取一定的手段激励员工来共同奋斗。

激励作用

员工是每个餐饮店最有效的资源，而激励是管理中的一个重要部分。在促使员工完成任务、达到效益目标的同时，还可以帮助员工实现自我发展，为社会培养人才。员工激励有以下作用：

（1）吸引人才。商业的竞争，说到底就是人才的竞争。谁赢得了人才，谁就取得了主动权，而激励便是取得人才的有效手段。许多大的餐饮店都很重视这一点，并采用了许多有效的激励手段。如提供养老金、集体人寿保险和优厚的医疗待遇，支付那些愿意重返学校提高知识和技能的员工的学费等。

（2）协调员工个人目标和餐饮店目标。通过激励可以使员工个人目标和餐饮店目标相一致，以提高餐饮店凝聚力。有目标才有奔头，才能产生动力，但各人的目标不同，员工个人目标与餐饮店目标又不尽一致，而激励就是协调两者的催化剂。

（3）塑造良好的餐饮店文化。通过激励可以塑造良好的餐饮店文化。员工激励不仅直接作用于个人，还间接影响其他的人和周围的环境。其功能表现在对塑造良好的餐饮店文化有着非常重要的促进作用。

（4）最大限度激发员工潜力。通过激励可以充分调动员工的积极性、主动性，使员工的潜力得到最大限度的发挥。

美国哈佛大学的心理学家威廉·詹姆斯在对员工的激励研究中发现，在缺乏激励的一般岗位上，员工仅能发挥其实际工作能力的20%～30%。因为只要做到这一点，就足以使自己保住饭碗。但是受到充分激励的员工，其潜力就可以发挥到80%～90%。这也就是说，存在着大约60%的差距。可见，员工激励能起到相当重要的作用。

（5）激发员工创造性。通过激励还可进一步激发员工的创造性，从而大大提高工作绩效。如某餐饮店采取合理化建议奖（包括物质和荣誉奖励）的办法鼓励员工提建议。不管建议是否被采纳，均会受到奖励和尊重。如果建议被采纳并取得经济效益，那么将会被重奖。结果该店的员工仅一个月就提出许多条建设性建议，并为餐饮店带来相当可观的利润。由此可以看出，进一步激发员工的创造性越来越重要。

（6）提高员工素质有效途径。员工素质的提高，不仅可以通过培训来进行，而且员工激励也是一种很好的途径。通过运用不同的激励手段，在激励方向上对员工加强引导，有助于开阔他们的眼界，提高个人的道德素养。对坚持不懈努力学习科学文化知识的员工，给予大力的表彰；对安于现状、不思进取的员工，给予适当的促进，有助于形成良好的学习风气，以提高员工的知识素养。根据一定的客观标准，对忠于职守、业务熟练、工作中有突出成绩的员工给予奖励；反之，给予惩罚，形成一种人人争作贡献，你超我赶的生动局面，也可促使员工的素质得到提高。可见，激励与员工素质的变化有着密切的关系。

激励原则

激励是一门科学，在激励员工时，应遵循以下原则：

（1）目标结合原则。在激励机制中，设置目标是一个关键环节。目标设置必须体现餐饮店经营目标的要求，否则激励将偏离实现目标的方向。目标设置还必须满足员工个人的需要，否则无法提高员工的目标效益，达不到满意的激励强度。只有将餐饮店整体目标与员工个人目标结合好，才能收到良好的激励效果。

（2）物质激励和精神激励相结合原则。员工存在着物质需要和精神需要，相应的激励方式也应该是物质激励与精神激励相结合。物质需要是员工最为基础的需要，是最低层次的，其激励作用也是表面的，激励深度有限。因此，随着生产力水平和人员素质的提高，应该把重心转移到以满足较高层次需要即社交、自尊、自我实现需要的精神激励上去。在这个问题上应该避免走极端，只迷信物质激励或精神激励都是片面的、有害的。

（3）外激和内激相结合原则。凡是满足员工生存、安全和社交需要的因素，其作用只是消除不满，但不会产生满意。这类因素如工资、福利、人际关系，均属于创造工作环境方面，也叫做外在激励，简称外激；内在激励，简称内激，是指满足员工的自尊和自我实现的需要。内激最具有激发力量，可以满足员工的需求，从而使员工更积极地工作。在具体激励过程中，往往不是外在激励因素起作用，而是内在激励因素起作用。

（4）正激和负激相结合原则。正激就是对员工符合餐饮店经营目标的期望行为进行奖励，以使得这种行为更多地出现，即员工积极性更高；负激就是对员工违背餐饮店经营目标的非期望行为进行惩罚，以使这种行为不再发生，即使犯错误的员工弃恶从善，积极地向正确的方向转变。显然正激与负激都是必要而有效的，不仅作用于当事人，而且会间接地影响周围其他人。管理者在激励时应该把正激与负激巧妙地结合起来，以正激为主，负激为辅。

为了很好地贯彻这一原则，餐饮店经营者应该把严格管理与思想工作结合起来，使员工外有压力，内有动力，焕发出巨大的劳动积极性。

（5）按需激励原则。激励的起点是满足员工的需要，但员工的需要因人而异、因时而异，并且只有满足最迫切需要的措施，其激励强度才大。餐饮店在激励员工时，切不可犯经验主义，几年如一。餐饮店经营者只有深入调查，不断地了解员工的需要层次及结构的变化趋势，有针对性地采取激励措施，才能收到实效。

激励手段

餐饮店的管理者在激励员工时，常用的激励手段如下：

（1）目标激励。大多数人都希望自己能有成就，希望不断获得成功，而成功的标志就是达到预期目标。有目标才有奔头，才能产生动力，因此，目标激励是一个很重要的激励因素。可以产生激励作用的目标包括两类：一类是餐饮店目标，如提前完成餐饮店年初定下的赢利额等；另一类是员工目标，如熟练掌握某种技能等，应当充分利用这两类目标的激励作用。

（2）榜样激励。向榜样学习是一种心理需要，其实质是自我完善。榜样激励是通过满足这种需要，将员工行为引导到餐饮店所期望的方向。榜样的力量在战争年代和社会主义建设时期都曾大大激励过全国人民，在今天向市场经济转轨的过程中，榜样同样能发挥巨大的激励作用。老板只有以身作则，吃苦在前，享受在后，才具有号召力，才能最大限度地发挥员工的潜力。

（3）理想激励。员工的理想远大，可以促进其工作积极性。理想可以分社会理想和员工个人理想。无论是社会理想还是员工个人理想都可以对员工工作、学习产生持久的作用。餐饮店应当把理想教育当作激励的重要手段，帮助员工树立社会理想，把员工个人理想同社会理想结合起来。

（4）培训激励。培训的激励作用是多方面的，它可以满足员工特别是青年员工求知的需要。通过培训，可提高员工达到目标的能力，为其承担更大的责任、胜任更富有挑战性的工作及提升到更重要的岗位创造条件。

（5）物质激励。餐饮店可以运用的物质激励手段包括工资、奖金和各种公共福利。物质激励是最基本的激励手段，因为工资、奖金等决定着员工的基本需要的满足。

（6）荣誉激励。给予优秀员工以表扬、光荣称号、象征荣誉的奖品等，这是对员工贡献的公开承认，可以满足员工的自尊需要，从而达到激励的目的。高明的管理者都懂得这种成本低而效果好的激励手段的重要性。

尊重人才，留住员工

目前，根据有关部门的统计，餐饮店员工的平均流动率在30%左右，有些餐饮店甚至高达45%。适度的人员流动，可优化餐饮店内部的人员结构，有利于实现人力资源的合理配置，使餐饮店充满生机和活力。但是过高的员工流失率会对餐饮店的运作产生极大的负面影响，因此，餐饮店老板们要在工作、生活等各方面给予员工更好的环境，使他们能在经营者的领导下实现自我价值。

员工流失原因

导致员工流失的原因是多方面的，经营者只有在细心分析之后才能从源头上寻找对策。从当前的行业状况来看，主要有以下几个因素：

（1）寻求更优的工作环境。由于行业本身的特点，餐饮店员工的工作量普遍比较大，工作辛苦。同时，在有些餐饮店里，由于管理方法欠妥，可能会使部分员工感觉没有得到应有的关心和尊重，无法忍受这样的工作环境而跳槽。

（2）寻求更高的薪资。许多员工把餐饮店支付给自己的薪资的高低作为衡量工作价值的尺度。由此，一些员工在寻找到了能够提供更高待遇的餐饮店后，就有可能选择跳槽。

（3）寻求更好的发展机会。有些员工的工作目的可能就是为了得到更多的发展机会，若得不到很好的发展，即便是能拿到比同行们更高的收入，他们也会跳槽到那些能给他们更广阔的发展空间的餐饮店或其他企业去工作。

（4）受传统思想观念的影响。在餐饮行业中，普遍认为服务业工作低人一等。在这种观念的影响下，很多员工不能安心工作，转行也就成为他们经常考虑的问题之一。

（5）其他原因。部分员工出于工作以外的个人方面的原因也可能做出跳槽的决定。譬如，有些女性员工在结婚之后为了更好地照顾家庭，她们可能会放弃现在的工作。

留住好员工

在通常情况下，员工流失率高是餐饮店员工不满的客观反映，也是餐饮店缺乏稳定性的信号。只有留住好员工，才能为餐饮店的客人提供高质量的服务。在留住员工的策略上，餐饮店老板们应该从以下几方面考虑：

（1）管理上以人为本。以人为本就要把员工看做是餐饮店的宝贵资源，时时刻刻关心他们的工作和生活。餐饮店向客人出售的是服务产品，服务产品质量的高低直接取决于服务的提供者——各个员工的服务技能和服务热情的高低。

有的老板认为工作和家庭不同，如果把家庭式亲情带到工作中容易导致餐饮店管理混乱。其实，建立温暖的大家庭并不意味着放弃管理。而是说，在紧张的工作环境中，大家彼此关照、彼此忠诚、共同对外、共担责任。老板要了解每个员工的名字、家庭状况，适时给予问候，让员工感受到被关心和受重视。要让餐饮店的员工在共同承担责任的同时，也要有机会分享欢乐，这并不意味着非要经常聚会，但在某些特殊的情况下共同庆祝是可取的。如借助员工的生日、工作周年纪念日、调动、升迁以及其他重要的事情，大家庆祝一下，借着这种比较宽松的气氛，老板可以趁机说几句赞美的话，增进同事间的感情。

（2）懂得尊重员工。充分尊重员工的劳动，维护员工的权益，为员工创造良好的工作环境。这样既能激发他们的工作热情，又能提高他们对餐饮店的满意度和忠诚度，从而大大降低员工的流失率。

（3）帮助员工制订个人发展计划。餐饮店要帮助员工制订个人发展计划，协助员工学习各种知识和技能，特别是专业性的知识和技能，使每位员工的特长及发展方向符合餐饮店工作的需求。这种措施能够促进员工个人和餐饮店的共同发展。

每个人都喜欢在心理上和生理上接受具有挑战性的工作，并希望能够超越自我。做从未做过或别人做不到的事，人们都会感到兴奋、激动。因此，许多员工会自行在工作中创造挑战的机会，管理者应该扮演的角色是允许并鼓励他们，并设计和创造一些挑战以刺激员工去追求更高的成绩。一般而言，餐饮店的服务人员令人觉得其难以有挑战自我的机会，因为每天的工作都差不多，而且似乎不需要什么创造性，难以有所超越。但实际上，服务工作比人们想象的有更大的发展空间。

在餐饮行业中，厨师创新挑战的机会比较多，管理者要鼓励厨师开发新菜式，但不要让他们觉得你在批评他们现在的菜做得不好吃，而是向他们表明他们可以做出更独特更有风味的菜品。当然，尝试新设想总有失败的风险，应尽量允许这种失败。员工不希望失败，但得到支持的时候，他们会主动、大胆地尝试新事物、新方法。

如果把挑战定得太高，员工就会感到束手无策，失去斗志。餐饮业不是什么能取得辉煌成就的行业，老板要树立不断进步的理念，让员工明白，小小的成功能避免大的失败。

（4）适当提高员工的福利。餐饮店通过向员工提供合理的薪资福利，能有效地抑制员工流出本餐饮店。

同时，良好的福利也能吸引外部优秀人才。一般来说，福利的具体表现如下：

工龄工资。工龄工资只在一些行政事业单位、国有企业出现过，民营企业曾经以“不论资排辈”为优势吸引年轻人，但现在工龄工资已经成为民营企业的留人手段。有的餐饮店规定，只要在此服务两年，从第三年开始就会收到每个月50元的工龄工资，每多工作一年，工龄工资就涨50元。工龄工资对员工来说，也是一种激励的手法。

员工有多重奖励。有些餐饮店每个季度都要评选明星员工和优秀员工，这些荣誉不仅是精神奖励，还能当月在奖金上表现出来，工资随时会跟着荣誉进行调整。除了基本工资，服务员一般还能拿到超额奖。

工作有张有弛。餐饮店还可以安排员工探亲假。有的餐饮店规定工作第一年探亲假有4天，从第二年开始，探亲假就变成8天，一年之内可任意选择回家时间。除了探亲假，餐饮店还可以安排全体员工春游和秋游，重大节日期间还可组织联欢，大家自编自演节目。

第六章

菜单管理，餐饮名片

菜单是菜肴最佳“代言人”，是餐厅与顾客间的桥梁。菜单必须依靠餐饮店业主的精心策划和安排，突出重点，能展现餐厅经营风格，并运用色彩、图案等设计技巧吸引顾客注意，成为整体营销策略的一部分。

菜品名片，贵在创新

顾客进店就餐，首先就要点菜，而点菜就要用到菜单。菜单会影响餐饮店的方方面面，所以，无论是形式上还是内容上，它都必须与你的销售、对顾客的预期、服务风格、装饰格调、设备存货协调一致。

菜单设计应该是厨师和餐饮店业主（或者餐饮店经理）共同合作的结晶。厨师了解厨房人员的工作能力以及设备情况，还有食物产品的特性以及成本情况。而对经理而言，他更关心的是销售任务、赢利，还有餐饮店形象问题。将二者结合起来考虑，这样，餐饮店就比较全面了。

在你到别的餐饮店就餐时，应该见过别人餐饮店的菜单，我们可以发现菜单里除了介绍菜名外，还会按照菜品的类型和顺序做妥善的排列，每道菜虽无详细文字说明，但主要的原料和制备的方法却一清二楚。

菜单内容

一般来讲，餐饮店使用菜单的目的除了介绍产品、做法外，还必须告知顾客每道菜的价格。所以现代商业餐饮的菜单应具备菜名、说明及价格三大要素。

（1）菜名。菜品名称的命名方法大致可以分为两大类：一类是写实性命名；另一类是寓意性命名。写实性命名是根据菜品的原料名称、烹调方法、菜品形状和色彩、风味、原料产地、菜品创始人等方面命名的。寓意性命名是根据菜品的某一特征加以渲染、夸张、赋予意味深长的美称或代称。这类菜品名称让客人难以看出菜品的具体内容，一般为特色菜和名贵菜。

在设计菜单和为菜品取名时，每道菜的菜名最好是清晰易懂，能够突显菜肴特色，如果可能的话，最好也能说明主要原料、分量和烹调方法。

如果某些菜是家常菜，而且是市面上常见的，那么这些菜肴的名称也应该和其他餐饮店的相同，例如，“鱼香肉丝”、“宫爆鸡丁”等。如果是餐饮店的特色菜（别的餐饮店所没有的），那么菜的名称可以按照寓意性命名原则来取。如果是外文的菜单，除了要有顺畅的中文方便顾客阅读、使用外，最好也能提供原文对照。

（2）说明。有些菜肴制作的程序复杂，因此提供详尽的文字说明能够帮助顾客更深一层了解菜肴的精华，也能够提升餐饮店在顾客心中的品牌价值。在西式餐饮的菜单中，加入文字的描写可以使一些好奇但又不熟悉西式烹调法的顾客不再视点菜为一道难关。

（3）价格。菜单标价最主要的目的和最基本的功能就是让顾客对餐饮产品和价值有个对照表，而且价格标示也可让顾客在点菜的同时考虑整个餐饮消费的预算。

另外，客人根据个人的意愿凭借菜单选购食品时，由于其经济支付能力、饮食需要和饮食量等方面的原因，不仅只关注菜品的价格和风味特点，而且关注菜品的份额。所以，有必要在菜单的后面标出菜品的份额。菜品份额常用表明份额为多少的“标准盘”、“加大盘”等字样标出。然后，再在菜品份额后标出不同份额菜品的价格。

为了促进销售，菜单上还应有一些推销性信息，包括餐饮店的名称、商标或者标志、地址、电话和银行开户的账号、餐饮店的营业时间、预定电话和方法等。这些信息有利于增加客源。

有些上档次的菜单，往往在其后面或者前面有一些有关餐饮店的介绍，其中包括一些照片和文字介绍。例如，一些有历史渊源的餐饮店，就会在菜单后面描述其历史及相关的名人。

菜单种类

一家餐饮店往往根据不同的餐饮类别、不同的场合及不同的市场配用不同的菜单；对于不同的餐饮店类型来讲，其菜单往往差别较大。如何灵活运用菜单来展示餐饮店经营品种，是每一个餐饮店经营者应熟练掌握的技艺，所以必须对常见的每一种菜单进行分析了解，并运用于实际经营过程中。

（1）零点菜单。零点菜单是餐饮店中最常见、使用最多的一种菜单形式。由于零点菜单针对流动性较大的顾客，因而可以使用固定性菜单，在相当长的一段时期内菜品基本不变，但是为了满足顾客喜欢改变口味的愿望，必须配置一些经常更换的时令菜品和特色菜。

一般来讲，中餐零点菜单是通过分类菜点来展示的，分类的标准主要有就餐顺序和原料的种类。

（2）套餐菜单。有时候餐饮店为了促销，需要向顾客推出各种套餐，即在冷盘、热炒、汤等组合中配选出若干个菜品组合而成，给一个包价销售。它的最大特点是，它是一种限定的菜单，仅提供数量有限的菜色。餐饮店可以根据顾客和经营的需要而制定，例如在情人节的时候可以推出情侣套餐，中秋节的时候推出团圆套餐等。这种形式的菜单通常会包含最受欢迎的招牌菜，不仅可以减少客人点餐时不熟悉的麻烦，也可以帮助业者在采买、制作上方便控制。套餐菜单上的价格大致固定，有时会因主菜的选择而略为改变。大部分餐厅都是套餐与单点菜并存的，若单独存在则常见于喜庆宴会、自助式的餐饮及咖啡厅、医院、机关学校等团体餐饮活动中。

菜单制造，一目了然

在着手拟定菜单之前，餐饮店的经营者必须先综合考虑本身的条件、菜品的特点、餐饮店的特色、环境等因素，并配合其特有的风格，逐步制定最适合该餐厅经营形态的菜单。

菜单设计

一份菜单在使用一些时日之后，出于顾客结构的改变、口味流行的不同、材料采购上的问题等种种原因，经营者必须能适时反映在菜单上，予以部分修正或重新更换。

制作菜单一般应当遵循这样的原则：简单（干净利落，一目了然）；标准（菜色的内容和分量维持一定的标准）；特殊（菜色的配置和菜单外形的设计必须风格独具）；变化（能反映出饮食口味的变化和潮流）。

在以上原则之下，还应当着手考虑本餐饮店的特殊情况。由于菜单制作的好坏与餐厅的经营成败息息相关，所以在制作之前当然要考虑餐厅本身的基本资源。通常在菜单形成前要考虑下列几个要素：

（1）餐饮店提供的服务方式。不同的餐饮形式，必须有不同的菜单形式对应。自助式、法式、俄式或是中国圆桌式的服务，都直接影响菜色的选择及菜单的结构。

一般而言，中式菜单和西式菜单具有很大的差别。中餐往往是组合搭配而成的，种类繁多，口味齐全。中式菜单的菜肴分类是：开胃菜（拼盘）、汤、肉食、蔬菜、蛋、海鲜、家禽、豆制品、米饭和甜点。除了单点的菜单外，一般的商业午餐、海鲜餐及宴会餐点中，组合式套餐也很常见。

西式的菜单早已建立一套出菜顺序的模式，只是多少会因不同的民族性、相异的风俗习惯而略有改变。意大利人喜欢在开胃菜后点通心粉类的面食，而法国人则喜欢在鱼与牛肉之间加入一道蛋类食品，西班牙则和东方人一样较偏好米食。所以，餐饮店所提供的服务的差别就会在很大程度上影响菜单的差异性。

（2）菜品的种类。食物因不同烹调的风格而呈现出区域性或国籍性的差异，如湘菜、川菜、粤菜、法国菜、德国菜等。菜色的种类会影响菜单的设计。

（3）厨房的生产能力。厨房是生产菜品的单位，厨房的生产能力决定了餐饮店所能够提供的服务。所以，通常一家新开的餐厅要先设计好菜单，然后才能添购器具。这样一来，菜单和器具才能联手创造出最高的效用与利润。

训练有素且能力强的员工能保证食物的品质，因此，随时储备人员可将劳工短缺造成的影响降至最低。

（4）顾客需求。每个人对食品的口味各有其不同的喜好，如学校、住宅区及办公区都有不同的饮食趋势。经营者必须非常了解自己餐饮店顾客的需求情况，经营者可以通过市场调查或者其他手段了解餐厅所在地区的社会、经济情况。

另外，经营者还可以通过熟读邻近餐厅的菜单来获得当地顾客的需求状况，这是研究市场需求的一条捷径。

菜单装帧制作

菜单既然是餐饮店宣传的利器，菜单的设计自然要吻合餐饮店希望塑造的形象。外形上要能反映餐厅的主题，颜色、字体要能搭配餐厅的装潢和气氛，甚至经由菜单内容的配置可以反映出服务的方式。美国著名学者Donald曾指出：最赚钱的餐饮店是那些能提供符合市场需求菜单的餐饮店，它们将平淡无奇的菜单赋予魅力，以吸引顾客的青睐。

在设计和制作菜单时，有些餐饮店往往会出现一些致命的错误：菜单规格太小、空间少，菜肴项目过多，条目拥挤在一起，字体小，难以辨认等。这些错误是由于贪小便宜心理，或者不善于取舍所造成的。餐饮店业主认为多放几道菜在菜单上，也许能多卖些，或齐全些。但实际上这样做的后果是造成眼花缭乱、繁杂混乱的感觉。主菜单的字体太小，顾客就难以辨认菜单上的字，很不方便。

菜单设计工作可分为两个主要方面：一是菜单的内容设计；二是菜单的装帧设计。通过内容设计来保证菜单上所展示的食品能够体现目标顾客对餐饮食品需求的规格水平和风格特点。菜单的装帧设计又称菜单的包装，通过装帧设计来保证菜单上所展示的食品对宾客产生吸引力和诱惑力，并通过菜单来引导客人选择自己喜欢的餐饮食品。只有通过菜单的装帧设计，把菜单内容进行包装，才能使菜单成为餐厅推销餐饮食品的最重要工具。

因此，菜单装帧设计的任务是：完成筛选、定价等步骤后，就必须将所拟定的菜单制作成一种能够吸引顾客的形式。具体考虑采用什么样的形式、结构、图案、字体、色彩、物料，按照什么样的规格水平，经过印刷、装订等制作过程，把包装和内容完美地统一起来，使菜单成为引导宾客选择餐饮食品及餐厅推销餐饮食品的工具。

有些餐饮店对菜单的设计和装帧十分重视，但是与此同时，也有许多餐饮店的菜单装帧存在不少问题。例如，装帧简陋，菜单尺寸小，制作材料选择不当，字型太小，字体单调等。除了视觉艺术上的设计外，运用上的设计亦是经营者不可掉以轻心的一环。如何搭配菜单、如何维持菜单的新鲜感、如何规划菜单的循环周期等都是在设计菜单时所需要考虑的。

菜单装帧和制作的技巧如下：

（1）装帧设计要注意美观，突出餐厅特点。装帧设计是一项专业性很强的工作，必须由专业技术人员负责，统筹安排，精心设计，质地精致，外形美观，图案鲜明，突出餐厅特点，与餐厅格调和菜单种类相协调。干净且有效地运用空间，不要太过拥挤，一般以50%的留白最为理想。

（2）封面要求。封面的设计必须具有吸引力，并且能与餐厅的室内装潢交相辉映。菜单封面图案格调高雅，使人感到不仅仅是一份菜单，而且是一份颇具艺术风格的广告设计。菜单封面印有餐厅名称、中外文对照。风味餐厅应标明相应的国家或地区。菜单封底印有中外文对照的餐饮店名称及店徽或商标标志，方便客人记忆。在菜单上加入地址、电话及营业时间，再次提醒顾客以加深印象。

（3）突出招牌菜、特色菜、拿手菜、最受欢迎的菜等。招牌名菜或拿手菜应在菜单上突出展示，让其更抢眼、也更抢手。以贴切而生动的文字详细描述每道菜的成分、制作方法及味道，让顾客在点菜时能够了解多一些，使其能选择最适合其口味的菜。

（4）语言文字。菜单内菜品名称、描述性说明等应有中外文对照，文字清楚、简练、无误。服务费加收比例标准显示在菜单内。菜单的字体与大小清晰可读，印刷清楚，无任何涂改现象。菜名的撰写需清楚易懂，如果是外文的菜名，则需附注翻译或加以说明。可适时地加入文字或插页来促销特定食物及饮料。切勿把菜名或旧价格涂掉并代之以高价或廉价的菜品，一定要重新印制新菜单。

（5）菜单尺寸与材料。菜单的式样与尺寸应与餐厅容量、餐桌大小、餐饮内容、餐厅风格相协调。菜单的式样常见的有三折菜单、对折菜单、单页菜单、活页菜单和装订本式菜单等。菜单的尺寸按要求主要规格为28厘米 ×38厘米。

餐厅规格水平较高，其制作材料应该考究一些；餐厅档次不是很高，其制作材料就不必太讲究。餐厅菜单的使用方式有一次性和耐用性两种。一次性菜单即用过一次后就处理掉；耐用性菜单是多次使用的菜单。因此，一次性菜单和耐用性菜单选用的材料显然不同。一次性菜单应选择价格便宜的纸张，质地不必太考究，但制作不能粗制滥造；耐用性菜单应选择质地精良、耐污、耐折、耐磨的纸张或经压膜处理，保证菜单的耐用性。

（6）菜单的色彩和照片。色彩的运用十分重要，装帧设计者应该与有关环节密切配合和协作。彩色照片能够更生动地介绍重点食品。由于色彩还能反映餐厅的风格与情调，因此，菜单选用的色彩必须与餐厅环境、规格和餐饮内容相协调。造型漂亮的菜肴只有用彩色照片才能显示出来。许多食品通过彩色照片能够大大提高客人的注意力和吸引力。在菜单装帧设计时必须注意彩色照片的合理运用，应将餐厅重点推销的高利润或名牌菜品及最受客人欢迎的菜肴配置彩色照片，作为实物标准的替代，可以为菜单和餐厅增辉，也必将会提高餐厅的销售额。

还有一点需要说明，那就是要把烹饪时间特别长的菜注明等待时间，使顾客有心理准备。

（7）在菜单上加入饮料与酒单。许多中餐饮店常忽略了酒类饮料，不在菜单上列出来。实际上酒类饮料的销售利润最高，应多加入一些酒类品种，将酒单排在明显的位置，吸引顾客目光。有的餐饮店采取穿插法，在菜单的每一小结下面列入酒类饮料，增加酒单的“可见度”。

菜单调整，推陈出新

一份好的菜单必须符合当前餐饮市场的潮流，所以餐饮店在经营时，必须密切注意餐饮市场的变化，了解菜品销售趋势，据此对菜式品种做出相应的调整。不论是要扭转生意衰退的局面，还是经营格局的转变或市场定位的调整，菜单上所展示的菜式品种、价格及由此所体现的菜品规格、质量和特点等,都应做出相应的调整或重新设计。即便是处于正常经营阶段，因不断变化的餐饮市场而影响菜品销售结构的变化，菜单内容也必须进行及时调整。所以，菜单制作完成并非表示此后就可以高枕无忧了，而应该随时留心客人的反应、顺应餐饮风尚，并做进一步的菜单修正。

餐饮店对菜单进行调整，应该做好以下三方面的工作：

了解餐饮市场变化

了解餐饮市场变化和菜品流行潮流，应对店内、店外进行细致的调查和分析研究。在店内调查的对象是餐厅主管（领班）、服务员、后厨的员工、营业部有关人员和就餐宾客。店外调查的对象主要是竞争对手。有关企业或事业单位的人员和顾客，还要收集报纸、杂志上的信息。

修整改进菜单的重要方法之一，就是定期做口味调查。定期口味调查是利用问卷调查的方式，调查消费者的口味以及更换餐饮店的偏好度。问卷的设计至少应该包括口味、分量、装饰、价格、热度、香味 6 项。

做菜品销售分析

菜单所列出的各种菜品，受到顾客欢迎程度是不同的。有些菜品受到多数顾客的欢迎，销售量比较多；而某些菜品仅受到某类顾客的欢迎，销售量一般；还有的菜品不太受顾客的欢迎，销售量很少。许多餐饮店经常使用每日菜单销售的情况来正确记录菜色的消耗量，然后将所有菜品分为 4 类：受欢迎且获利高；不受欢迎但获利高；受欢迎但获利低；不受欢迎且获利低。这样一来，每月或每周评估时就知道什么菜该保留，什么菜该删除了。但是在删除菜品的同时也要注意菜单的完整性，若把所有不受欢迎且获利低的菜品全部删除的话，菜单可能会支离破碎，餐厅的特色也将不复存在了。因此，菜单上应该去掉销售额过小的菜品，而增加新的菜品。

注意事项

在修正菜单的过程中，应注意以下事项：

（1）多推出季节性的菜肴。大多数海鲜、蔬果类的食品都有一定的生产季节，在生产季节中这些食品不但量多质佳，价格也比较便宜；而不在生产季节时，不但数量少、品质差，价格也变得高昂。

（2）经常和同业做口味比较。为了使比较的结果更具参考性，做比较时必须注意进行同类型比较的原则，例如一家中型的台菜餐厅，就应和中型台菜餐厅做比较。而口味比较可先从同地区的同行比较，然后再逐渐同其他都市的同行比较。

（3）套餐的运用。套餐是将餐厅里最受欢迎的菜组合成套，为消费者提供点菜的便利。它对经常来用餐的老主顾来说是个划算的选择，对第一次上门的新客人则有广告的作用，能帮助餐厅在客人心目中建立良好的第一印象。

（4）简化菜单，淘汰不受欢迎的菜品。经营者在调整菜单时，对无人问津或极少卖出的冷门菜应该毫不犹豫地删除。这样不仅可以减少材料的准备和浪费，也可以避免第一次上门的顾客因点到这些菜而对餐厅的口味产生不良的印象。

餐饮定价，顾客接受

特色化经营是现代餐饮业的生存之道，合理定价是特色化经营的重要组成部分，是餐饮店获得高额回报、加速资金周转、击败竞争对手的常用手段，是每一位餐饮店经营者所应掌握的一项技能和学问。

定价特点

具体地说，餐饮定价的特点如下：

（1）复杂性。由于影响餐饮定价的因素很多，而像市场需求、竞争环境、市场发展等经营者无法控制的因素，给餐饮定价带来了很多困难，使其变得极其复杂。

（2）季节性。餐饮产品对于人们的日常生活来说，虽然是必不可少的，但人们是否选择到餐饮店、酒楼进餐，对经营者来说却是一个难以把握的问题。不过，对于大多数的城市餐饮市场来说，由于受到旅游市场的影响，而使餐饮市场呈现明显的季节性变化，餐饮经营的淡、旺季是比较突出的。因此，餐饮定价也应随着季节的不同而有所调整，这是餐饮定价决策不可忽视的特点之一。

（3）时段性。时段性是指比季节性变化更为小的时间因素。现在的人们到餐饮店或是酒楼进餐，主要是社交活动的需要或是单纯为了享受美食佳肴，因而即使在同一季节内，甚至是同一月份、同一周内，餐饮的需求量也是不完全相同的。如餐饮的需求往往会随着各种节日的到来而会出现高潮，有的地方周末也往往是餐饮需求的高峰等，例如在广州市的餐饮市场上，大多数的餐饮店、酒楼节假日、周末的食品价格要比平时略高一些，或是适当增加服务费等无形产品部分的价格，以此来调整餐饮市场的供求关系。在一些大的城市一天中也会出现不同的价格。

（4）灵活性。餐饮产品既包括有形部分，又包括无形部分，所以它的定价较其他有形产品的定价要灵活得多，这既给餐饮定价带来了优点，但同时又是它的弱点。因为餐饮定价的空间相当宽广，如果运用得好，可以给企业创造很好的经济效益，这就要求经营者能及时地根据餐饮经营环境的变化而作出相适应的调整或变更价格的决策。而正是因为它的多变与灵活，使价格决策者在具体操作时造成了不容易准确把握的困难，给决策人带来了很大的压力。

餐饮价原则

给菜点定价是餐厅经营活动的重要活动。价格是否适当，往往影响市场的需求变化，影响整个餐厅的竞争地位和能力，最终影响到餐厅的赢利。

给菜点定价，首先要得出总成本。因为这是给菜点定价的最低限度，低于这个限度，你就要亏本。与这个限度持平，你就会收支两抵，不赔不赚。高于它时，你就有赚。所以给菜点定价的第一步就是把提供该菜点的所有成本费用逐项加起来。但这在实际操作当中是不容易做到的，因为一些费用如餐厅日常间接费用等，是无法化为每一份菜点来估计的，有时各项成本的数据也是很难得到的。

因此，给菜点定价不像一觉醒来随口说出一个数字那样简单，而是有着科学的依据。

首先，经营者应该明了给菜点定价应遵循的原则。其次，应该掌握定价策略和方法，以便使你的定价达到最佳效果：在顾客能接受的情况下，保证你的最大赢利。

（1）菜点的价格要反映它的价值。一盘花生米无论如何也值不了上百元。因此菜点的价格是以其价值为主要依据制定的。其价值包括三部分：一是菜点原材料消耗的价值、生产设备;服务设施和用具用品等耗费的价值;二是以薪金、奖金等形式支付给服务人员的报酬；三是上交国家的税金。

（2）价格必须适应市场需求，反映客人的满意程度。菜点定价，不仅要能反映产品的价值，还应反映供求关系。档次高的餐厅，其定价可适当高些，因为该餐厅不仅满足客人对饮食的需要，还给客人一种饮食之外的舒适感。消费环境不同。允许有差价，也应该有差价。旺季时，价格可比平、淡季略高一些；位置好的餐厅比位置差的餐厅，其价格也可以略高一些。牌子老、声誉好的餐厅的价格自然比一般餐厅要高，等等。但价格的制定必须适合市场的需求能力，价格不合理，定得过高，超过了消费者的承受能力，或“价非所值”必然会引起客人的不满意，降低消费水平，减少消费量。

（3）菜点定价既要相对灵活，又要相对稳定。菜点定价应根据供求关系的变化而采用适当的灵活价，如优惠价、季节价、浮动价等。根据市场需求的变化有升有降，调节市场需求以增加销售，提高经营效益。但是价格过于频繁的变动，会给潜在的消费者带来心理上的压力和不稳定感觉，甚至挫伤消费者的消费积极性。因此菜点定价要有相对的稳定性。但这并不是说对菜点价格进行长期的冻结，而是指菜点价格不宜变化太频繁、更不能随意调价；每次调价幅度不能过大，最好不超过10%；降低质量的低价出售以维持销量的方法亦是不足取的。只要保持菜点的高质量并适销对路，其价格自然能得到客人的认可和接受。

（4）定价要参照国家的物价政策，在规定的范围内确定本餐厅的毛利率。要贯彻按质论价、分等论价、时菜论价的原则，以合理成本、费用和税金加合理利润的原则来制定价格。

原则毕竟还是原则，它不能代替市场中的具体操作。市场的复杂性，社会需求、社会消费的复杂性预示着菜点定价的复杂性和多因素性。

定价方法，考量成本

菜单定价的方法有很多，每一种都有自身的特点，适用于不同的情况，所以你应在考虑成熟之后，选择最适合自己餐饮店的定价方法。总之，任何一种方法所制定的菜价，都必须保证你不仅能收回成本，而且能产生利润。

在你为一家新餐饮店制定菜价时，应客观合理地预计成本和预期利润。产品成本、顾客需求及竞争是价格制定的理论核心，所有方法的使用都围绕着它们来进行，符合它们的要求。

以下列出了三种设定菜价的常用方法。

随行就市法

该方法以其他同类餐饮店的价格水平为依据，对自己的服务和菜品进行定价。该方法相对较为简单易行，而且能使餐饮店获得应付其同行间相互竞争的能力。因此，在实际经营中一些中小餐饮店常用此法。实行随行就市法，必须找与自己旗鼓相当的对手作为参照的对象。要找准对手，首先从自己的资金、人员、产品、设施设备、空间位置、规模等构成要素出发；再分析自己的目标市场，了解清楚自己属于哪一类企业，在市场竞争中处于什么地位；然后分析在同类餐饮业中，哪些餐饮店与自己极为相似且实力相当，并在经营上取得一定成就；最后从中选出一家较好的作为跟随定价的对象。

另外，在使用该方法之前，要认真分析市场供给情况。随行就市法定价往往会导致削价竞争，降低销售价格意味着要用销售量补回成本费用支出，才能有所赢利。在客源充足稳定时，就不必使用此法，否则肯定会导致削价竞争，导致利润下滑。同一区域内，无论客源怎么充足，终归数量有限。因此，在这种情况下使用随行就市法定价，不可能所有的餐饮店都可获得足够的营业量来维持经营，只有那些实力雄厚的企业才能生存下去。

成本加预计利润法

此方法包括了你的各项成本以及预期利润率，其优点如下：

（1）菜品成本和价格之间的关系非常明了；

（2）对费用成本支出易于准确控制，如果销售量充足，餐饮店将稳获赢利；

（3）为产品价格在实际应用中提供了价格底限，使范围变得广阔，易满足对价格有不同要求的顾客，显得较灵活。

但是该方法的缺点在于无法反映每一道菜式制作时所需的劳动力成本，而且每道菜式的成本率不可能相同，餐饮店还要对菜式成本作平衡调查，使低成本及高成本的菜式达到合适比例，以求得总目标成本率的统一。该方法必须要求你已经非常明了餐饮店所带来的各种成本及其总和，否则该方法是不能够使用的。

分类加价法

餐饮店中不同菜式的获利能力、销售量及成本各不一样。分类加价法的实质就在于根据不同菜式的不同情况设定不同的“加价率”来确定产品的价格。此时的“加价率”就是获利能力比率，作用相当于计划利润率。

该法关键在于加价率的确定。根据经验，高成本菜式应适当降低加价率，以提高竞争力；低成本菜式应尽量提高加价率；畅销菜式应降低加价率，以巩固市场占有份额；滞销菜式应提高加价率，以弥补不足。

确定目标，按部就班

不同类型的餐饮店通常会采用不同的方式来处理产品定价问题。小型餐饮店的产品价格常由高层管理者决定；大中型餐饮企业的产品定价则由决策者会同财务、餐厅、厨房等部门的管理者共同制定。同一个餐饮店在不同的时期也会采用不同的定价方法和策略，一般在餐饮销售的旺季会提高服务的价格，而在淡季则采取折扣等方式进行促销。

但不论由谁来定价，无论何时进行定价，餐饮店都应该依据一定的步骤来确定餐饮产品的最终价格。餐饮价格定价的步骤一般包括下面几个阶段。

选择定价目标

餐饮企业首先必须决定餐饮产品的定价目标，定价目标越清楚，定价也就越容易。在实际的定价过程中，餐饮店应该根据具体情况来选择定价目标。

餐饮企业对其所要达到的经营目标越清楚，那么就越容易定出准确、合理的餐饮产品价格。从理论上讲，任何一个餐饮企业经营者都希望通过定价达到这样几个目标，即生存目标、最大化利润目标、最高销售成长目标等。

如果餐饮企业已经进行了市场细分并且选定了它的目标市场，同时已经对其产品进行了市场定位，那么对于这个餐饮企业而言，制定最终价格已不成问题。如果餐饮企业面临激烈竞争或顾客的需求发生改变等因素，经营者通常会将企业的生存视为主要目标。在这种情况下，餐饮企业就应制定较低的价格以求增加产品的销量，此时生存比赢利更为重要。有些餐饮店以争取最高的市场占有率为首要目标，这些企业认为自己若拥有最大的市场占有率，将使经营费用降低，长期的利润将会提高，为了拥有较高的市场占有率，企业会尽可能制定较低的价格，以此扩大自己的销售量，并实现最高销售成长的目标。

确定市场需求状况

在正常情况下，市场需求与产品价格变化方向相反，即价格越高，需求量也就越低；而价格越低，需求量就越高。餐饮企业在制定餐饮产品的价格时，必须根据以下因素来确定价格的高低：

（1）如果顾客对价格的敏感程度较高，产品的价格应稍低，如果顾客对价格的敏感度低，产品的价格不妨制定得高一些；

（2）竞争对手的多少决定餐饮产品定价的高低，即餐饮企业的竞争对手如果很多，餐饮产品的定价就应稍低；

（3）如果本地居民有经常外出就餐的习惯，餐饮企业就可将价格制定得高一些，但是如果本地居民没有外出就餐的习惯，则只能采取低价策略以吸引更多的顾客；

（4）当经济形势良好时，顾客的可自由支配收入较多，外出就餐消费的次数以及数量都会有一定的增加，因此产品的价格可适当提高。

计算全部成本

餐饮店的利润等于餐饮店的经营收入减去餐饮店的成本，包括所有生产成本、销售成本、税收和一些其他费用支出。所以，餐饮企业所制定的产品价格应该能够弥补其所有生产、销售成本，上缴税金并能够获得一定的回报。也就是说，餐饮产品的定价必须能够抵偿所有的原料成本与费用，并获得一定的利润。

正确计算餐饮企业的成本与费用是餐饮企业进行餐饮产品定价的前提

与基础。餐饮企业成本包括餐饮企业制作和销售餐饮产品所发生的各项费用，主要包括这些要素：原材料、燃料、物料用品、低值易耗品、工资、福利、水电费、企业管理费以及其他支出费用。这些成本的结构对餐饮企业的定价、收入和利润的影响很大。

分析竞争者的价格

餐饮店的竞争对手是指那些地理位置相近，提供的产品和服务在内容和档次上相似，其面对的客源市场也相同的餐饮企业。

竞争对手的价格和定价策略会对本餐饮店产品的价格和销量有很大的影响。充分了解竞争对手的产品种类与价格，有助于企业进行合理的定价决策。了解竞争对手信息的方法很多，如餐饮店的定价者去实地消费、通过各种途径获取其菜单等。进行竞争分析需要详尽的有关竞争对手的资料。这些资料的收集可以通过实地观察和到对方餐厅消费以获得第一手的资料和印象，也可以从该餐厅的宣传手册、服务指南和其他促销品中来获得。竞争分析还包括对竞争对手成功的方面进行分析，从中可以发现本企业可能成功的领域。此外，还必须寻找竞争对手所忽略的经营机会，从中找到突破口。

决定最后价格

餐饮店的主管或定价者根据以上步骤所获得的信息最终确定本餐饮店的价格政策方案，结合所选用的定价方法，就可以给具体的餐饮产品确定价格了。

餐饮产品的价格制定以后，必须进行一段时间的试用，并多方考虑顾客、餐饮店的服务人员以及财务人员的反映，最好能取得各方的一致认同。其中，最关键的是要取得顾客的认可，只有顾客认同的产品价格才是最后的价格。

制订价格体系

对于餐饮企业来说，仅靠单一的产品价格参与市场竞争几乎是不可能的，因为餐饮店面对的是许多需求和口味、偏好各不相同的顾客。同时，餐饮店所面对的经营环境也是在不断变化的，如宏观和微观经济环境、季节等，这些因素的变化将引起餐饮企业经营成本、经营目标、营销策略等方面的一系列变化，价格作为营销策略中的一个重要环节，也应随之进行适应性的调整。

制订和建立餐饮企业的价格体系，其目的就是使餐饮店的产品价格能更好地适应瞬息万变的餐饮市场的变化。一般而言，餐饮产品的价格体系是一个全方位、多层面、多角度的价格系统，可以应付各种不同情况下的产品销售，更可以适应不同层面的顾客，它包括零售价、团队价、折扣价、差别价、组合价等。

赢得市场，打败对手

制订餐饮店的菜品的价格之后，就可以马上付诸实施了。但是在价格的实施过程中，还必须对它加以润色、修饰和调整，以加大其对顾客的引诱力。这就是价格战略。在现代餐饮竞争中，价格战略已经被用作赢得市场、打败对手的好策略。

一般的价格策略有如下几种：

公开价格策略实施

大多数拥有固定菜单的餐饮店一般采用此策略，即把自己产品的售价及整体消费水平用菜单、酒单或新闻媒体等各种途径向消费者明确公开和宣传。这种策略在实施之后，可以使顾客打消对餐饮店价格的疑虑，也可以提前知道顾客对餐饮店价格水平的态度，以便餐饮店能够根据顾客对价格的态度对本餐饮店的菜品定价做出及时调整，还可以及时知道竞争对手对本餐饮店定价的反应，了解本餐饮店价格竞争能力的强弱。

在实施公开价格策略时，必须注意如下几点：

（1）及时性。无论以哪一种方式公开价格，餐饮店都应该做到“传递信息快，信息内容新”，这样才可能帮助顾客掌握餐饮店最新动态，使餐饮店在顾客心中先入为主，同时也给餐饮店留下充裕的时间，以便对价格策略进行修补和调整。

（2）真实性。实施该策略时，不能说一套，做一套，以低廉的宣传价格把顾客骗进餐饮店，实际上又以昂贵的价格出售给顾客，必须保持宣传价和实际价的一致性，获取顾客信任。

（3）灵活性。对于价格策略的实施本身来讲，每一次实施都需要付出一定的代价。因此，除保持菜单及酒单的长期稳定外，对于新闻媒体的公开菜价，要善于抓住有利时机。另外，顾客在不同时期的需求也不一样，因此，所公开的价格水平应能满足不同阶段的顾客需求。这就要求根据这些需求来修改菜单的价格。

折扣和优惠策略

折扣优惠是现代餐饮业经常用到的一种价格促销手段，在各种场合都能够见到。如果使用得当，确实能够吸引顾客，增加收入。

常见的折扣策略如下：

（1）给常客折扣，以留住常客。对于餐饮店来讲，常客是整个餐饮店得以生存的根本。因此，如何留住他们是非常关键的。直接进行价格折扣优惠是一种非常有效的手段，你可以采取发放不同程度的代金优惠卡或VIP卡来进行价格折扣。客人凭卡在餐饮店消费时，可享受不同程度的优惠，或可直接凭卡上所注明消费额冲抵部分消费金额。折扣率的大小取决于常客光顾餐饮店的次数或消费的金额。

（2）团体用餐优惠。团体用餐可以一下子就提高餐饮店的销售量。所以为促进销售，餐饮店应该对旅行社或会议组织机构所组织的大批量客人到餐饮店用餐进行价格折扣。虽然进行折扣之后利润率下降了，但是利润总额却是上升的。

（3）为弥补季节差异所作的折扣。经营过程中，常常会由于市场的突然变化或经营季节性影响，而导致餐饮店生意突然冷淡。为了弥补季节差异或应付突变，多采用折扣酬宾形式来吸引顾客，使生意回升，而不轻易采用降低价格的方式来进行竞争。因为一方面，降价行为很容易招致对手的反击，卷入削价竞争；另一方面，降低价格之后，当再次出现季节性生意好转时，就很难再次提高价格。

（4）数量折扣。即餐饮店因顾客购买的数量大而给予折扣。一般来讲数量越大，折扣也越大。数量折扣名义上应该给予所有的顾客。当然在确定折扣时，折扣的数量不能超过大量销售而节约的费用。餐饮店可以在非累计基础上提供折扣，即一次性购买数量达到折扣要求的数量时，给予折扣，也可以在累计的基础上提供折扣，也就是说，在一个规定的时间内，购买达到规定的数量就给予折扣优待。

引诱价格策略实施

价格是刺激消费的重要因素，但从人的性格的复杂性及需求上的多样性来看，一味地采用低价、薄利多销价格策略，效果也不是太明显。原因在于，有些顾客对价格不太敏感，他们可能对餐饮店的特色菜更加感兴趣；有些是公家消费，对于小幅度之内的价格根本不在乎。经营者可以采取引诱件价格策略来吸引经营者的到来。引诱性价格策略有如下几种：

（1）价格诱饵策略。一些餐饮店为吸引顾客光临，特将一些菜品价格定得较低，甚至低于产品成本。

使用该方法时，诱饵的选择十分重要。第一，诱饵菜品必须是顾客较为熟悉且较喜欢的。第二，做工要简单，以免直接人力成本的提高，造成销售无法支付费用。第三，以竞争对手的代表菜品为诱饵，效果会更好一些。第四，要控制好诱饵产品的价格幅度及与其他产品价格之间的互补，诱饵产品的价格最好不要低于其原材料成本支出及人力成本支出。

（2）数字价格策略。从理性的角度来看，4.9 元和 5 元、38 元和 40 元几乎是没有区别的。然而，心理学的分析和市场调查的统计数据结果显示，顾客对这些价格的心理反应是完全不一样的。他们认为 4.9 元比 5 元、38 元比 40 元要便宜得多。因此，餐饮产品的定价应充分利用顾客的这种心理作用，即利用顾客对不同数字的心理反应来确定产品的价格。

（3）“有奖消费”价格策略。该策略是针对顾客的侥幸心理展开的策略。例如，某餐饮店宣称“当消费额达到某一比例时，即可参与餐饮店幸运抽奖，作为餐饮店的幸运嘉宾”。奖项可以是免费、赠送优惠卡、赠送某些菜品，或进行现金折扣等。

（4）声望定价策略。一些顾客常常把价格视为产品质量的标志，他们认为价格高的产品或者提供的服务质量也肯定相对较高。特别是如果存在许多相似但略有差别的同类产品和服务，顾客往往会倾向于把价格的高低当作产品质量好坏的标志，愿意出高价格购买产品和服务。

分档定价策略实施

分档定价策略是指餐饮企业在销售某种餐饮产品时，把诸多不同型号、规格、式样分为适当的档次，每一档为一个价格，以适应不同的餐饮顾客的消费习惯心理。例如，一些西餐往往都有价格不同的 A、B 餐，也就是分档定价的具体实施。当然，档次价格划分要依不同的餐饮产品而定，而且档次之间的价格制定要符合餐饮顾客的习惯心理。

分档定价策略可以起到如下作用：一是方便购买，可使顾客根据自己的经济实力、习惯档次购买餐饮产品，不必多花时间去选购、斟酌；二是便于定价，既可简化餐饮企业核算价格的过程，又便于对餐饮产品价格进行调整；三是扩大销售，既可满足一般顾客的要求，也可满足特殊顾客的要求，从而能够扩大餐饮产品销售量。

在实施这一价格策略之前，餐饮店要针对顾客对产品的价格意识和价格的自觉性，进行认真的市场调研，确定人们对某种产品愿意接受的价格上限和价格下限，在此基础上拟定分档数目和价格差距。同时，在分档定价时，餐饮产品价格的档次不宜过大或过小；档次的价格差别也不宜过大或过小。原因在于，若档次价格相差太小，顾客不易理解这一档次为何比那一档次高，这样就会失去分档的意义；但是若档次价格相差太大，可能会失去一部分期望购买中间档次价格的餐饮产品的顾客。

酒水销售价格策略

由于酒文化、茶文化在我国的餐饮经营中占有很重要的地位，所以要认真研究酒水、饮料对制品销售的连动作用，使酒水、饮料的定价对提高餐饮店的经济效益产生促进作用。

由于酒水、饮料等外购商品的损耗、进价和制品相比较易控制，因此可以制定能精确控制的价格策略，以促进餐饮店的销售，提高餐饮店的竞争能力。

（1）大众品种和品牌的低价策略。在各地都有当地居民所喜爱的大众品种和品牌的酒水、饮料，其本身即具有销售量大、知名度高的特点，因此可以形成薄利多销的优势，采用低价策略可以起到吸引顾客、带动销售的作用。有些餐饮店希望通过酒水多赚取利润，因此不供应大众品种和品牌，而只供应高档、高价、高利的品种、品牌；而另外一些餐饮店专门选取大众品牌，且售价只比商业零售价格略高甚至持平。如果这两个餐饮店的规模、档次都差不多的话，第一个餐饮店在竞争中肯定处于劣势，第二个餐饮店会因此抢走大量的顾客。

（2）注意顾客的消费心理差异。低价策略并不是在任何情况下都是有效的，因此，经营者要仔细研究顾客的消费心理，要不然，很可能会“赔了夫人又折兵”。如果顾客消费水平较高，而你在供应高档酒水时却采用低价或平价策略，在当前的市场环境中，很容易使顾客误认为你在供应假冒产品。

（3）集中销售品牌。中小餐饮店因条件所限，不宜选取过多的品种和品牌作为销售商品，这样会在进货、储存和周转等方面都有不易操作之处。集中销售品种和品牌，可以使商品的销售量集中而提高，这样不但进货、储存和周转比较容易操作，也容易得到供应商，特别是厂商的支持和优惠，在价格和毛利方面有更大的周转余地。

第七章

厨房管理，系统规范

厨房是生产餐饮店菜式的场所，厨房管理是餐饮店管理的重要环节。厨房管理成功与否，对菜肴质量、食品成本、餐厅服务质量及客人和餐饮店的利益举足轻重。厨房管理既复杂又困难，对新开业的餐饮店来说更是如此。

厨房组织，精简实用

厨房的生产和管理是通过厨房组织实现的。厨房组织由餐饮店经理和总厨师长确定。其组织形式应该根据餐饮店的规模、等级、厨房条件、生产任务和经营要求等因素而定。

完善的厨房业务组织结构以及明确的工作任务和职责，是厨房管理的基础。餐饮店的厨房业务组织结构以及各种岗位职责的制定应该从实际出发，采用精简实用的原则，尽量做到各种岗位的协调工作，提高工作效率。

厨房种类

通常厨房组织形式根据餐饮店的规模不同有以下几种：

（1）大型厨房组织形式。大型厨房设总厨师长办公室，指挥整个厨房系统的生产运行。通常大型厨房设中心厨房，负责所有食品原料加工，并按规格配份，供应各分厨房进行烹调。各分厨房由厨师长（大厨）指挥本厨房系统的生产运行；分厨房分为中餐和西餐两种类型：中餐厨房由若干不同风味或功能的分厨房组成；西餐厨房可设置咖啡厅厨房、西餐厅厨房和其他风味的厨房。

（2）中型厨房组织形式。中型厨房通常由厨师长负责整个厨房系统的生产运行。厨房设粗加工组、切配组、炉灶组、面点组、烧烤组和勤杂洗碗组等。另外，可以将此组织形式复制成西餐厨房的组织形式。

（3）小型厨房的组织形式。小型餐饮店的厨房规模较小，受餐饮店接待任务、厨房面积、员工、厨房设备等条件的限制，厨房组织形式比较简单，通常由一名厨师长对食品的制作进行监督和指导，厨房另外配备切配厨师、冷菜厨师、炉灶厨师、厨工、勤杂洗碗工和采购员等，验收和保管可由厨师兼任。

设计安全，符合规定

经营者在规划厨房的初期，就应该慎重考虑厨房的安全问题，配备完善的安全设施，以避免灾害及悲剧的发生。

（1）在厨房设计中，要充分考虑到安全的可靠性，如堆高物品倒塌、设备倒塌、供气管漏气、电源漏电等。因此，在设计时，应尽可能地避免堆高物品、设备应放稳、电源插座应置于距地面1米以上的位置，且电线宜采用防潮、防机械磨损的材料，避免漏电。

（2）供气管道要注意经常检修，以免漏气。

（3）厨房应配备灭火设备，如干粉灭火器。厨房发生意外火灾时，宜采取特殊的防火手段，如食用油着火可用沙土、棉被等掩盖灭火，切忌用水去灭火。

（4）为防止跌伤，厨房地面要保持干燥。

（5）正确安装电器设备，经常检查电源，若在使用中发现故障，应立即切断电源，维修后再用，不得擅自拆卸电路和设备。

（6）走道和工作场所照明要充足。

（7）出口处有明确标志。

（8）规划流畅的活动通道，避免员工碰撞。

厨房中到处充斥着沸滚的汤汁、热腾腾的食物，以及随时散发高温的炉台、烤箱等机器设备，再加上员工忙碌、慌乱的脚步，会使厨房内烫伤、跌伤和刀伤事故发生。所以，厨房是容易发生事故的地方，忽视厨房安全措施势必给厨房员工个人和餐饮店带来损失，管理者必须认识到这个问题的严重性，加强安全防犯，防患于未然。建立一个安全的工作场所来保障员工的生命安全，应是餐饮经营业者的责任。

岗位职责，量身定制

根据餐饮店的自身情况而确定了厨房的组织形式之后，就要明确各个岗位人员的各自职责。一般来讲，这些岗位职责也会随着餐饮店规模、档次的不同而不同。

厨师长任务与职责

（1）厨师长的基本职责是负责客人所需食品菜肴的加工、烹制及其有关工作；

（2）指挥所有厨房业务活动，管理厨房员工；

（3）制订每天生产计划，确定领班和厨师岗位，安排员工班次；

（4）负责保持并不断提高烹饪质量，适时调整菜单内容，不断推出特色菜式；

（5）不断提出改进食品采购方法的建议，负责收集、修改、创新各类菜谱；

（6）负责食品和劳力成本控制；

（7）负责训练和激励厨房员工；

（8）与餐厅密切配合，协调与其他部门关系；

（9）负责制订厨房操作规程和技术标准，实施并检查执行情况；

（10）工作策划：根据宴席菜单，年、季、月、周特餐等菜谱及经营状况，就每天所需原材料的品种、规格和数量等提前向采购部下计划；

（11）业务沟通：每天与餐厅、采购部门互通信息，掌握当天的销售及团体包餐情况，掌握货源供应情况，每天与服务员沟通情况，因为他们是直接面向客人的服务者，他们最了解和掌握宾客的心理和需求，能较充分地反映客人的意见和愿望；

（12）负责协调本部门各岗位间的工作；

（13）负责卫生和安全工作。

粗加工厨师职责

（1）做好工具用品、盛器准备工作，根据领料单领取食品原料；

（2）负责肉类、禽类的宰杀、洗涤等加工和全部蔬菜的削、刮、剥、刨等洗涤加工；

（3）负责各种家禽、肉类、水产品和各种蔬菜块、条、片、丝、粒及各种花刀的加工；

（4）按不同原料加工要求，分类加工，精心操作，降低折损，保证加工质量；

（5）正确使用切片机、绞肉机等机械设备并负责其清洁卫生；

（6）粗加工后的原料及时切配，保持原料品质，加工好的各种原料要及时送厨房或相应冷藏设备，以防变质而造成浪费；

（7）保持操作卫生和环境整洁。

切配厨师职责

（1）做好切配案板、灶面等工具的清洁卫生工作，准备好各种调味品，对油、醋、酱油、料酒等液体作料要坚持过滤，以防杂物混入影响菜肴质量；

（2）加工好各种半制成品，如吊水、制汤等；

（3）按领班下达的生产任务，根据菜肴质量要求，进行加工处理，控制并减少损失浪费；

（4）按菜单进行领料、备货，认真细致地加工准备好各种原料，合理分档取料；

（5）要掌握各种菜肴的规格质量、烹调方法，不得随意更改，按标准菜谱规定切菜和配菜，依照菜单顺序交炉灶厨师烹调；

（6）坚持先进先出的原则，冰箱内的食品要生熟分放，并每天进行整理；

（7）按先后顺序切配烹制菜肴，减少客人等待的时间；

（8）做好开餐前准备工作和餐后收尾和原料冷藏保管工作，及时把剩余食品以及原料根据性能分别进行换水清洗或存入冰箱。

炉灶厨师职责

（1）接受领班的工作指令；

（2）依照配菜先后顺序烹制菜肴，按操作规程精心操作，保证成品质量；

（3）提高烹调技艺，增加菜肴特色品种；

（4）节省各种配菜和能源的消耗，降低餐饮店经营成本；

（5）负责工作区设备、工具的安全使用和卫生工作。

冷菜厨师职责

（1）根据菜单，准备好食品原料和用具，负责冷菜的烧烤、卤制和拼盘；

（2）按照操作规程按时精心烹制加工冷菜、蔬菜雕刻造型和冷荤熟食的装盘拼摆；

（3）提高冷菜制作技艺，增加花色品种；

（4）负责工作区、设备、厨具、盛器的卫生和消毒，保证冷菜的食品卫生，从进货、领料、烧制成熟及拼盘都应严格检查，发现变质食品和受污染的食品绝对不可烧制拼盘出售；

（5）熟食品的备料不宜过多，存放不宜过久，防止食品受到污染；

（6）做好餐后收尾和食品冷藏保管工作。

面点厨师职责

（1）负责面食、点心和各种主食的加工制作；

（2）准备好所需原料和用量，根据菜单点心品种及宴会标准做好各种甜、咸点心的馅料、粉团的准备和其他各种准备；

（3）提高面点制作技艺，增加花色品种；

（4）必须掌握烫面、发面、油酥面、粉团面的性能及各种制作技巧，面点的蒸、炸、煮、烤、烙必须有专人负责；

（5）做好餐后收尾和半成品、成品的保管工作。

厨师标准，研发菜品

餐饮店成功保证

厨师一般对餐厅出品的菜式起着至关重要的作用，因为一流的厨师和高品质的菜式，是餐厅经营成功的保证，是餐厅的一笔财富。一个厨师制作的菜品风味和特色，是创造餐厅特色的基本条件。作为餐厅的特殊人才，厨师对菜品的研制和开发是餐厅经营发展的基础。除此以外，厨师对各种原料的合理使用，对各种成本的控制，可以为餐厅的赢利创造条件。

餐厅经营者可以利用厨师美名经营，因为优秀厨师美名远扬，如果能聘用一两个，那一定有许多顾客慕名前来。优秀厨师一般都有自己的绝活，因而得以出名，而这些绝活也往往成为餐厅的活招牌，使人们想到某道菜时就一定会想起这家餐厅，因为在这里可以吃到别的厨师绝对做不出来的特色。餐厅的经营者要充分利用优秀厨师的名气，扬长避短。优秀厨师一般喜欢保持传统，餐厅可以借助这个点包装自己的形象，令餐厅无论在菜式和风格上都有高贵传统的氛围，创出品牌。

可见，厨师对一个餐厅的作用非常关键。因此，餐厅老板应想尽办法从各个渠道招聘到好的厨师。其所聘请的厨师，不仅要求有良好的烹饪基本技能，而且要求能烹制出有特色的菜品，这些菜品的风味要符合人们口味变化发展的需要，并且能不断创新菜品。餐厅聘用的厨师最好是在当地具有一定声望，知名度较高的厨师。一般在餐厅的筹建阶段，可先聘用主厨。一般中小餐厅招聘一两名就够了，大型餐厅可根据规模适当聘用。由主厨来完成菜单设计和招聘其他各岗位厨师的工作。

在聘请到好厨师之后，还要谨慎些，不但要看其名气与厨艺，还应事先摸清楚他的性格和脾气。有些餐饮店的经营者想方设法将一些名厨挖到自己的餐饮店，然后让他们担任厨房的负责人。结果，他们一味强调自己的经验和个性，不肯将餐厅已有的经营理念和方针贯彻执行，最后搞到不欢而散，甚至中途失败。

总之，厨师是关键，餐厅要将厨师的特色和餐厅的风格融于一体，充分发挥各方面的优势，使餐厅名声在外。

厨师素质

一个爱岗敬业的名厨师可以带活一个酒楼、餐厅。那么，一名好的厨师应该具备哪些素质？

（1）具备经营理念。一个优秀厨师必须具备一定的餐厅经营理念，比如对于当今餐饮业的发展要有敏锐的洞察力；餐饮业的竞争规则、价值观念、创新意识，该餐厅所在地的消费档次与规模；服务水准及对当地市场动态的了解。只有具备灵活多变、应对迅速的经营理念，才能在激烈的餐饮竞争中招徕大量的消费者，从而为餐厅树立良好的社会公众形象，即品牌。

（2）精通业务技能。一个优秀厨师必须是精通本菜系的烹调技术能手，并且旁通国内各主要菜系的烹调方法和技能。无论是烹调、火候、刀工、食雕、冷盘、小吃、点缀，都能得心应手，而且能指挥带动整个厨房内的各岗位厨师爱岗敬业的精神。厨师对于菜式要不断地推陈出新，对于厨师素质的培养和提高要起到领头羊的作用。从而使本餐厅的菜品独具风味特色，吸引更多更广的顾客。

（3）懂管理理念。作为一个爱岗敬业的名厨，不仅要精通烹调业务技术，而且要具备现代餐厅的管理知识。新世纪是知识经济的时代，科学技术也影响到餐厅的发展与更新。比如，掌握收银台的电脑控制点菜技术；操作现代餐具的使用与维修；现代厨房的组合配置及物质能源的管理；采购与库房的管理；整个餐厅毛利、纯利、收支的掌握；餐厅服务与厨师素质提高的管理等。作为优秀厨师一定要具备以上的综合管理素质，与餐厅经理密切配合，才能使整个餐厅健康地发展。

（4）会理财。一个优秀厨师除了精通业务外，还要懂管理、能经营，必须会为餐厅精打细算。比如增收节支、开源节流，以增加餐厅利润为目的，增加新项目，开发新品种，利用节假日推销产品、扩大销售量，达到增加餐厅收入的目标。还要会制定出严密、完整的操作程序和成本控制措施，并加以监督执行，从而提高餐厅的赢利能力。

综上所述，优秀厨师是餐饮业发展的潜力和动力。因为餐厅主要是通过满足用餐者的各种需求创造更多收入。餐厅的生产从食品原料的采购到验收储存、领用、粗加工，切配烹调到销售，整个过程业务环节多，任何一个环节出现差错都会影响产品质量。所有生意兴隆的餐厅只有依靠经验丰富爱岗敬业的厨师，才能满足客人要求。作为职业厨师，要想成为大厨、名厨，获得社会的承认，就要不断地钻研业务技术，学习充实丰富自己，树立竞争意识、风险意识、拼搏精神，掌握学习新技术新知识，提高自身修养和素质，从而获得社会的认可。

服务热忱，身怀绝技

厨师应当具备这样三个最重要的素质：基本功扎实、创新意识以及服务热忱。因为基本功扎实且身怀绝技的厨师作用比一般的厨师要大得多，会吸引更多的回头客。他们对餐饮店的利润和持续发展产生很大的影响。

餐厅老板在聘请厨师时，还要注意应聘者是否有创新意识和服务热忱。因为一个缺乏服务热忱的厨师，是很难有创新意识的，而创新是需要动力的，没有服务热忱的人毫无动力可言。同样地，一个没有创新意识的厨师，也不会向顾客提供最好的服务，因为顾客都有求新、求变的猎奇心理，很少有顾客会一直对某个菜式或某个餐饮店“情有独钟”，长期追随的。

也就是说，厨师的创新意识和服务热忱是相辅相成、密不可分的，二者彼此影响，相互作用。

随着社会的不断发展，餐饮业犹如一轮朝阳充满生机，富含诸多科学文化知识、有着广阔外延和深厚内涵的厨房管理也不再是粗放、随意的作坊式管理。因此，严谨、规范、科学的厨房管理呼唤具有高素质的现代厨师长。众所周知，在厨房管理中厨师长的责任至关重要。

一家餐厅的成败，在很大程度上取决于厨师长的组织管理能力。厨房聚集着大量的技术人才，以及种种大型设备设施和丰富多样的原材料、调味品。厨师长对厨房的管理，归根结底是对人、物的管理。具体来说，一个好的厨师长应具备如下能力：

懂得人事管理

各部门的主管、领班要配备好，做到分工明确，各行其职。根据厨师的特点，决定各岗位的人员安排和调动，使之协调、和谐工作，并经常开展岗位练功大比赛，不断提高厨工素质，培训厨工成才。

掌握餐厅营业状况

根据营业情况编制厨房工作时间表，抓好对员工的考勤考核。每月、每星期向营业部推出不同品种的新菜，让客人百尝不厌。每月要筛选优质菜，并反馈深受顾客欢迎的菜，从而形成独具特色的招牌菜，增加回头客，提高营业额。

保持厨房菜品的高水准及稳定

加强对作业点的加工生产成品的检查。对供应商送来的海鲜、肉类等用料及调料的质量，严格把关验收，不合要求的立即退货。检查储存的原料、食品的质量，发现问题及时解决。

注意厨房卫生和安全生产

厨房卫生应做到一日三小扫，每周一大扫，特别注意清洁台脚、台底、角落等，勤清洗油烟网，勤通下水道。及时检查生产成品的卫生状况，冷盘间的样品要保持整齐、新鲜、清洁、明亮，突出厨房的窗口作用。及时消除各种事故隐患，保证设备设施安全运行。下班前要特别留意水、电、煤气是否关妥，海鲜池、库房、冷库、雪柜门锁、电器设备运作是否正常等。

实行“无情管理，有情领导”

教育厨工遵纪守法，抽出一定的时间与厨工聊天谈心，关心下属，建立感情，并尽量解决他们工作和生活中的困难，引导厨工树立长远理想及近期要达到的目标。对于表现好的厨工一定要给予表扬，对于不守纪律有损集体利益者给予批评教育，做到奖罚分明，使厨工心情舒畅，工作有劲，感到厨房就是一个温暖的大家庭。

注重以身作则，身教重于言教

厨师长自身炒菜技术要有高水准，有自己的拿手菜，重要的客人来，亲自下厨。有条件的，可与厨工同吃、同住、同工作。作为老师要率先垂范，先教厨工做人的道理，然后再教厨工技术，这样培养出来的厨工才能达到德艺兼备。

总之，厨师长是厨房管理的核心。要提高厨房管理水平，厨师长必须率先实现职业化、知识化、技能化、专业化。也就是说，如果找到一个好的厨师长，他以现代科学管理方法管理好人和物，那你的餐厅管理就比同行胜出一筹，进而你的餐厅赢利也会芝麻开花节节高。

菜品生产，认真监控

厨房的生产流程包括初加工、配制和烹饪三个程序。一般热菜的制作是由厨师根据配菜人员提供的原料和辅料搭配情况判断菜肴的名称，从而进行烹制。另外，卤味的制作是将加工好的原料进行酱制（胶制）后放入冰箱，待出售时，配以调味出售；面点的制作需要先用水或油和好面，并领来切好的调味和菜、肉，将其制成馅，待需要出售时制作成形和加热处理。

按厨房生产的流程，从加工、配制到烹调的三个程序中，每一道流程的操作者都应该对前一道流程的食品质量实施严格的检查控制，不合标准的要及时提出，使整个产品在生产的每个过程都受到监控。

为保证菜单上各菜品的质量达到规定的标准，并使质量保持有一定的稳定性，同时也为了有效地进行餐饮成本控制，有必要对餐饮生产进行标准化控制。所以在实施厨房生产的过程中，必须首先制定各种操作的标准，例如菜谱、分量等。千万不能出现两个不同的顾客点同样的菜，却发现实际上他们吃的是不同的菜的情况。

生产过程的标准化控制包括如下几个方面：

标准菜谱

标准菜谱应包括以下四种标准，即标准配料量、标准份额和烹制份数、标准烹调程序和标准成本。

（1）标准配料量。标准配料量是指事先规定各种菜肴所需要的各种主料、配料和调味品的数量。在进行标准化生产之前，首先必须确定生产一份标准份额的菜品需要哪些调料，每种配料需要多大量，每种配料的成本单价和金额是多少。

确定各种配料的成本有时比较困难。由于配料原料的市场价格经常会发生变化，所以它们的成本也会不断调整，因此应该计算调整后的单价和金额。成本调整的次数取决于市场价格的波动，如果市场价格波动不大，一般 3 ~ 4 个月计算一次就可以了。

调味品也是菜肴的组成部分之一，所以也应该计算其成本，将之纳入标准成本。有的菜品需要调味品的用量和价值甚少，比如只需要一点酱油、盐，这时就不用特意计算其成本，只需在配料上记上少量金额就可以了。但有的菜品调味品的成本比重很大，因此必须根据用量和原料单位成本，逐一计算各项调味品的成本。烹调份数多的菜品，调味品用量必然较多，在计算出菜需要的调味品总成本再除以菜的总份数，就可以清楚地计算出每份菜的调味品成本。

（2）标准份额和烹制份数。在厨房中，有的菜式只适合单独烹制，有的则必须数份甚至数十份一起烹制。因此，菜谱对该菜品的烹制份数必须有明确的规定，以便正确计算标准配料量、标准份额和每份菜的标准成本。

所谓“标准份额”是每份菜式以一定价格销售给顾客的规定分量。每份菜式每次出售给顾客的数量必须一致。比如一份小盘酱牛肉分量是200克，那么每次向顾客销售时，其分量应该保持一致，必须达到规定的标准份额。这样做一方面可以防止顾客不满，确定和坚持执行标准份额，使餐厅每次提供的菜品和饮料的数量相同，避免引起顾客吃亏、不满或受骗的情绪；另一方面可以防止成本超额，如果菜品份额不同，则产品所涉及的原料消耗的成本也不同，这样往往会引起成本超额。如果份额不标准，就难以进行成本控制，而销售价格并不会因为菜品的份额控制不准而发生变化，这样就会引起餐饮店利润的波动。

（3）标准烹调程序。标准烹调程序要详细、具体地规定食品烹调所需要的炊具、工具，以及原料加工切配的方法、加料的数量和次序、烹调的方法、烹调的温度和时间等。

（4）标准成本。标准菜谱上都应该规定每份菜的标准成本。确定每种菜肴的标准成本通常比较麻烦，首先要通过试验，将各种菜肴的每份份额、菜肴的配料及其用量以及烹调方法固定下来，制定出标准。然后将各种配料的金额相加，汇总出菜品生产的总成本额，再除以烹制份数，得出每份菜的标准成本。

总之，标准菜谱在餐饮管理中具有保证产品质量标准化、便于控制菜肴的生产成本和有助于确定菜肴价格的作用。

标准菜谱的制订是一项十分细致复杂的技术工作，也是厨房生产管理的重要手段，必须认真做好和高度重视。标准菜谱的制定应该由简到繁逐步完善，充分调动厨师的积极性，反复试验，切实成为厨师生产操作的准则，规范厨师烹调菜肴过程中的行为。制定的标准菜谱要求文字简明易懂，名称、术语确切，按程序排列，易于操作。

菜品质量标准控制

（1）食品粗细加工控制。大多数原料必须经过切配加工才能用于烹调。

粗加工不合格，原料不干净，肯定会影响菜品的成品质量。细加工过程应对加工折损率、加工质量和数量加以严格控制。餐饮店应该规定各种折损指标，特别要把昂贵食品的加工作为检查控制的重点。加工质量影响菜肴的色、香、味、形，要严格控制原料的成形规格，不合规格的不能进入下道工序。同时，要避免加工过量而影响质量，要根据剩余量不断调整每次的加工量。

粗加工出品质量主要表现在三个方面：首先是食品原料的卫生，防止污染，除去不可食用部分；其次是保持原料的营养成分；最后是出品的感观质量，如色泽、气味、形状和质地等。

（2）配份控制。食品原料配份是按照标准菜谱的规定要求，将制作某菜肴需要的原料种类、数量、规格选配成标准的分量，使之成为完整的菜肴加工过程，为烹饪制作做好准备。配份是控制菜肴标准份额和生产成本的关键。厨师长要经常核实配份中是否执行了标准配料量，是否使用了称量、计数和计量等控制工具。在配份过程中要杜绝各种失误，如重复、遗漏、错配等。配菜厨师只有接到餐厅客人的订菜单或宴会通知单才能配制，保证配制的每份菜都有凭据。

原料配份，首先要保证同样菜名的原料配份必须相同，配份不定不仅影响菜肴的质量稳定，而且影响餐饮的社会效益和经济效益。因此，配菜必须严格按“标准菜谱”进行，统一用料规格标准，并且管理人员应加强岗位监督和检查，使菜肴的配份质量得到有效的控制。

（3）烹调控制。烹调过程是控制餐饮成品的色、香、味、形、质量好坏的关键，因此要对厨师的操作规程、制作数量、出菜速度、成菜温度、剩余食品等五个环节加以控制。餐饮店经理要监督厨师严格地执行标准菜谱和操作烹调程序，要制止那些图方便、违规范的做法。在开餐时要有专人对出菜的速度、菜肴的温度、装盘规格保持经常的督导；在生产过程中要尽可能减少和消除剩余食品，因为剩余食品即使被搭配到其他菜肴中或制成另一种菜，成品的质量也会降低，必然造成浪费。

（4）成品放置质量控制。食品及其外观的质量是脆弱的，在不同的温度和湿度下就可能变形。大多数食品、饮料在刚制作完成时达到质量最高峰点。如果烹调后放置时间过长或放置条件不宜，质量会迅速下降。因此，成品在烹调后要注意：尽量缩短放置时间，因此厨房和餐厅要接近，其通道要畅通，同时要培训送菜员工采用最短的服务路线，以提高服务效率；放置温度要合适，有些菜品的温度不宜过高，例如烤牛肉、鸡蛋等，因为温度过高会导致质量下降，而有些菜品要求温度高，上桌时应该是热的；放置的湿度要合适，食品烹调后要保持新鲜亮洁的外表，这就要求有一定的湿度，以防止褪色。

菜品制作，色香俱全

色、香、味俱全同时兼顾原始营养成分的食物不仅是现代消费者追求的目标，也是餐饮业的最高理想。

烹饪准备过程

准备工作就是将选定的食物原料进一步加以处理，加以洗净、去皮、切割、浸泡，然后暂时保存以等待客人随时的点购。因此准备工作实际上包含了事前初步处理与保存两个过程。

在餐饮业工作多年的人往往会发现，在最后一分钟才发现有很多工作应做而未做，只好匆匆上阵，手忙脚乱之下食物的品质和口味往往就大打折扣。所以说，即使是规模最小、最简单的餐饮店，其厨房的准备工作仍然是很重要的。

通常这些预先处理食物的流程包括下列几项：

（1）去皮：将材料上附有的外皮除去，但必须根据菜式而决定皮的去留。

（2）抽筋：主要是要保持原料的新鲜与脆嫩。一般内脏和肉类都藏有暗筋或筋络，因此一定要将肉划开，把筋挑断或抽去；有些蔬菜，例如四季豆、眉豆、橄榄菜等，也要撕去筋络，才能保持鲜嫩，嚼后没渣滓。

（3）剔骨：目的是方便进食，避免噎住。此外，中国及西方都运用剔骨的技术来烹调禽肉和在空腹内加入填充物的菜肴。

（4）涨发：该方法是处理山珍、海味等材料必需的手续。例如，香菇要用冷水洗过，再用温热的水泡软，而泡香菇水也可以利用。

（5）上浆：上浆是保持菜肴鲜嫩、增加菜肴色泽的最好方法。浆是用生粉和鸡蛋调制而成，也可以各自单独使用。油炸的材料可用打散的蛋上浆，或将生料先滚蛋汁后再炸，或滚过蛋汁后蘸生粉再炸。

（6）整修：因为大部分蔬菜的营养素都集中于外层叶或种子、茎根的外皮，因此整修时切勿将此部分废弃。

（7）洗涤、浸泡：由于蔬菜所含水溶性维生素及矿物质很容易在洗涤及浸泡过程中流失，因此洗菜动作应迅速，切勿揉搓或挤去汁水，要先洗后切，次序不可颠倒；家禽、牲畜肉洗净即可，不可以浸泡在水中，以防维生素流失。

（8）切割：切割时不可切得太细碎，且应在要煮的时候才切。

烹饪技巧和方法

烹调主要有三种方法：第一是直接传导法，即将热通过锅直接传到食物上；第二是对流法，即将热在容器里对流从而使食物变热；第三是辐射放热法，即将食物放入诸如微波炉之类的工具中加热。

烹饪最需要掌握的方法是放置原料的顺序和时间的控制，经验丰富的厨师会根据温度的高低、传热的速度、食物的数量及特性来决定烹煮的时间与方法。

一般来讲，文化和民情风俗的差异、地域的不同以及气候因素等，会使每一个地方都有其特殊的饮食风格，差别最大的可能就是中西餐。同样是解决一日三餐问题，中西餐因文化背景和口味的差异，烹调的方法也大相径庭。

（1）西式烹调法：比较讲究营养价值的保存，且较注重食物原始风味的保留。烹调分为“湿热”和“干热”两种方法，并根据食物品质的特性来决定使用的方法。湿热法是用水或蒸汽将热传导来烹调食物，包括煮、烫、蒸、炖等；干热法是运用热能或热气流的原理来烹煮食物，包括使用烤箱烤、炒、炸等。

（2）中式烹调法：中国菜的“刀工”及“火候”经过了一代代的改良与创新，除了以色、香、味、形、声之烹调艺术驰名中外以外，最近更本着“医食同源”的饮食观，在讲求回归自然、注重养生之道的世界饮食潮流中深受瞩目。一般而言，中国的菜肴具有“三重”的特点，即重油、重酱色和重火工。其中酱色和调味料有关，而油是指菜肴烹调的食油，而火又关系着油的温度。

中国菜大致可分成前菜、大菜与点心3种。前菜就是冷盘，是大菜（主菜）的前奏；点心是指甜汤及主餐外的食物；大菜可按烹调法分成炒菜、炸菜、蒸菜、腌菜、烧菜、烤菜、汤菜七大类。

由于中国幅员广阔，各地语言、风俗习惯、气候等都不同，所以中国各地方菜肴都具有各自的特点。中国各地菜肴的特色大致可以概括为：南甜北咸、东辣西酸。

厨房管理，流水作业

餐饮店生产方式落后，生产管理水平差，会导致菜点质量不稳定，餐饮店的经营成本居高不下。因此，必须寻求新的生产方式，以适应厨房的生产要求，提高餐饮店的食品质量。目前来看，我国大概有四种厨房的生产方式，主要为包干制、岗位责任制、中心厨房制、流水线制。

包干制生产方式

这种方式基本上以手工操作为主，其生产方式绝大多数仍然是建立在小农经济基础之上的粗放型的作坊式的包干制。这种方式责任清楚，结构简单，通常由几个厨师结合在一起，由一人（师傅或承包厨房的“包头”）负责组织生产。由于菜点的原料千差万别，生产技艺复杂，厨师进行的是单件的随意性的手工生产，烹制菜点从原料到成品要经过若干道工序。

由于规模小，厨师并不进行明确的分工，每个人都要从事不同的操作，因而能在此厨房中工作的厨师，大多掌握多种烹饪技艺并成为“全能型”厨师，这些厨师甚至要兼洗碗和擦洗厨房等工作。显然，包干制的劳动效率不高，生产规模太小，设备利用不充分，手工随意性强，而且厨房生产的安全性不高，容易产生饮食卫生问题。

显然，由于包干制责任明确，组织结构简单，所以在当前我国餐饮业中仍然得到了较广泛的运用，特别对于中小餐饮店来讲更是如此。随着菜点质量的标准化、顾客口味韵复杂化和生产规模的扩大、产品数量的增加，实行包干制会造成生产现场的混乱，因此不适合于大中型餐饮店的厨房生产。

岗位责任制生产方式

这种形式就是我国大多数中型餐饮企业厨房实行的生产方式。

在确定岗位结构及人员编制后，厨房就将各项生产任务定性、定量地落实到岗位中去。所以，制定岗位职责和明确生产任务成为厨房生产的关键。但由于中餐厨房生产菜点品种多，使用的原料大部分为初级产品，因此只能对岗位进行粗略分工，所以当前的中型厨房一般均分为五大作业区：即加工区、切配区、炉灶区、冷菜区、面点区等部门，每个部门有专业特长的、技术等级较高的厨师负责组织生产。

中心厨房制生产方式

所谓中心厨房制生产方式，就是设立一个集中加工的主厨房，负责所有经营产品的原料加工和切割、配份。

很多人认为，这种生产方式是餐饮企业进入产业化和规模化之后的标志之一：采用标准配份和生产方法，使菜点的数量保持了统一；所有的原料购入后均按标准加工生产，可以使菜点的质量得到极大保证；采取了集中统一的加工、切配之后，使原材料的利用率达到最大，加上人工成本的降低，从而使餐饮店的效益处于最佳状态。

流水线制生产方式

该生产方式因20世纪初美国汽车大王亨利·福特首次运用于汽车装配技术而闻名于世。20世纪50年代，麦当劳开始将此方式引入快餐企业，从而自动化开始进入餐饮服务领域。

流水线制生产方式以分工为基础，将每一个生产过程合理地分解成若干项简单工序，然后将每道工序制定出明确的操作程序，实现标准化生产。显然，该生产方式大大降低了操作成本，提高了劳动生产率。

由于传统厨房生产的手工性、经验性和技术水平的差异性以及组织生产的落后方式，加上操作中无严格的技术标准，因而厨师大多凭个人技艺、经验、感官工作，人为干扰因素多，餐饮店主管人员无法对菜品和食品的质量、生产成本、工艺流程进行控制。工业化的生产方式强调专业化分工，通过生产来对人进行控制，改变了餐饮店主管人员“以厨师为中心”的管理方式。

合理的厨房生产方式，可以为餐饮企业带来最大的利润。全球最成功的中式快餐企业——美熊快餐绕过了对传统的明火炒菜环节的工艺改造，创造了年产值近3亿美元的惊人业绩。大连群英楼通过改变生产方式，运用生产组织技巧，实现了包子、饺子、汤圆等25种产品的标准化，并创造了相当于工业化效果的规模效益。他们的成功实践，代表了现阶段中式餐饮的合理选择，同时也说明了中式餐饮企业的核心能力并不取决于机械化或自动化程度的高低，产品价值的大小才是真正决定的因素。

第八章

采供管理，价廉物美

原材料的采购和储存，直接影响到食材的质量和菜品价格，最终会影响到店面的经营效益。聪明的经营者都会从各个环节入手，下力气制订一套精细的后台流程，以保证品质，降低成本，促进赢利。

采购方法，随机应变

原材料的质量直接影响到菜肴的质量，而原材料的价格又直接关系到餐饮店的经济效益。因此，采购之前明确采购原材料的要求，将有助于餐饮店以最合适的价格去购买质量最好的材料，并使之得到及时供应。

原料采购的方法多种多样，餐饮店具体采用何种形式的采购方法应依自己的类型、规模、特点和市场条件等决定。目前，市场上常见的原料采购方法主要有如下 5 种：

公开采购法

即公开市场采购法，95%的商业购买活动采取的是公开采购的形式。它是指餐饮店通过电话联系、商函或通过直接接触（采购人员去供货单位或对方来餐饮店），获得所需原料的报价。一般每种原料至少应取得三个供货单位的报价，分别将它们登记在市场订货单上，随后选择其中原料质量最好、价格最优的供货单位。

招标采购法

这是一种比较正规的采购方法，是指餐饮店把所需采购的原料名称及规格标准，以招标的方式向社会公布或以邀请招标的形式寄给有关供货单位。供货单位接到招标信息或招标邀请后，在投标的有效期内向餐饮店寄送投标单，餐饮店根据客观、公正、科学的原则，对投标书（单）进行综合评定，选择信誉程度高、原料符合质量规格、供货及时、价格合理的单位作为中标单位。招标采购一般适用批量大、数量多、价格高的餐饮原料。招标过程中，要注意防范投标人相互串通报价，哄抬物价，同时，也要避免低于成本的报价竞标，因为这种供货合作往往难以持久。

定点采购法

定点采购法是指餐饮店选定某一供货商并与之签订长期供货合同，以保证原料供应的采购方法。这种采购方式，一般适用于短缺原料和特殊原料。有时餐饮店需要的某种原料在市场上奇缺，或者仅一家单位有货供应，此时，餐饮店就必须采用定点采购的方式。另外，餐饮店为了保证某种特殊原料的品质和供货的稳定性，如有些家常菜往往也会和供货商签订长期的供货合同，这种供货方式把供货商作为餐饮店的原料生产基地。采用此种采购方法，餐饮店要注意所选择的供货商应具备提供满足所需原料的品种、数量、质量和价格的能力。

即时采购法

即时采购法是指餐饮店采购人员按照当时（当日）的市场行情，对餐饮店所需的餐饮原料进行选择性购买的一种方法。这种方法适用于一些价格起落频繁、不宜储存的原料，如新鲜的肉类、禽类、水产品、蔬菜、豆制品、水果等。其优点是原料新鲜，当日购买、当日使用，能较好地保证原料的质量。缺点是货源和供货价格不稳定，特别是价格往往会受到货源、天气、交通、节假日等因素的影响。

成本加价采购法

成本加价采购法一般适用于某一原料价格涨落变化较大或者其价格很难确定时的情况。此处的成本指批发商、零售商等供应单位的原料成本。在某些情况下，供货单位和采购单位双方都把握不住市场价格的动向，于是便采用这种方法成交，即在供货单位购入原料时所花的成本上酌加一个百分比，作为供货单位的赢利部分。对供货单位来说，这种方法减少了因价格骤然下降可能带来的亏损危险；对采购单位来说，加价的百分比一般比较小，仍然有钱可赚。采取成本加价法的主要缺点是很难确切掌握供货原料的真实成本是多少。

材料采购注意事项

采购必须在保证餐饮店各种服务的质量和规格的前提下，尽量降低物耗，降低餐饮店成本，以达到使每一份原料都能取得最好的经济效益的目的。

（1）分类采购。不同的材料混杂在一起既增加了采购的工作量，也会影响菜肴的口感。

（2）适时采购。在餐饮店业务最需要或市场状况最有利于餐饮店的时候采购所需原材料，而不能做“马后炮”，丧失采购时机。

（3）适量采购。供应菜单上的菜肴，原材料都要准备好。至于每一种菜肴准备多少，要根据销售量而定。如果某种菜肴顾客需求量大，原材料就要多备些；如果某种菜肴较长时间没有销量，那就要调整。

（4）根据顾客需要随时采购。特别是高档原料，餐饮店供应的大多是大众化的菜点，一般不会存在这些问题。

（5）质优价廉。通常情况下，采购成本占餐饮店总成本的30%以上，所以采购人员在购买材料的时候，既要保证质量，也要尽量降低采购成本。

采购流程，事半功倍

原材料的采购流程即采购管理人员和采购人员的工作流程。一个科学合理的程序可以使采购工作事半功倍，否则，将事倍功半。

确定采购人员

采购人员在餐饮店中又被称为“采买”。餐饮店运作中的“进”、“销”、“存”三大项工作中，采购的进货工作占首位。

（1）采购人员的素质要求。采购人员采买、供应工作做得如何，会直接影响到餐饮店的成本和收益。因此经营者需要挑选既有实践经验，又能吃苦耐劳的采购人员。以他们的聪明才智来为餐饮店的壮大作贡献。

采购人员必须为人忠诚老实，作风正派，实事求是，事事出于公心。

采购人员应热爱本职工作，认真负责，不怕吃苦。工作踏实，业务精通，有丰富的鉴别能力和知识。能较熟练掌握各种原材料的产地、规格、质量，了解较为贵重的原材料的选择、价格以及行情。

采购人员要有广泛的采购渠道，社会活动能力、应变能力较强，保证供应适用、适时、适量，做到餐饮店不缺货、不积压货物。

有一定的政策水平和法律知识。不挪用备用资金和转账支票另作他用。财务手续齐备，维护餐饮店经济利益。

严格按政策办事，不假公济私，不营私舞弊，不徇私情，坚决抵制不正之风，拒收回扣、礼品、私请和小费。

有条件的采购人员，应有驾驶餐饮店运输工具的能力。

（2）采购人员的职责。采购人员的主要职责如下：

研究市场，了解物价。采购人员要时时注意市场调查，了解市场供需情况，研究分析物价的波动，了解价格趋势。此外须加强与同业间的联系，借以相互交换商业信息。

从事市场调查，选择理想供应商。由于品名、种类繁杂，价格品质各异，为防范物料中断与确保品质，务必寻找替代品及新产品。因此，如何寻找理想的供应商成了采购人员的大事。

签订采购合约。采购人员从各种商业信息中了解物料供应来源之后，即开始征集供应商报价，从这些不同报价单中详加审查分析以决定采购对象，并制发订购单，研拟采购合约。

确保货源及时供应与服务。采购合约签订之后，采购人员须不断与供应商保持联系，确保所订购的物料能如期交货，并能得到及时完善的售后服务。

制作采购单据凭证。制作采购作业所需的单据，如采购单、请购单、领物单、物品耗损报告单等，并做好文件的登记、保存、统计、分析，以供采购作业的需要。

编制采购预算。采购人员须对各有关部门的采购品编制一份采购预算，供决策者参考，并对各项餐饮采购成本、售价进行分析研究，借以降低成本，维持一定利润。

填写采购清单。采购清单是由厨房和仓管人员填写的原料库存情况和餐饮店需用情况的购货清单。待清单填好后，采购人员将其交由财务人员登记待批。厨房每天根据正常的营业量和客人的预订量来制定请购单。当然，厨房请购的品种是除去仓储已有品种的原料，通常为鲜活原料。

填写订购单

订购单是包括订购原料的数量、项目、单价和金额等内容的单据。待采购清单被批准后，由采购人员填写采购订单。订单批准后即开始生效，成为合法契约。

确定供货商

供货商的选择对于采购原料的质量、价格等因素影响甚大。所以，采购人员在采购物品之前，应把本店的采购规格标准发给供货商，再从不同的供货商手中获取原料的报价单或价目表。然后采购人员根据不同的报价、供货商的资金实力、供货商的供货信誉及职业道德，选定最佳供货商。在征集价目表时，要让供货商知道征集价目表的目的，供货商往往为了获得供货机会而相互竞争，纷纷压低销售价格，以保全自己的供货地位。这样，餐饮店就可以得到质优价廉的原料。

进行实际采购

在完成上述三个程序之后，采购人员就可以制订订货记录簿向供货商订货。该订货记录包括采购的原料、收货、进货、程序等内容，并把这样的一份订货记录交给验收人员，以备收货时核对。当供货商将货物送上门后，则交与验收人员进行验收。当验收完毕后，凡厨房订的鲜活原料，直接交与厨房，由厨房开出领料单；仓库的订货则交与仓库进行库存。

处理订货单据并支付货款

验收人员对原料验收完毕后，还必须开具验收单，并在供货发票上签字。同时要将供货发票、原料订购单、验收单一起上交财务人员审核，经审核无误后，支付货款。

信息反馈

对原料的采购工作完成以后，为了能对以后的采购工作和原料制作过程有所指导和帮助，采购人员还要进行信息的反馈工作。其信息反馈工作主要包含两个方面的内容，一是将市场的供货行情反馈给厨房，二是将厨房使用原料后的意见反馈给供货商。这样，厨师就能及时掌握市场的货源情况和价格行情，便于在工作中有效地控制成本和开发新产品。

验收过程

原料的验收就是对原料的品种、数量、规格、质量和价格等进行核实、检查，是整个餐饮店成本控制中的重要一环。为了做好验收管理工作，经营者应该建立一套合理的验收体系和验收流程。

验收体系

餐饮店经营者应该首先建立一套科学的验收体系，保证整个验收工作的完善。

（1）确定称职的验收人员。由于与大量的货物采购接触，验收人员必须敏锐、正直、诚实，原材料知识丰富。此外，作为验收人员，还必须明白：未经管理人员同意，任何人无权改变采购规格。老板可以从财会人员和厨工中挑选验收人员。这些员工有一定的食品知识和经验，而且往往愿意通过从事验收工作积累管理工作经验。

（2）准备齐全的验收设备。为使验收工作更有效率，就要有适当的设备和工具。磅秤是验收工作中最重要的工具。另外，验收人员还应准备直尺、小起货钩以及足够数量的公文柜。公文柜用以存放验收用的各种表单，如验收单、验收日报表等。还有一种特殊设计的验收架，一些水果等可放在上面，察看是否有腐烂或斑痕。若质量没有问题，架子上的水果可留下来，再装入容器。

（3）科学的验收流程。科学的验收流程可以使验收工作规范化，提高验收效率。

（4）经常性的监督检查。经营者应该不定期地检查验收工作，复查货物的重量、数量和质量，并且使验收人员明白，自己非常关心和重视他们的工作。

防盗工作

在验收工作中，为了减少不必要的经济损失，节省精力，还应做好防盗工作。防盗工作的基本原则如下：

（1）交货时间应尽量安排在验收员时间充裕的时候。

（2）验收工作和采购工作分别由专人负责。

（3）货物应运送到指定验收区域。

（4）验收之后，在最短时间内把原材料送人储藏库，防止食品变质和职工偷盗。

（5）不允许推销员、送货员等进入储藏库或食品生产区域。

（6）送货人在验收处时，验收员应始终在场。

设备采购，优质实用

餐饮店的设备根据用途主要分为两部分，即餐厅设备和厨房设备。餐饮店设备的合理采购与保养是控制成本和保证服务质量的关键。有一些厨房设备看起来有用，实际却没多少用处。对于初次开店的经营者，可以请教厨师长，由厨师长负责指导设备采购。餐厅作为顾客就餐的区域，环境的好坏和服务的水平关系到顾客的满意度和对餐饮店的评价，营造良好的就餐环境离不开和谐的餐厅设备器具。因此，要在成本允许的基础上，尽可能选购有品位质量好的用具，既要与餐厅配套，又要美观实用。

陶瓷餐饮器具

普通餐饮店的就餐器具一般都为陶瓷制品，既美观又易于清洗。在选购陶瓷器具时应注意以下三个方面：

（1）外观质量。首先可查看产品包装箱或箱内文件所标明的产品名称和等级；其次可通过肉眼观察产品的实际质量，选购时应尽量选择表面无明显缺陷，器型规整的产品。盘、碗类产品，可将规格大小相同的产品叠放在一起，观察其相互间的距离，距离不匀，说明器型不规整，变形大。对单个产品可将其平放或反扣在玻璃板上，看是否与玻璃板吻合，以判断其变形大小。对瓷质产品，可托在手上，用手指轻敲口沿，若发出沙哑声，说明有裂纹存在。

（2）彩瓷产品。釉中彩、釉下彩陶瓷的表面看起来很平滑，有玻璃光泽，用手摸无凹凸感，光滑如玻璃。釉上彩陶瓷由于颜料在釉层表面，用手摸凹凸感明显，肉眼观察制品表面高低不平。

（3）使用功能。选购微波炉用瓷具，应避免有金属装饰的产品，如带有金边、银边或用金花纸、金属丝镶嵌图案的产品。

用洗碗机洗涤的器具宜选用边缘较厚带圆弧状加强边的产品，因为这类产品在洗涤过程中不易损坏。

桌椅

一般说来，就餐时心态比较沉静平稳，所以应尽可能配套选购。桌椅的造型、色彩应争取一致配套，从而营造出一种优雅的就餐氛围。但是由于顾客身高体重的不同，应注意桌椅的尺寸问题，尽量使顾客在就餐时感觉舒适。

确定桌子和椅子的正确尺寸。选择桌椅时，不光要注意材料和制造方法，尺寸也是重点。在选购时可以注意如下几点：

选购椅子时，一定要脱掉鞋子试坐，看脚能不能碰到地板。碰不到则表示高度欠妥。

买进口椅子，注意椅高若超过 45 厘米，对女士来讲可能过高。

选择椅子进深较大者，可以令个子高的人坐感舒适。

此外，如桌椅不成套买时，注意椅子的椅面高度和桌子的桌面高度差。一般来说 27 厘米到 30 厘米是适当的尺寸。

根据房间的大小和形状，选择合适的桌子。如果是成人坐的餐椅的话，一般来说，餐椅的尺寸大约是宽 60 厘米，深 50 厘米。墙壁与椅子间的净距离起码应 60 厘米，否则人通过时，只能横着走了。

圆形的桌子比较适宜谈话，人数多时也易变通。

房间狭窄或需一边靠墙壁的话，选长方形的桌子较合适。或者选用一边靠墙壁一边椭圆形的桌子也较好，适宜两人世界或一人带小孩时使用。

注意椅子的扶手。扶手较占空间。当选择扶手椅时，要确认扶手不会碰到桌面，如果碰到桌面的话，不用时，无法将其推到桌子下面，就会更显得占用空间了。但扶手椅在使用时可将胳膊放在上面，感觉会更舒适，如果空间较大的话，是比较好的选择。

餐厅电器

餐厅电器一般不会太多，常用的有空调、风扇，还有灯具，选择质量有保证的商家购买即可。如果有购买渠道，也可以到专门的销售商处购买，以节约成本。

消毒柜

消毒柜是餐饮店的必备电器，常见的消毒柜分为三大类：低温型臭氧消毒柜、红外线高温消毒柜和高低温双门消毒柜，它们采用的消毒方式主要有臭氧、远红外线、紫外线等。可以按照需要进行选购。

低温型臭氧消毒柜可以杀灭各种细菌繁殖体，但对物体表面的乙肝病毒表面抗原和芽孢的破坏达到消毒要求较困难。

远红外线是一种干热消毒方法，但对热的穿透性较差，要求温度在

125℃以上保持 15 分钟才能达到消毒目的。而且，这种消毒柜对要消毒的食具材质要求也很高，不能适用于塑料等不耐热材料餐具的消毒，有金属边的漂亮餐具也会褪色，降至室温所需的周期也较长。所以远红外线消毒柜也不适宜一般餐饮店的消毒使用。

紫外线对微生物的杀灭效果较好，但由于紫外线的穿透性差，只能用于表面消毒，对柜内不能直接照射到的区域消毒效果不能达到要求。因此单用紫外线消毒餐具也不是很理想。

器具保养，定期维修

器具的正确使用和维护，在很大程度上决定了其完好程度，并能延长使用寿命。而这些设备器具的故障往往会影响到餐饮店的经营和成本的控制。对这些应用设备的保养分为两个层次：一是日常养护，二是定期维修。

日常养护

设备器具的维护主要靠日常保养，日常维护的基本要求有以下四点：

（1）整齐。整齐体现了餐饮店的管理水平和工作效率。餐饮店内所有器具和设施都必须摆放整齐，安全防护装置要齐全；设备的各种标牌要完善、干净，各种线路、管道要安装整齐、规范。

（2）清洁。清洁是为设备的正常运行创造一个良好的环境，以减少磨损。因此，首先必须保持周围环境的清洁，不起灰，无积油，无积水，无杂物。设备器具外表清洁，铁器无锈斑，漆器显光泽，做到不漏油、不漏水、不漏气、不漏电。

（3）安全。员工必须严格遵守设备的安全操作规程，以防事故。电器线路接地要可靠，绝缘性良好。限位开关、挡块等均正常无误。各类仪表要指示正确，表面干净、清晰。

（4）完好。设备器具完好，能正常发挥功能，是设备养护管理的目标之一。

定期维修

定期维修是由工作人员进行的定期维护工作，主要针对重要的机电设备。定期维修的间隔时间视设备的结构情况和运行情况而定。定期维修的内容如下：

（1）拆卸设备的指定部件、箱盖及防护罩等，彻底清洗、擦拭设备内外。

（2）检查、调整各部件配合间隙，紧固松动部位，更换个别易损件。

（3）疏通油路，增添油量，清洗滤油器、油标，更换冷却液，清洗冷却液箱。

（4）清洁、检查、调整电器线路及装置。

三个标准

设备保养的目的就是确保设备发挥正常的功能。设备状态是否良好，直接关系到餐饮店的服务质量和经济效益。

电器设备完好有以下三个基本标准：

（1）性能良好。设备性能良好是指设备的各项功能都能达到原设计或规定的标准，性能稳定，可靠性高，能满足餐饮店经营和生产的需要。性能良好是餐饮店设备最重要的标准，体现了设备的质量，它不仅与正确使用和维护有关，更重要的是取决于投资的决策。餐饮店设备是直接为客人提供服务的物质基础，体现了餐饮店的服务档次和服务水平。因此餐饮店设备，特别是关键设备、重要设备和客用设备必须选购高质量的产品，这样才能确保设备的良好性能。

（2）运行正常。运行正常是指设备零部件齐全，安全防护装置良好；磨损、腐蚀程度不超过规定的技术标准；控制系统、计量仪器、仪表和润滑系统工作正常，安全可靠，设备运行正常。性能良好、质量上乘的设备是运行正常的基本条件，但高质量的设备必须在规定的使用条件和环境条件下，才能运行正常。因此，正确地使用是确保设备正常运行的重要条件。

（3）耗能正常。耗能正常是指设备在运行过程中，无跑电、冒气、漏油、滴水现象，设备外表清洁。要使设备耗能正常，就要认真做好日常的维护保养工作，及时更换磨损零部件，定时进行润滑，确保设备在良好的环境下运行。

凡不符合上述三项要求的设备，不能称为完好设备。

不锈钢厨具使用“三忌”

不锈钢是由铁铬合金再掺入其他一些微量元素而制成的。由于其金属性能良好，并且比其他金属耐锈蚀，制成的器皿美观耐用，因此，餐饮店普遍采用的是不锈钢厨具。但是，如果使用者缺乏有关方面的使用知识，使用不当，不锈钢中的微量金属元素同样会在人体中慢慢累积，当达到某一限度时，就会危害人体健康。所以厨房在使用不锈钢厨具时必须注意以下几点：

（1）不可长时间盛放盐、酱油、菜汤等，因为这些食品中含有许多电解质，如果长时间盛放，不锈钢同样会像其他金属一样，与这些电解质起化学反应，使有毒金属元素被溶解出来。

（2）不能用不锈钢器皿煎熬中药，因为中药中含有很多生物碱、有机酸等成分，特别是在加热条件下，很难避免不与之发生化学反应，而使药物失效，甚至生成某些毒性更大的化合物。

（3）切勿用强碱性或强氧化性的化学药剂如苏打、漂白粉、次氯酸钠等进行洗涤。因为这些物质都是电解质，同样会与不锈钢起化学反应。

设计精巧，方便取用

许多餐饮店对储藏库不太重视，甚至允许占用储藏库面积，进而影响餐饮店的工作流程。老板应该本着科学合理的原则，建立适合自己餐饮店的储藏库。

选择合适位置

储藏库应尽可能设在验收处与厨房之间的位置，这样便于工作人员将原材料从验收处运人储藏库及从储藏库送至厨房。如果一家餐饮店有几个厨房，且位于不同的楼层，则应将储藏库安排在验收处附近，以便及时将已验收的食品原料送到储藏库。

计算最佳面积

确定储藏库面积时，应考虑到餐饮店的规模、菜单、原料市场的供应情况等因素。如果菜单变化比较频繁，储藏库面积就应大些。如果餐饮店离市场比较远，储藏库就要略大一些。有些餐饮店喜欢一次性大批量进货，这些餐饮店就必须有较大面积的储藏场地。

事实上，储藏库面积过大，会增加能源费用和维修保养费用，而且由于人们往往喜欢在储藏库放满物品，因此储藏库过大，可能会引起存货过多的问题；储藏库面积过小，储藏库里的食品原料堆得满满的，会增加取材料时的困难，也不易保持清洁卫生。

标记方法科学合理

储存保管是库存管理工作的中心环节，对材料要求合理存放，精心养护，认真检查，使原材料在保管期内质量完好，数量准确；用在材料储存上的开支降到最低限度。科学、合理的物品存放往往能达到事半功倍的效果。

（1）分区分类。根据材料的类别，合理规划材料摆放的固定区域。分类划区的粗细程度，应根据餐饮店的具体情况和条件来决定。

（2）四号定位。就是把各仓库内的物品进一步按种类、性质、体积、重量等不同情况，分别对应地堆放在固定的仓位上，然后用库号、架号、层号、位号标定出来，并和记录上的编号统一对应。这样，就可以大大提高存取原材料的效率。

（3）立牌立卡。它是指对定位、编号的各类食品材料建立食品存货标签和卡片。食品存货标签上写明材料的名称、编号、到货日期，有条件的话可以加上涂色标志。卡片上填写物品的进出数量和结存数量等。

（4）五五摆放。为了使物品的摆放整齐美观，又易于清点和存取，可以根据各种物品的性质和形态，以“5”为计量基数堆放物品，长 × 宽 × 高，均以“5”作为计量单位。因为各种原材料的包装和体积不同，并非所有的食品原材料都可以用“五五摆放”的方法来处理，老板们可以视情况而定。

用低温储存原材料

低温可以有效地抑制微生物的繁殖，降低酶的活性和减慢化学反应，是防止材料变质的有效措施之一。

低温保藏食品的方法很多，可以利用电冰箱、冰柜、天然冰，也可以利用自来水。然而，低温保藏只能将材料中微生物的繁殖和酶的活性加以控制，使营养素的分解变慢，但不能杀灭微生物，也不能将酶破坏，食品的质量变化并未完全停止。所以，低温保藏应有一定期限，冷藏前材料也要新鲜。利用自来水降温时，水的质量应符合饮用水的标准。除此之外还要定期清洗冷藏设备。

一般的餐饮店不会这样复杂，主要靠冰箱来保存生鲜食品。冰箱的使用也有要求，在使用过程中要注意以下事项：

（1）热的食物绝对不能放入运转着的电冰箱内。

（2）存放食物不宜过满、过紧，要留有空隙，以利冷空气对流，减轻机组负荷，延长使用寿命，节省电量。

（3）食物不可生熟混放在一起，以保持卫生。按食物存放时间、温度要求，合理利用箱内空间，不要把食物直接放在蒸发器表面上，要放在器皿里，以免冻结在蒸发器上，不便取出。

（4）鲜鱼、肉要用塑料袋封装，在冷冻室储藏。蔬菜、水果要把外表面水分擦干，放入箱内最下面，以零上温度储藏为宜。

（5）不能把瓶装液体饮料放进冷冻室内，以免冻裂包装瓶。应放在冷藏箱内或门档上，以4℃左右温度储藏为最好。

（6）存储食物的电冰箱不宜同时储藏化学药品。

原料发放，供应充分

原料的发放，是餐饮店经营从原料采购、验收入库、储存保管到出库供应整个过程的最后一个环节。厨房在领料之后，就可以直接进行生产，然后将菜品提供给顾客。原料发放管理的任务有以下三个：

（1）保证厨房用料得到及时、充分的供应；

（2）控制厨房各种原料的使用数量；

（3）正确记录厨房用料成本，为核算整个餐饮成本提供依据。

整个发放和领用原材料的过程必须注意下面三点：

定时领料

餐饮店应该对领料时间作出硬性的规定，并规定领料部门提前一天送交领料单。这样一来，保管员便有充分时间准备原料，避免出现差错，而且还能促使厨房作出周密的用料计划。通常为每天发料两次，上午8:00~10:00，下午14:00~16:00，其他时间除紧急需要外，一般不予领料。

仓库保管员应经常查看各种食品原料的库存数量及规格情况，同时应通过“领料单”掌握各种原料使用的频率，对用量较多的原料，要及时向采购员反馈，避免供应脱节而影响营业，对库存时间已经较长的原料，应及时向厨房提出尽快领用，减少积压。

使用领料单

为了记录每一次领用的原料物资数量及其价值，以正确计算食品成本，仓库原料发放必须坚持凭领料单发放的原则。领料单应由厨房领料人员填写，由厨师长核准签字，然后送仓库领料。保管员凭单发料后应在领料单上签字。领料单一式三份，第一联由库房留存，第二联随发出的原料交回领料部门，第三联转财务部门。库房保管人员应于每天业务终结时或次日上午，将领料单汇总后编制领料汇总表，送财务部门会计入账。原料从库房发出后，保管员应及时在“领料单”上填列各项原料的单价（即食品标签上标明的进货单价），并算出各项原料的金额，然后汇总当天发出原料的总金额。

领料单是仓库发出原料的原始凭证，因此仓库保管员应仔细核对原料品名、数量、规格及签字后，凭单及时发料。要做到没有领料单的不发，未经有关负责人审批签字的不发，领料单涂改的不发，手续不全的不发。领用原料及发放手续，应事先明确规定；由哪个部门、哪些具体人员审批签字才有效，确定后应交仓库保管员一份审批人员的姓名及个人签字样本，用以核对。

直接发料

有时候餐饮店进行发料时，并不是采用向仓库领料的方式。因为有时候厨房加工需要的某些鲜活原料，如鲜肉、活禽、海鲜品、蔬菜等，验收人员验收合格后不进入仓库储存，而直接通知需用部门办理申领。

直接发料至各部门的食品原料作为当日消耗，计入当日食品成本中。实际上，直接发料至各部门的食品原料并不一定当天消耗完，可能二三天后才能用完，但还是应该计入领料部门当天的食品成本。由于正常的餐饮经营的连续性，所领用的原料每天基本是均衡的，其原料消耗也同上述情况一致，计入领料部门的当日食品成本，就基本上反映了原料消耗的真实情况。

第九章

服务管理，顾客至上

做餐饮就是做服务，这一点已经成为人们的共识。要使餐饮店客满盈门，获取好的赢利，就必须把服务工作做好。坚持客人至上原则，处理好与客人之间的关系，创造出一流的服务，满足客人的需要。

顾客至上，服务第一

一家餐厅的硬件固然十分重要，但是餐厅的服务却直接与客人的感受相连。因而搞好服务对一家餐厅十分重要。

服务是一种手段

客人为餐厅带来了利润，是餐厅存在的前提条件。作为一家餐厅老板，很关心如何能使客人高兴地把钱从钱包里掏出来。要做到这一点，除最基本的微笑服务外，餐厅在服务上必须坚持客人至上原则，处理好与客人之间的关系，从而创造出一流的服务。

对一家餐厅来说，通过餐饮服务使产品从生产阶段进入消费阶段，从而使客人消费产品，使餐厅的厨房进行再生产。无论是顾客在餐厅接受点菜服务、宴会服务，还是自助餐、快餐等，或多或少地表现出服务的这一功能。因此，就大多数餐厅而言，服务是完成这一转变的重要手段。餐饮服务的过程也是推销的过程。推销功能的发挥直接关系到餐饮店的经济效益和服务效果。

对顾客而言，到餐饮店就餐，其需求是多方面的，如生理需求、安全需求、尊重需求等。随着人民生活水平的提高，消费者以产品为目标，进餐厅以服务、卫生、产品质量的优劣与否为满意度标准。人民生活水平有了很大提高，生活节奏的加快，工作压力的增大，人们进餐厅就餐，追求的是一种品尝、休闲、交友、沟通情感，对这部分人来说，个人情感的宣泄，服务质量的优劣成了满意度高低的衡量标准。只有通过良好的餐饮服务，礼貌、周到、热情地款待客人，才能满足客人的需求。

服务三要点

餐厅要想赢得顾客就必须在服务中令客人有宾至如归的感觉，具体到实践中的表现就是主动、热情、周到。

（1）主动服务。所谓主动服务，就是要服务在顾客开口之前，其意义是：主动服务是表现了餐厅功能的齐全发挥；主动服务也意味着要有更强的情感投入。有了餐厅的服务规范和工作标准，只能说是有了为达到一流服务而应具备的基础条件，并不等于就有了一流的服务。服务员们只有把自己的情感投入到一招一式、一人一事的服务中去，真正把客人当作有血有肉的人，真正从心里理解他们，关心他们，才能使自己的服务更具有人情味，让客人备感亲切，从中体会到餐厅的服务水准。

（2）热情服务。所谓热情服务，是指服务人员出于对自己从事的职业有肯定的认识，对客人的心理有深切的理解，因而富有同情心，发自内心地满腔热情地向客人提供良好的服务。服务中多表现为精神饱满、热情好客、动作迅速、满面春风。

（3）周到服务。所谓周到服务，是指服务内容和项目上，想得细致入微，处处方便客人、体贴客人，千方百计帮助客人排忧解难。这些服务是实质性的，客人能直接享受到的。

除了周到服务外，更要体现个性服务。个性服务是最根本、最有效、最持久的竞争手段，是通过向客人提供竞争对手无法学到或短期内无法仿效的，客人需要的、餐厅可以长期坚持下去并能促进赢利的服务，它同样是使餐厅在同级同行中一枝独秀的法宝。

所谓个性服务是指针对不同宾客的国籍、年龄、性别、职业、身份、性格等的不同，因人而异地、力所能及地向他们提供周到、细致的优质服务。

周到服务还应注意灵活科学地研究解决意外情况，尽量满足客人的突发要求；不断更新，提供更具体、更贴心、更细致的服务，满足不同身份客人的情趣，例如，可以给情侣安排安静的角落等。

总之，周到服务是基础，个性服务是在它的基础上的创新。这些都是以顾客的舒适、需要而决定的，真正做到这些，就会为餐厅吸引大量顾客。

大方得体，真诚微笑

一般来说，餐饮店的服务员应具备以下素养：

气质谦和大方

每位从事餐厅服务的工作者都应具备特殊的气质。对于餐厅服务员的气质要求是：既要谦和文静，又要端庄大方；既要循规蹈矩，又要能随机应变。这就需要每一位餐厅服务员不断提高自身素养，如文化水准、思想情操、涵养功夫等，使外露的举止给人以得体的感觉。如走路时懒懒散散或跑跑跳跳，如与宾客交谈时，左顾右盼或问东答西，如心胸狭小，得理不肯让人，遇事要争高低等，都是必须加以克服改正的，否则顾客是不会满意的。

所以对餐厅服务员来说只有不断加强学习文化知识、岗位知识，做一行爱一行钻一行，才能使自身显现出端庄的气质，才能受到南来北往宾客的敬重和欢迎。

神态自然得体

作为一名餐厅服务人员在服务过程中眼神相当重要，目光应和蔼可亲，不瞪眼不斜视，不东张西望，要面带笑容。与顾客目光相对时，可看对方的一只眼或鼻尖，切忌看自己的脚尖和别人的脚跟，更不能从客人的头看到脚，这样是对客人不尊重的表现。因而对于客人，我们可以根据其眼神的停留位置，观察到顾客的需求，再重点介绍，当好参谋。

服务员切忌上岗之前饮酒或通宵达旦玩乐导致目光神情恍惚，那将使自身形象大打折扣，从而影响服务工作。

服务要真诚

在餐厅服务中，常常会碰到一些特别难应付的客人，他们往往喜欢“鸡蛋里挑骨头”，喜欢出风头，对服务员提出苛刻要求，但又不同于那些餐厅闹事的，因而对这类客人，不能像对待“滋事者”那样对待。对这类客人，只要按照他们的意思，以诚相待，用真情去感化客人，会得到客人的满意的。因为实际上大多数客人还是通情达理的，真正蛮不讲理的毕竟是极少数。下面这则例子充分体现了，只要对客人实行真诚服务，会感动客人的。

服务要微笑

在餐饮服务中，“态度”是一种服务因素，它本身具有价值，同时也为餐饮店带来了效益。微笑是服务态度的重要组成部分，也是积极态度的表现形式，从而备受餐饮业的重视。微笑作为无言服务，对客人会起到积极情绪的诱导作用。在服务的情感交流中，微笑是必不可少的，微笑是员工的脸面，是内心情感的表露，也是一种服务的表现方式。从微笑中，可以将友好、融洽、和谐、尊重、自信的形象和气氛传染给客人，为成功的服务打下良好的基础。微笑是一种特殊的语言——“情绪语言”。它可以和有声的语言及行动相配合，起“互补”的作用，沟通人们的心灵，架起友谊的桥梁，给人以美好的享受。生活中离不开微笑，社会需要微笑。

微笑是扣人心弦的最美好的语言。微笑，人皆会之，似乎不值一提，然而，要笑得自然、亲切、得体，笑出魅力，却非易事。

那么，我们如何正确理解微笑服务呢？

微笑服务已成为餐饮业服务的基本要求之一。然而真正的微笑服务是：“微笑”一定要发自内心。现在一些学者提出“职业微笑”之说，意即接待人员只要从职业的需要，开展微笑服务令宾客满意即可，而不必拘泥于这种微笑是否发自内心。有的人还以如下事实作佐证，微笑服务开展甚好的日本，据研究者细心的观察，有的营业员、服务员微笑是很甜蜜，然而他仔细看去从其眼神及其面部表情，不难发现其内心的某些隐痛和不安的神态。

或许，的确有一部分职业微笑不是发自内心，只是出于职业的需要，但我们不能因此放弃做到微笑发自内心深处，是内心深处真情实感的流露。

因为，唯有这种发自内心的微笑，才能感染对方，唯有这种会心的微笑，方可使客人产生良好的心境，消除陌生感，使之感到处处有亲人，心平气顺，食则有味，宿则安宁，购物满意。

餐前准备，卫生清洁

所谓餐前准备，是指餐厅服务员在顾客到来之前在餐厅做的准备工作。一般包括整理、清洁餐厅，准备餐具，摆台，了解情况，餐前检查等工作。餐前准备工作是整个就餐服务的基础，充分的餐前准备工作是良好服务、有效经营的重要保证。

整理、清洁餐厅

服务员应按各自分管的区域整理、清洁餐厅，必须做到以下几点：

要做到地面光。扫地，擦地板，吸尘或打蜡。

要做到四周洁。擦门窗玻璃、楼梯扶手，拂去墙壁、衣帽柜、装饰物等处灰尘。

要做到桌椅净。桌面无油腻、水迹，桌腿、椅背、椅腿要擦净，并检查有无松动、坏损，若有应及时修补。

要打扫工作台。工作台应干燥、清洁，无灰尘、油污。

要摆好室内屏风、装饰物等工作。

要调好室内灯光。

要根据需要，做好节假日、喜宴等的店堂美化。

准备餐具

餐具包括餐碟、各类酒杯、水杯、汤碗、汤勺、饭碗、筷子等，用具包括烟灰缸、牙签、调味品盅等。准备的这些物品均应无破损、无水渍、符合卫生标准，并且是已消毒的。将准备好的餐具整齐地放在备餐间或服务台上，同时，服务员还应准备笔、酒单、菜单、点菜单、开瓶器、托盘、火柴或打火机，并将以上物品放在规定位置，以便取用。此外，还需要准备茶叶、开胃小吃、开水等。

摆台

餐厅服务员在选择好合适的台布，准备齐备摆台所用的餐具后，按规定的要求铺设餐台。摆好的台面要求统一、规范、整齐、美观。

了解情况

餐厅服务员应了解当日的菜单和酒单，明确菜肴和酒水的数量、品种、价格、风味特点，要特别熟悉当天不能供应的品种，以便在顾客点到时做好解释工作。同时还要了解本餐厅特色菜及创新菜的特点及制作方法，为菜肴和酒水的推销做好准备。

餐前检查

餐前检查是指在餐厅正式营业前，对服务员的准备工作进行全面检查。检查内容包括：餐厅卫生，餐用具的摆放，餐厅灯光、温度，服务员的仪容仪表及精神状态等。在管理人员检查完毕，确认无误后，餐厅服务员应精神饱满地站在各自规定的位置，迎接顾客的到来。

迎客服务，热情周到

迎客服务是餐厅提供给顾客的第一项服务，也是顾客对餐厅印象的初始，这个开头相当重要。

欢迎顾客的到来要热情

第一印象很重要，当顾客进入餐厅时，引座员主动上前迎接，为顾客开门，微笑着向顾客打招呼问好，给顾客留下美好的第一印象。

询问时要有礼貌

当顾客进入餐厅后，引座员应有礼貌地询问顾客的人数及是否预订了餐位。在询问时要注意问话的礼貌，比如：先生，请问您一共几位？如果顾客已经预订了餐位，引座员要问清顾客的姓名，立即打开预订登记簿，查找已经准备好的桌号，马上引领顾客到餐位就餐。

引领顾客具体要求

在引领顾客入座行走时，应向顾客以右手示意，同时说“请您跟我来”或“请这边走”。引座员应走在顾客前方一侧，最好在顾客的左前方，距离要适中。走路的速度不宜过快；同时应以微笑示意。为顾客安排合适的餐位，是为了让顾客感到舒适方便和受到尊重，引座员应根据具体情况，在接待服务中模索规律。

一般来说，以下方法较为符合顾客心理的一般规律：

（1）无论是单人或是多人入座，最好询问顾客是否喜欢这个位置。若满意，引领顾客入座；若不满意，引座员应在条件允许的情况下，为顾客改换餐位，以达到尊重顾客、让顾客满意的目的。

（2）人数多并且较正式的宴会型活动，引座员在为他们安排合适餐位的同时，应与管理人员联系，并用屏风等物将他们的餐桌围起来，布置成临时的包间。

（3）人数多但非正式的聚餐活动，一般将顾客引至餐厅的一侧。因为人多可能热闹，为了不影响其他顾客用餐，靠里的位置较为合适。

（4）对于谈生意的顾客，其特点是边用餐边谈工作，而安静的角落较受欢迎。因此，在安排时，应尽量安排在半封闭式餐位。若没有也可以安排在不靠近通道且又较为安静的地方；也能表示出对顾客的尊重。

点菜服务，尊重顾客

点菜服务由值台服务员负责实施，应注意以下几个要点：

点菜准备时

值台服务员要先准备好笔和销售小标本，站在距离顾客餐桌稍远的地方，待顾客准备好之后立即上前为顾客点菜。

如何确定顾客是否要点菜呢？主要有以下几种情况：顾客用餐时间较紧，看菜单准备的时间比较短，特别是午餐时间；顾客用餐时间较宽裕，可能会多看看菜单，商量一下，多见于晚餐；餐厅的常客可能一入座就开始点菜；而第一次光顾餐厅的顾客则需要多看看菜单。在一般情况下，顾客点菜的标志是放下了菜单，这时值台服务员要立刻走上前去，不要让顾客招呼了再过去。如见到顾客手持菜单翻来翻去，可能是顾客对菜点不熟悉而需要帮助，也可能是在等人，这时值台服务员不要视而不见，而是要借续茶走上前去，使用“我能帮您做什么”等征询敬语轻声询问，以免顾客感到尴尬。因此，只有顾客准备好了，再来询问是否点菜，这种做法比较好，顾客也不易反感。

点菜进行时

点菜时，值台服务员应站在顾客的左侧，姿势端正，左手持销售小票本，右手拿笔，不允许脚蹬在顾客的餐椅上或将销售小票放在顾客的餐桌上。在记录前先询问顾客：“您准备好了吗？我可以现在为您点菜吗？”然后根据顾客所点的菜点认真做好记录。顾客每点一个菜，值台服务员应有礼貌地回答“好”或者“是”，表示已经听到吩咐同时也记录下来了。切忌使用“行”、“可以”之类的语言，以免让顾客觉得不尊重。

适时推销

值台服务员在向顾客介绍菜品时，事实上是一种很有利的促销时机。因此值台服务员介绍菜品时要做到适时、适度、熟练、掌握语言技巧和端正服务态度，要尽量给顾客一种“我全是在为您考虑”的感觉。点菜推销时应注意以下要点：

（1）老顾客。只需适当介绍一下近日或者当天的特色菜即可，因为他们对餐厅的菜点很熟悉，过多的介绍反会引起顾客的反感。

（2）第一次光顾餐厅的顾客。应简略介绍一下本餐厅菜品的大致情况，如所属菜系、有哪些风味特色、哪些菜肴比较受顾客欢迎、主食品种等。介绍时要随时观察顾客的反应，如反应平淡就应该适可而止；如感兴趣则可以多讲几句。

（3）商务顾客。从高档菜开始介绍，同时介绍中档和有特色的菜肴。因为商务顾客是利用进餐时间谈生意，比较注重菜品的质量，讲究菜肴的档次。

（4）顾客口味。由于顾客的生活习惯不同，所以口味也有很大差异，要特别征询一下顾客对菜品口味的要求。

（5）了解本餐厅的菜品。值台服务员必须对本餐厅的菜品有深刻的了解，如有代表性的名菜佳肴；本餐厅时下能供应哪些菜肴，如不能供应，原因是什么；对菜单上的所有菜品要了解其售价、主料、配料、烹调方法和步骤，特别是要了解特色菜的烹调方法、菜肴的口味、每道菜肴需用的准确烹调时间等。对各种套餐菜单、当日的特色菜单，也要了解清楚。这样，在介绍菜品或顾客需要得到服务员的帮助时，即可脱口而出，如数家珍。

（6）餐厅拿手菜。各餐厅一般都有自己拿手的招牌菜，也是吸引顾客的卖点，有许多顾客是特意来品尝的，做得好可以使其品尝后对餐厅留下深刻的印象。因此要突出介绍本餐厅的拿手菜。

（7）注意语言技巧。推荐菜品时一定要使用建议性语言，绝对禁忌强迫语。

总之，一切都应以顾客自愿为准则。

特殊情况处理办法

（1）客人忘记点凉菜、主食或汤时，可主动采用询问的语气，如“您还需要点些凉菜吗”或“您需要什么主食吗”，不允许说：“您再点儿个凉菜吧！”或“您还没点主食呢！”

（2）不马上点菜的顾客，不可催促，但可以先介绍餐厅所经营的酒水饮料，顾客可能先点一些饮料，边喝边等人。

（3）对于用餐时间紧的顾客，值台服务员应向顾客介绍几款省工省时的菜肴，并介绍烹调所用的时间，让顾客自行决定。

（4）超出菜品范围时，即菜单上没有供应的菜肴，此时，值台服务员首先应向顾客表示歉意，然后请顾客稍等，去厨房与厨师商量。如缺乏原材料或厨师技术水平达不到，可以如实向顾客解释，并表示歉意，还可以告诉顾客附近能提供此种菜肴的餐厅；如因为加工烹调时间长而不能当餐供应，可建议顾客预订，下次予以满足。

（5）有的顾客因口味或其他原因对配料或调料有特殊要求，如咸、淡、甜、酸、辣、苦等，值台服务员要一一记录清楚，并立即转告传菜服务员或亲自将顾客的要求明确无误地告诉厨师，以保证顾客的要求得到满足。

（6）当顾客点的某种菜肴由于种种原因不能提供时，值台服务员也要先向顾客表示歉意，然后讲明不能供应的原因。点菜时如遇厨房原材料不足，如每餐的后期或季节不对，要先向顾客讲活话或先向厨房询问，不要一味地应承下来，待后来再向顾客解释，这样会引起顾客的不满。对不能提供的菜肴，可以向顾客推荐一两种口味相近、价格相差不多的菜肴供顾客选择。

（7）有些菜品的价格，如鲜活水产品，是以每500g的售价标注在菜单上的，有时顾客可能误会这是一份或是一条的价格，此时应当特意向顾客说明。

（8）乱点菜品的顾客点到高价菜时，应打开菜单有该菜的一页，靠近点菜的顾客，指着菜价轻声询问：“您点的是这道菜吗？”婉转地告诉他，以免在结账时出现不愉快。

（9）有的顾客自己带来一些食品或原料，要求餐厅为其加工，值台服务员不要轻易答应，要先与厨房联系。

（10）顾客若采用 AA 制付账，即大家共同点菜，餐后平摊餐费，这时值台服务员要提前算好每人应付的餐费，结账时主动向顾客一一收取，会显得服务既亲切又周到。

（11）顾客点酒水时，值台服务员要采用询问的语气，如“您需要酒水吗？”或“您需要什么饮料吗？”不允许说“您喝什么酒？”或“请您点饮料吧！”这样带有强迫性语气的语言，会造成顾客反感。当顾客点酒水饮料时，应向顾客详细介绍餐厅供应的品种、品牌、产地、特点、容 量、价格及酒精含量等，还可以取来样品供顾客选择。

（12）复述很重要，主要向顾客复述所点的菜肴、主食和酒水饮料的名称、数量，以及顾客相应的要求。复述的目的是核对点菜记录有无差错或是遗漏；还可避免顾客相互间意见不统一出现的矛盾。复述实际上是请顾客确认的程序，可以避免顾客在进餐和结账时的许多麻烦，是减少服务工作失误的一个必不可少的程序和措施。

注意事项

（1）记录的字迹工整清楚，使收款员和厨师都能准确无误地辨认。菜名、规格等要规范，不得随意简化。

（2）点菜完毕后，要在销售小票上记录下顾客的人数、餐桌号码、点菜的时间。

（3）如餐厅规定要另填写酒水、凉菜单的，要立即填写，以便去取酒水饮料和凉菜。

熟练上菜，有序分菜

很多餐厅，尤其是中小餐厅在顾客点餐完毕后上菜时凌乱不堪、次序混乱，如菜还没上，汤倒是先上了，引起客人的不快和不满，影响了他们的心情和食欲。上菜与分菜也是餐厅服务中的一个比较重要的环节，应予以高度重视。

上菜

（1）上菜的顺序。不同地区有不同风俗，上菜顺序亦有所不同。一般顺序为先酒后菜，先冷后热，先荤后素，先咸后甜，先炒后烧，先肥后清淡，先优质后一般，最后上水果。上点心则要求：先咸后甜，先热后冷。

中餐上菜有的要求一次上齐，有的需依次上菜，一般为冷盘、热炒菜、饭菜，最后上汤。

中餐宴会习惯第一道上冷菜，以后依次是：主菜，爆炒菜，汤菜，烧、烤、酥炸类的菜，鱼虾、贝类等，热炒菜，素菜，甜菜，最后才是水果。

（2）上菜的方法。根据就餐形式及所上菜种不同，上菜的方法可分为大盘、单吃及特种菜上菜法三种，具体如下：

①大盘上菜法。操作时，服务员双腿一前一后站立，从副主位右侧撤下前一道菜的空盘，将菜肴从副主位左边侧身送上。右手操作，左手自然弯曲在后，基本原则是左上右撤，如有外宾参加的宴会则在陪同、翻译之间上菜。

②单吃上菜法。原则是先撤后上，左上右撤，上菜前，先从主宾右侧开始逐一撤下前一道菜盘，用托盘端上相应数量的菜点从左侧依次送上。不能边上边撤，以保持卫生。

③特种菜上菜法。特种菜的上菜方法与众不同，服务程序尤其特别。

以下是两种特种菜的上菜方法：

其一，上带配料的菜。以烤鸭为例：上鸭片前必须把用于擦手的毛巾和吃烤鸭的食盐、配料（葱段、黄瓜条、甜面酱、薄饼或烧饼），均匀地摆上桌；将烤好的整鸭端上台面，供顾客观赏之后迅速撤下片好，边片边吃。鸭片吃完，随后端上鸭架汤。台面上的毛巾要在烤鸭吃完后再撤回。

其二，上锅巴菜。要求是速度快，食用也要快，时间一长锅巴就不脆、不香了。如锅巴鱿鱼的上菜方法是：待菜肴制作好，把锅巴、鱿鱼分别装盘，马上将鱿鱼浇在锅巴上，发出一阵“吱”的响声，使菜肴的香味四溢，芳香扑鼻。

（3）上菜注意事项。上菜应注意以下事项：

应坚持“左上右撤”的原则并始终保持“先撤后上”。左上，即侧身站在坐席左侧用左手上菜；右撤，侧身站在坐席右侧用右手撤盘。西餐酒水应从宾客右侧上。先撤后上，即在上后一道菜之前要先调整台面盘碟，如放不下则应先撤去剩菜量最少的菜肴后再上菜。

来宾入座开席后，上菜服务员即通知厨房准备出菜。当来宾吃去 2/3 左右冷盘时上第一道菜（先更换骨盘），将没有吃完的冷盘移动向副主人一边。以后各道菜用同样方法依次端上，但要注意在前一道菜还未动筷时，要通知厨房不要开炒下一道菜。如果进餐速度快，就得通知厨房快出菜，防止出现空盘空台的情况。

如是鸡、鸭、鱼等有头尾的菜肴，一般应将头部对准主位以示尊重，但要根据各地风俗习惯而定。

上菜后要转至主位并报菜名，如有询问或有必要时应向客人介绍菜肴。

如菜点有调料和作料，则应先上调料、作料，再上菜点，如拔丝苹果应先上冷开水，再上菜。

分菜

常见的分菜方法有以下几种：

（1）定点分菜法。定点分菜法有两种：一种方法将碗、碟呈圆形放在转盘上，所分的菜摆在中间，服务员站在副主位左侧，位置不动，手持分菜叉、勺、筷，随转盘顺时针方向转动将菜分入已摆好的碟内或碗内，分完后，请宾客取用；另一种方法宜二人操作，一人定位不动，另一人从主宾开始顺时针方向将客人的餐碟逐个递上，分好一碟递一碟，放在宾客的面前。

（2）托盘分菜法。左手用托盘端上菜肴，右手持叉、勺，叉上勺下。至主宾位左侧，将左腿伸入两椅之间的空当，侧身将菜盘端至宾客的餐盘边，夹起菜点，向右翻扣或向左正扣于盘中。然后，顺时针方向绕台一周逐个分菜。

（3）工作台分菜法。服务员在工作台上将菜肴分在干净的餐碟中，依次从宾客右侧将分好的菜递给每位宾客，分完撤回备餐间；当餐碟中的菜剩 1/3 时重新上桌。

另外，分菜时应注意这样几个方面：分菜时注意手法卫生；分菜工具不可在盘底刮出很大响声；不要将菜汁溅出盘外或滴在客人身上；头、尾、骨、刺等不应分给客人；分菜速度要快，保证热菜热吃；注意荤素、汁菜搭配；分菜要均匀，不要先多后少，也不可先少而后剩过多；分菜应主动、迅速，不要等客人动筷后再分。

准确结算，热情送客

结算是餐厅服务中相当能反映服务水平的一个环节，开餐厅的目的是赚钱，结算就直接实现这个目的，同样，这个环节出了错，顾客会认为餐厅只认钱不认人，所以结算服务马虎不得。

顾客用餐完毕后，由值台服务员和收款员负责实施，应“快”、“准”地送上账单，表现良好的服务态度。

（1）用餐基本结束时。值台服务员应至少一次上前主动询问顾客是否还需要其他食品或饮料。同时再次为顾客斟茶，上一次香巾或餐巾纸。

（2）顾客不再需要添加食品、饮料后，值台服务员要立即到收款台将收款员结算的账单（或销售小票结账联）取出，核对顾客所用的食品、饮料、加菜、加酒水饮料等项内容，核对无误后，将账单放在餐厅专用的收款夹中，账单正面朝下，取回放在接手台上，随时等候顾客提出结账。小型餐厅应将核对后的账单交给收款员备好。

（3）等待顾客提出要求。值台服务员不要急于结账收款，即使餐厅的营业已经结束。顾客一旦提出结账，值台服务员应迅速将收款夹送到提出结账的顾客面前，然后视情况决定是否告诉顾客应付餐费的金额。有时顾客是请人吃饭，不希望他的客人知道花费了多少钱，或者有时顾客接过账单后并不急于付款，此时，服务员应在一旁等候，顾客自会付清款的。但无论如何，账单一定要让顾客过目，这已成为所有餐厅的规矩。这样做既是尊敬顾客，保护顾客利益，又是维护自己诚信的餐厅形象。

（4）收款。根据顾客不同的付款方式有不同的收款方式。

①现金：值台服务员应当着顾客的面将现金清点一遍，然后小声告诉顾客："先生，您付的是 ×× 元整。"随后，立刻将现金和账单一起拿回收款台交收款员结账，值台服务员将找零仍放在收款夹中送给顾客，同时向顾客表示感谢。如顾客要求开发票，由收款员开具发票后随找零一并由值台服务员交给顾客。

②信用卡：有的餐厅可以收取信用卡，由收款员按照信用卡的有关管理规定执行。

③支票：如顾客用支票结账，值台服务员应请顾客一起去收款台付款。收款员应按照支票管理规定查验有关手续，如支票的签发日期、印章是否清晰有效、限额、有无涂改等；使用支票的顾客要出示有效的身份证明，如身份证、驾驶证或军官身份证等，收款员还应有礼貌地请顾客留下姓名和单位电话号码，以便联系、查询。支票要按规定填写。

送客服务

送客是餐厅服务的最后一环，餐厅不能因为顾客已结好账目就忽视送客服务的重要性，送客送好了即是迎客，是为顾客的下次光临作准备。

（1）热情服务。当顾客用餐完毕准备离开时，服务员应主动上前协助拉椅，提醒带好物品，并热情礼貌地向顾客再次道谢、告别、欢迎顾客再次光临。

（2）切勿催赶顾客。顾客用餐完毕但未走开时，除非顾客主动提出收拾餐桌，否则，服务员绝不可去收拾餐桌。即使收拾，也不要干扰顾客的谈话，不要影响顾客的兴趣。值得注意的是，即使顾客在餐厅已经停止营业后还没有离开，服务员也不应该利用关灯、清理卫生、搬动桌椅等形式催赶顾客离开。

（3）主动提出为顾客打包。顾客准备离开时，服务员应主动提出为顾客打包，并询问顾客是否带走。有些顾客不好意思主动开口要求打包，服务员主动询问、主动代客打包，是理解顾客心理的一种表示，自然会受到顾客的欢迎，是赢得顾客好感的一个好办法。

（4）礼貌送别顾客。顾客告别时，服务员要停下手中的工作，并微笑向顾客道别，目送顾客离开，餐厅门口处的引座员应为顾客开门，要使用告别语主动向顾客告别，有礼貌地送别顾客。引座员应在顾客走出餐厅后再送上几步，让顾客走在前面，自己走在顾客的后面，同时也可以征求顾客对菜肴、服务等方面的意见和建议，并欢迎再次光临。做得有头有尾，细心周到，热情依旧。

（5）及时清台。当顾客离开餐厅后，值台服务员应立即开始清理餐桌。收拾餐台时首先要仔细查看是否有顾客遗忘的物品，若发现，应该立即追出餐厅送还给顾客。

特殊顾客，悉心照顾

顾客就餐时，有时会提出一些特殊的要求，服务员必须掌握处理的方法，尽量满足顾客合理的要求，若不能满足，也要掌握婉言答复的技巧。常见的顾客特殊要求有以下几种：

顾客点菜单上没有供应的菜肴

服务员首先应向顾客表示歉意，然后请顾客稍等，去厨房与厨师商量。若缺乏原材料或厨师技术水平达不到，可以如实向顾客解释，并表示歉意，还可以告诉顾客附近能提供此种菜肴的餐厅；如因为加工烹调时间长而不能当餐供应，可建议顾客预订，下餐予以满足。

顾客自带原料要求餐厅加工

服务员首先应问清顾客的加工要求，然后请顾客稍等，去厨房与厨师商量。若可以满足，则应由厨师定价并确定大致的出菜时间后告诉顾客。顾客同意后，应另外单独开一张销售小票，并填写上厨师确定的价格。其余事项仍按服务程序办理。一般情况下，厨房都能满足顾客的要求，关键是顾客加工要求的复杂程度和如何确定加工费。如能满足，按上条方法办理；如不能满足，则要向顾客致歉，并如实说明原因。

顾客自带食品进入餐厅就餐

这是整个餐饮业都很棘手的一个问题，如果硬性规定禁止，可能会影响顾客的上座率；如果同意顾客进人就餐，又显然会影响销售额。比较妥善而且可行的办法是：先向顾客致歉，说明餐厅的规定，但又表示可以请示餐厅主管是否可以通融一下，请顾客先点菜，然后视顾客点菜的情况再做最后的决定。如果顾客的消费额比较高，则可以同意；如果顾客坚持不点别的菜，只能婉言拒绝。值得一提的是，如果某位顾客是餐厅熟悉的常客，可以作为一种优惠的形式为其提供服务。

顾客要求餐厅外购商品

这些商品包括生日蛋糕、蜡烛、特定酒品、饮料、香烟等，甚至还包括别的餐厅的食品。

这是餐厅为顾客提供完善、满意服务的机会，应当作为餐厅的服务规范执行。餐厅应对这种情况预先做好充分的准备。例如在平时了解附近供应这类商品的商店位置、营业时间、具体的品牌等信息，并与其经营者建立联系，和周围的餐饮店就互换食品销售达成一定的协议（例如折扣、结算方式等）。这样，当顾客一旦提出要求时就可应付自如，并可告诉顾客需要等待的大致时间。一般情况下，都是由餐厅先垫付购物款，待餐后结账时再由顾客一起付。对于贵重物品，也可请顾客先支付部分定金。如果餐饮店规定，代客外购商品需收取服务费，应事先向顾客说明。

顾客未饮用完的酒水要求保存在餐厅

实际上，这是餐厅稳定顾客的好机会，因为顾客有酒存在餐厅，肯定会再次光临本餐饮店的，而且可以提高本餐饮店服务质量在顾客心中的档次。因此，现在很多餐饮店都为顾客提供存酒服务。一般的做法是，餐饮店专门设一个可以上锁的存酒柜，由收款员在顾客所存的酒上记上顾客的姓名、存酒日期，当着顾客的面放入存酒柜。当顾客下次再次光临时，收款员应及时提醒顾客。

上面五种特殊情况在实际经营中是比较常见的，当然还有很多其他的情况。顾客的特殊要求实际上一般并非一定要达到，关键在于餐厅处理情况的方式。很多情况下，都是因餐厅在处理时言语不当或态度不佳，反而使顾客故意产生抵触情绪。所以，在处理顾客的特殊要求时，要把握如下几点：

（1）一定要以相互理解的心态去处理顾客合理的特殊要求，而不要视为顾客诚心找麻烦。

（2）如不能满足顾客的要求，解释时态度必须诚恳。不通情理的顾客毕竟是少数，所以当餐饮店实事求是地向顾客解释自己的难处时，通常都能得到顾客的谅解。

（3）切忌用索取高额加工费的方法拒绝顾客。有的餐饮店嫌顾客的特殊要求太麻烦，不愿为顾客提供服务，或觉得不能达到顾客的要求没面子，不肯向顾客承认实情，希望借高额服务费形式使顾客取消要求，这样做除了引起顾客对餐饮店的反感外，根本起不到任何其他作用。

第十章

顾客管理，情感为王

回头客是餐饮经营的重要顾客资源，是给餐饮店带来最多利润的顾客。一个餐饮店回头客数量的多寡，是餐饮店经营状况好坏和经营是否得法的一个重要的衡量尺度。因此，必须正确处理和顾客的关系，赢得回头客。

情感经营，顾客满意

顾客对餐饮店拥有好感，是餐饮店取得经营成功的关键。不论是树立口碑、稳定基本客户，还是创品牌、发展企业，赢得顾客的好感，加深餐饮店在消费者心目中的良好印象，都是至为重要的。这些是被称作“情感经营”的高级经营策略。以下是成功餐饮店经营者的几点经验：

顾客永远是对的

这是一句中外餐饮服务行业都十分流行的名言。餐饮店经营的目的是要通过使顾客满意来获取经济效益，而不是与顾客辨是非、争短长。因此，餐饮服务业一般都有这样的规定：在任何情况下，都不允许与顾客争吵，不许说否定语，即使过错在顾客，也要把对留给顾客。

例如，某餐厅有三位顾客一起用餐，结账时对账单提出疑义，认为餐厅多收了钱。餐厅领班经仔细审核账单后，发现问题在一道“糖醋鱼块”上。菜单上是按每 500 克 20 元的价格，而顾客没有认真看菜单，认为是按份标的价格，而所上的这道菜鱼的重量为 1 500 克，于是照顾客的估算就差出两道菜的价钱了。从一般道理上讲，顾客有相当一部分责任。但该领班没有简单地向顾客说是因他们没看清菜单，而是主动向顾客表示是因服务员没有提醒顾客才造成了误会，过错全在餐厅，并向经理请示后，免去了 1000 克的菜款，这样反而使顾客感到非常过意不去。以后，这三位顾客成了该餐厅的回头客。

很显然，树立“顾客总是对的”这一观念，有利于餐饮店的经营。

争取记住顾客

记住顾客姓名、身份和习惯，可以使顾客感受到餐饮店服务的细心、周到和对顾客的尊重，从而增强顾客对餐饮店的信任。

礼节要注意尺度

餐饮店的服务礼仪有严格的规范，但也要注意妥帖的时间和方式，过分的烦琐和殷勤，有时反而适得其反。比如，顾客要求斟酒自便，而服务员非要按照服务规范去不停地斟酒，就会引起顾客的反感。

切忌强行推销

有的服务员为了提高销售额，不停地向顾客推销菜品，甚至总是推销高档菜品，这是最令顾客反感的做法，以致成为客源流失的主要原因。而有的餐饮店要求服务员向顾客主动说明餐厅的菜量，并根据顾客的人数提醒顾客菜已经差不多够吃了，点多了容易浪费，反而使客源和销售额都上升了。

让顾客明了每一项收费

顾客最怕的就是餐饮店暗中下刀宰客。顾客并不怕花钱，但不明不白地花钱是谁也不乐意的。比如，大多数餐饮店都提供免费的茶水服务，而有些餐饮店茶水服务是要收费的，但这些餐厅在顾客要求茶水服务时并不明说，等到结账时，却出现了一笔不菲的茶水费，经常为此引起纠纷。因为这种做法完全可以看做是侵犯消费者合法权益的宰客行为。所以，收费项目要让顾客先知道，让顾客能够明白地选择和做出决定。

充分尊重顾客

这是赢得顾客好感的最有效的方法。比如，顾客之所以选择某个餐饮店请客，正是因为他可以从餐饮店工作人员的尊重、体贴入微的服务、优质精良的食品等方面，赢得自己客人的称赞，使自己的面子增光。在很多情况下，顾客消费时钱的多少不是主要问题，面子绝对是个大问题。顾客在餐饮店感到有面子，迟早会给餐饮店以丰厚的回报的。有一个小餐饮店，即使客人只是点一瓶啤酒就一碟花生米，各种服务也决不精简分毫，因此它总是保持顾客盈门的经营状况。

学会从顾客角度考虑问题

这是一个经营者成熟的表现。随时从顾客角度出发，检讨一下餐饮店有哪些做得不够，还有哪些是可以为顾客提供的，把这些做好，可以极大地增加顾客的满意度和好感，从而赢得更多的顾客。北京西直门一带，一度餐饮店中盗贼利用顾客进餐时注意力不集中的空子窃取顾客的随身提包、手包等案件较多，使餐厅的经营受到影响。有一家餐厅率先使用防盗椅套，在顾客落座后，用椅套将顾客搭在餐椅背上的衣物、提包等物罩起来，使盗贼无从下手，其顾客上座率大大超过了同一区域的其他餐厅。河北有一家小餐厅，在上茶服务上不拘常式，在酷暑时，顾客进入餐厅，服务员不是按一般的规程上茶，而是用大碗盛着冰镇的绿豆汤，外带一小碟白糖，深受顾客的欢迎，为自己树立了口碑。北京一家餐厅为顾客免费擦车，也收到了很好的效果。

经常听取顾客意见和建议

这是餐饮店经营者必须坚持做的一项工作，这样可以使餐饮店随时掌握顾客的需要，发现餐饮店存在的问题，吸收其他餐饮店的长处，从而有针对性地改进餐饮店的工作，长期保持较高的顾客满意度。例如，一家公司的经理是某餐厅老板的朋友，自打餐厅开张以来，这家公司一直都很为餐厅捧场，几乎所有的客饭都安排在该餐厅，而且不让餐厅打折优惠。过了一段时间，餐厅老板突然发现这家公司来的次数越来越少，到最后几乎将近一个月也没见到公司的人员。于是老板亲自登门拜访，征求经理的意见。原来，餐厅的服务员认为这家公司的钱比较好挣，慢慢地服务也有些懈怠，并且不问公司的需要，总是一味地上高档菜，这样就使公司人员产生了不满。由于费用与公司人员的经济效益挂钩，所以这家公司就另寻其他餐厅就餐了。餐厅老板对餐厅的服务进行了及时的调整，总算是挽回了局面。

要赢得顾客的好感，特别要求餐厅的经营者和服务员要学会察言观色，能够从顾客细微的表情变化上发现顾客的需要或不满，以便及时地提供服务或化解不满。对餐饮服务业来说，任何细节都是很重要的。

培养感情，顾客盈门

现代餐饮业顾客管理的重点不仅仅在于争取更多的顾客，还在于培养更多的忠诚顾客。

所谓忠诚顾客，即通常所说的“回头客”。回头客是餐饮店经营的重要顾客资源，是给餐饮店带来最多利润的顾客。一个餐饮店回头客数量的多寡，是餐饮店经营状况好坏和经营是否得法的一个重要标志。餐饮业流行这样一句行话：卖流水客不算啥，卖回头客才算真本事。

餐饮业的生存和发展主要靠“回头客”。餐饮业的生产和销售、产地和销地是不可分离的。餐饮业的空间转移或发展的难度比较大，这就限制了餐饮业发展新的顾客的能力。因而，餐饮业在资源或能力有限的条件下，不得不把重点放在原有市场的时间延续上，即放在拉住“回头客”上。如果说制造业主要靠市场空间的延伸发展的话，那么，餐饮业财主要靠市场时间的延续而发展，“回头客”就是市场时间延续的集中体现。

现代餐饮企业，要能够不断地生存和发展，不但要有相当数量忠实的员工、忠实的投资者，更要有一批忠实的顾客——回头客。忠诚顾客的重要作用，主要有以下几点：

回头客是提高经济效益的主要动力

效益有短期效益和长期效益之分，短期效益固然诱人，长期效益却更为重要。那么，如何提高长期效益呢？这与培养忠诚顾客关系密切。一家餐饮企业的营业收入和利润是顾客提供的，但不同的顾客对企业效益的“贡献”是不同的。顾客对餐饮店的餐饮产品有了忠诚感，就产生排他行为，惠顾餐饮企业的时间长，购买金额大，因而忠诚顾客是餐饮企业经济收入的主要提供者。同时，又会招徕新顾客，使其对餐饮店的餐饮产品或服务情有独钟。这样餐饮店的餐饮产品销售量增加，能够产生规模效益，生产和营销成本降低，经营效益就会提高。

正如美国的两位经济学者在《哈佛商评》的一篇文章里指出的：“对一家企业最忠实的顾客，也是给这家企业带来最多利润的顾客。”

回头客决定着餐饮企业的规模

决定现代餐饮企业规模的，不是员工的数量，不是资产的多少，而是市场的规模，是现在和潜在顾客的数量。缺乏顾客，缺乏市场，拥有再多的员工或资产都形成不了有效的规模。反之，世界上真正大规模的餐饮企业，像麦当劳、肯德基等，哪一个不是靠市场的规模、顾客的数量生存的？

而顾客数量中忠诚顾客的数量又是最重要的，因此，餐饮企业的规模实质上取决于忠诚顾客的数量。有人根据经验发现：餐饮店80%的销售额来自餐饮店20%的老主顾。这一发现足以证明培养顾客忠诚的重要意义。

为回头客服务能节省成本

餐饮企业与忠诚顾客之间相互比较了解、比较熟悉，忠诚顾客也容易和企业配合，服务起来可以驾轻就熟，提高效率，这有利于节约服务成本。另外，餐饮企业与忠诚顾客，在感情和态度上比较融洽，有利于避免服务纠纷，减少服务纠纷或投诉造成的损失。

同时，培养忠诚顾客有利于巩固已有的市场地位，顾客就不大可能轻易地被竞争对手所吸引，给竞争对手的市场进入制造壁垒，竞争对手要想打入市场，需要付出很大代价。同时，有利于餐饮店开辟新市场，采取进攻性战略，争取新顾客。

回头客容易接受创新

忠诚顾客尝过一家餐饮店原来的菜点，对这家餐饮店比较信任，比较喜欢，因而对餐饮店的一些创新比较容易接受。餐饮店开发的新菜肴和新的服务，向自己的忠诚顾客推广要比向其他顾客推广容易一些。对餐饮店而言，争取新顾客往往要投入大量资金进行宣传和促销工作。但是，建立忠诚顾客，刺激老顾客重复消费的促销活动相对容易，其营销投入远较争取新顾客的投入少很多。

回头客是最好的义务宣传员

在餐饮业市场，口碑非常重要，是餐饮沟通的主要手段。新顾客很难事先感知餐饮质量，因此，常常是听一家餐饮店老顾客的口碑而决定光顾这家店的。一家餐饮店的忠诚顾客，因为对这家餐饮店的服务比较满意，往往会自觉或不自觉地在他人面前介绍和推荐这家餐饮店。他们对这家餐饮店的信任感、好感，会强烈地感染人和打动人，达到良好的口碑宣传效果，从而有可能给企业带来新的顾客。这就是回头客的义务宣传员作用。

关心体贴，尊重实惠

关心和体贴

回头客或者忠诚顾客形成的心理原因之一，是顾客感受到餐饮店对自己的行为习惯非常了解，以致不用过多的吩咐，甚至不用开口，餐饮店的服务人员就已经按照自己的心意提供了满意的服务。这就需要餐饮店关心和体贴顾客，了解顾客的不同特点。一般来说，可以从以下几个方面做起：

（1）从关心邻里街坊做起。餐饮店的客源主要是所在区域内的邻里街坊，一般远道的顾客比较少，除非餐饮店已经很有名气。因此，餐饮店应当通过参加社区的各种活动，树立餐饮店良好的公众形象，使得邻里街坊乐于以本餐饮店为就餐的首选。

（2）从熟悉常客的习惯做起。餐厅的经营者和服务人员要记住常客的姓名和身份，仔细观察他们的喜好、口味、习惯，以及平时喜欢坐的位置等各方面细节，以便为向他们提供特定的服务打下基础。

（3）从尽量提供方便做起。只要是餐饮店可以做到的，就要尽最大可能为顾客提供方便，使顾客对餐饮店的服务产生信赖感。只要细心研究，提供方便的方法很多。比如，在顾客需要用餐巾纸的时候，服务员已经将餐巾纸放在了顾客手边，代客存酒，外送饭菜，上门服务等。北京西城区有一家小餐厅位于政府机关集中地，在午休时，女士需要一个自己能休息、聊天的场所，这家餐饮店抓住这一商机，在餐饮店环境里为这些女顾客提供午休和谈心聊天的“方便”，使得餐饮店一到午餐时就顾客盈门，生意兴隆。虽然女顾客们消费并不高，但由于是固定客源，保证了餐厅每天稳定的收入。

（4）从树立顾客的亲切感做起。在人的心理活动中，有对熟悉的人和环境信赖的安全感。因此，餐饮店的经营者要通过创造亲切的就餐环境加深顾客的信赖。特别是小餐饮店的经营中，常能见到顾客只是为了能碰见熟人或希望与老板说说心事而专程到餐厅去消费的。而这点正是大型或高档餐饮店所不具备的优势。

保持尊重

有些餐厅的经营者或服务员与回头客非常熟悉以后，有时在处理与回头客的关系上往往失去分寸，这是很危险的。作为一个经营者，要时刻记住的是，无论自己与顾客有多么熟识，只要他是来消费的，对于经营者来说，他就永远只有一个身份——上帝。因此，要永远保持对顾客的尊重，尤其要注意以下几点：

（1）不要随意对顾客的谈话发表意见。顾客在向餐饮店的工作人员进行语言交流时，有时是为了排遣，有时纯粹就是需要有人倾听，他并不需要工作人员给他提供什么意见。有的经营者自认为与顾客很熟，随意参与意见，往往会带来不可想象的恶果。正确的方法是：以很尊重的态度顺着顾客的意思让他说下去。

（2）充分保护顾客的面子。有些顾客喜欢开玩笑，有时玩笑就不免过火。而餐厅的工作人员千万不要认为这样就可以和他随意说笑，一旦伤及顾客的面子是无法挽回的。

（3）保持服务和菜品质量。回头客对餐饮店的工作人员都很熟悉后，有时会对餐厅工作中出现的失误予以原谅。但餐厅千万不要把这种熟悉和原谅作为降低质量的理由，因为顾客的原谅是基于餐饮店工作人员对他的尊重，而餐饮店降低了质量则是对顾客的不尊重，这样迟早会失去顾客对餐饮店的信赖，进而失去客源。要知道，恶名的传播和口碑一样，影响力极大，只不过所起的作用是完全相反的。

给予实惠

不论怎样，在消费时得到实惠是任何一个消费者都乐于接受的，实惠的消费也是大多数消费者所需要的。给回头客实惠的做法，常见的有以下两种方式：

（1）直接优惠，采用直接打折、优惠券、贵宾卡、赠菜等方式使顾客直接享受实惠。

（2）定期回报，采用消费额积分等方法，累积顾客在餐厅的消费额，在规定的时间或达到某种分值时，使顾客享有一定比例金额的免费餐费或礼品。

接受批评，处理不满

人的本性喜欢追求未来，很少有人回顾过去。这就像商品的售后服务一样，抱怨的处理即属于善后工作，通常费力而又不讨好，服务人员因而不愿在这方面多下工夫，不过聪明的餐饮业从业人员都知道，迅速处理顾客抱怨，并且处理得当，可以把原本不满意的顾客变为最忠实的顾客。

所以在处理抱怨之前，应该先了解其发生的原因以及防止的方法。

经常会发生这样的情况，因为服务人员或柜台人员疏于说明，譬如新的菜色、新的促销回馈案、新的设施使用方式等，而导致顾客的不满。

菜色本身有缺陷。整体的服务态度不佳。在餐厅内用餐或外带、外送的产品定制错误，打单失误或是结账错误所产生的不满。餐厅的卫生不好。

切忌利用时间，主动进行问候性的访问。

等待顾客用餐完毕，以水杯、饮料或赠品的方式与顾客闲聊、就座并试问餐厅软硬件方面的看法与建议，这种方式收效颇大。

设法学习成为顾客喜欢而且信任的服务人员。

一般顾客对于具有好感的服务人员，多半不会提出太多的责难，但是假如服务人员语气不悦，或面露难色，造成顾客印象不佳，则顾客吹毛求疵或鸡蛋里挑骨头的情形，就较易产生。

充分确认所提出去的餐点完整性及金额。

为避免其后产生不必要的纠纷，唯有从店铺品质管制、收银管制做起，执行复核工作，以减少出错的概率。

预先分析各种抱怨的类型以及追踪研讨对各种情况应对的技巧。

累积经验与教训，是磨炼的有效方法技能，每周、每月将结果定期宣传，是杜绝客诉的好方法。

绝对避免辩解，并立即表示歉意。倾听顾客说话，并且要有耐心听完，切忌打断。保持自信，并将顾客带离用餐环境，以免影响他人用餐。如果了解问题的原因乃为能力之所及，必须立即予以解决，力求迅速而确实。

顾客的意见要细心聆听

在餐饮店的服务中，聆听顾客意见的细节很重要。我们要以平常心去对待客人和理解客人，对客人的投诉一定要非常诚恳、耐心地倾听，使客人不平静的心情逐渐平静下来。这样有利于弄清事实的来龙去脉，有利于问题的顺利解决。

引起消费者与服务人员之间冲突的原因，主要是餐饮消费者对餐厅的内部管理、服务人员的不同个性、心理状态以及双方对问题的不同看法等，导致了双方的矛盾冲突或矛盾缓和。而不同的心理状态，就会出现不同的处理结果。

总之，在处理客人的投诉时，应有正确的认识，才能作出正确的处理。首先，必须认识到客人肯来投诉，对餐饮店而言，实在是一次纠正错误的好机会。千万不能把客人的投诉当做有意挑剔或鸡蛋里面挑骨头，敷衍了事。应尽可能满足客人的要求。

在处理客人的投诉时，还必须做到诚恳耐心地倾听投诉。凡遇到投诉必须先做到诚恳耐心地倾听，并边听边表示同情，争取在感情上和心理上与投诉者保持一致，千万不要话还没听完就开始为自己作解释或辩解，这很容易引起投诉者的反感。如本例中在餐厅用餐的客人投诉，比他迟来的客人食品已送到，而他还在等，此时他的心情就是感觉受到怠慢，受到歧视。实际上他的投诉可能是合理的，也可能是他不了解情况产生了误会。应该说，多数客人都是合情合理的，即使遇到个别爱挑剔的客人，亦应本着“顾客至上”的宗旨尽可能满足其要求。

把投诉的客人看作是需要帮助的人

餐饮消费者在投诉的时候，总希望别人认为他的投诉是正确的，是值得同情的。另一方面，客人来投诉时，对餐饮店的工作人员会有一种戒备心理。因为他们往往认为，餐饮店的人一定是餐饮店利益的代表。餐饮店工作人员要针对客人的这种心理，把投诉的客人看作是一种需要帮助的人，通过谈话的选点和沟通的细节、解决问题的态度和时机等，制造妥善解决问题的机会。

如果消费者与餐饮店工作人员产生了矛盾，从细节缘由的角度来分析，由于在各执己见的情况下，人的情绪与处理问题的理智性都差，很容易发生心理冲突。因为在这种状态下人容易发怒，而对他人则比较苛求。消费者与服务员在这种状态下都容易失去理智，都不愿意去理解对方。而在对方不满时，是最敏感又最容易伤和气的。在利害冲突的关头，客人基本不是说理的对象。所以，一定要保持冷静的心态，设法圆满地解决问题。我们可以根据客人不满的程度、状况，因时、因地、因人而言，才是解决问题的捷径。

餐厅管理人员要熟谙现代餐饮店服务心理学，能把握住客人的心理个性“对症下药”，力求得到较圆满的解决。处理细节要能让消费者冷静下来，以达到解决问题的目的。这一过程中，要抓住的关键有这样三点：

①注意谈话的地点，以避开公众，静处相谈为宜。

②注意谈话时的语言和态度。以温和的态度及缓解的语言与对方商谈，这是影响客人情绪发生变化的重要途径。

③合乎时机地处理。当客人冷静下来之后，即以和解的态度与其商讨解决问题的办法，最终达到解决问题的目的。

迎合顾客，方便需求

人是一种社会性的动物，人们的每一种活动都会和其他人的活动相互影响，相互作用。随着文化与科学技术的进步，顾客精神享受的需求反映到了餐饮店服务工作上面。客人的精神享受欲望愈高，他们对于餐饮店的环境、气氛及服务的要求也愈严，但如果餐饮店能满足这种需求，能使每一位新顾客乐于“下次再来”，可以赢得更大的利润。

那么，顾客的心理需求主要有哪些呢？

物超所值需求

客人进入餐饮店，他们一般不太计较价格，只要“物有所值”。“高价优质”是高消费层次的需求。例如，豪华或高级餐饮店中，总要设置食品陈列柜或陈列桌，放上大龙虾、牛肉、水果、蔬菜等正宗新鲜的食物和各种高级饮料。以显示其优良品质，使客人相信其购买的是货真价实的食品，相信用这些原料烹制的菜肴一定是上乘可靠的。相反，餐饮店服务员不主动介绍和推荐餐饮店的菜式，客人等候上菜的时间过长，服务操作不纯熟，动作怠慢，上桌的菜肴温度过热或过冷，菜单上写明新西兰蚝，结果供应的是香港蚝等现象，这样必然使顾客有一种钱花得不值的感觉。

方便需求

顾客在外就餐的原因往往是图个便宜省事。因此，他们希望餐饮店能提供种种便利。比如，在早餐时准备一些儿童、老人或需特殊照顾者的食品，为旅行者提供既富营养又方便的快餐食品等也是必要的。另外，餐饮店要有简明易懂的各种“指示牌”，如餐饮店出入口、洗手间、酒吧、吸烟室、厕所和安全门等。指示牌上除了用中英文表示外，还应使用简单的示意图像和标志。

在满足顾客寻求方便的心理需求这方面，一些餐饮店提供的边饮咖啡边看报纸；洗手间装电吹风插座；代客人叫出租车等微小服务就非常受顾客的青睐。

受欢迎需求

“顾客就是上帝”“宾至如归”等这些人们耳熟能详的口号，就是经营者针对顾客的受欢迎的需求而提出的。

餐饮店满足客户受欢迎的需求，体现在从客人进店的迎接到客人离去的送别这一全过程的服务之中。客人一进餐饮店，举目就见鲜花、微笑，餐饮店引座员立即向前，欢迎客人，并根据不同的对象，迅速安排他们所喜好的座位。尤其在餐饮店举办重要宴会时，餐饮店公关人员、高层经理人员等应亲自迎送客人。对客人服务需要一视同仁，服务人员永远不能让客人感到你不喜欢他（她）们，不能为了优先照顾熟人、关系户、亲朋好友，而冷漠、怠慢了别的客人。餐饮店服务中，无特殊原因一般应遵循“排队原则”；即“先来先服务，后来后服务”。同时，也不可忽视对客人的送别，如“欢迎再次光临”“请留下宝贵意见”“祝您晚安”等言语，将欢迎、送别的气氛融为一体，持续到客人离店的最后时刻，给客人留下更深的美好印象。

受尊重需求

当人们满足了一定的需求之后，就把受尊重权放在了第一位。餐饮店的经营者就很注重利用这一点，“宾客至上”的精神就是体现在将客人放在最受尊敬的位置上，尊重客人是服务人员的天职。当客人主动询问，寻求帮助时，服务人员应该表现出真诚与热情，并立即彬彬有礼作出准确的答话，提供必要的服务；服务人员任何时候不要对客人之间的谈话表现出特别的兴趣或偷听；绝不允许随便插话，特别强调不能与客人发生争执，也不可催促客人用餐，即使已经放下刀、叉、筷子，也不要立即收拾桌椅、打扫卫生。对于有宗教信仰的客人，餐饮店必须尊重他们的信仰、饮食习惯，千万不能在餐桌上出现“忌物”。对女宾更要礼让三分，倍加尊重，不能忘记“女士优先”的原则。有人发现，如果一个餐饮店特别受到女士的喜爱，它的生意就出现了好兆头。

不同口味需求

餐饮店经营者都应明白这个道理：不能随意让做菜的师傅坚持自己的手艺任性做菜，客人不吃的话，师傅的手艺再好，也抓不住回头客。

最早一批去日本开餐饮店的老板，本以为来自饮食王国，师傅又有烧得一手好菜的厨艺，心想哪有不赚钱的道理。结果事与愿违，一个回头客也没有，发财梦也随开门后冷清的场面寒了心，只好灰溜溜地又撤了回来。

也有一些有心计的老板，心里有数，晓得自家店师傅手艺毋庸置疑，问题想必是出在了口味上。于是带上店里的师傅，去那些开得红火的餐饮店，品尝了多家不同形式的菜肴风格，总算找到了原因。原来，日本人拒绝吃放了味精的菜肴，喜用高汤和自制天然调料，而且大多数日本食物偏甜，原本保守和习惯了用味精的师傅，只好放弃坚持多年的自家手艺，入乡随俗，做出一手“日式的中国菜”（无非在菜里放些糖）。当地食客吃后连称中国菜好吃。以致后来，这些吃过中国菜的客人到中国旅游时，反倒觉得地道的中国菜口味有问题。这种敢于舍弃，聪明迎合的经营之道，为这些中国餐饮店争取到很多的回头客。

我国地域辽阔，南北口味就有所不同：南甜北咸。北方啤酒屋不少，特色是咸、香，业者提供清淡冰凉的生啤酒，正好对了胃口。南方人，怕酸也不爱吃咸，甜倒是可以接受的。了解不同地域顾客的不同口味，才能紧紧抓住回头客。

第十一章

特色管理，创新服务

人无我有，人有我优，人优我特，这是餐饮店取胜的永恒之道。在竞争激烈的时代，餐饮店一定要学会打造自己的特色，挖掘各种资源，创造有个性的菜品，创造出特有文化氛围，方可脱颖而出，成为餐饮市场上的佼佼者。

特色餐饮，准确定位

从经营角度看，特色是餐厅的立身之本。特色经营可以称做餐厅的灵魂，没有特色的餐厅是没有生命力的。即便社区餐厅也有它的特色，就是方便、价廉、贴近家常饮食习惯。因此说，特色是餐厅强身发展的第一要务，中小餐厅务必重视。

特色是餐厅的市场定位

中小餐厅如何设计自己的经营特色呢？餐厅经营特色设计要从消费者的需求和本企业的功能定位做起。餐饮经营特色总是紧紧围绕使消费者满意做文章，让服务对象满意是经营者设计特色的出发点和终点。什么是特色？特色就是餐厅的市场定位，是餐厅针对某些顾客群体的服务专门化，是一种对顾客“量身定做”的服务营销。一家餐厅的开设，首先要找准服务对象。餐厅根据服务对象的消费习惯、品位、喜好等特点，结合本餐厅的经营特色不能单靠主观臆想，必须经过一段时间的市场考验，并与目标顾客实际需求磨合一致后才能真正形成自己的经营特色。只有顾客从特色消费中得到生理和心理的充分满足，餐厅经营特色才会有市场生命力，才能真正发挥特色经营的巨大潜力。

特色形成是系统工程

特色应依据餐厅自己的地理位置、硬件条件、环境特点等诸多因素进行策划构思。特色大致从产品和服务两个方面来表现。形成特色的资源很广泛，可以从地域、民族、历史、民俗、传统、文化、事件、人物等多种渠道来挖掘，演绎出各种畅销特色。无论哪一类特色，从形式到内容都必须和谐统一，有一个主题和完整的概念。一般餐厅或多或少都有自己的经营特色，关键是餐厅的经营特色是否被经营者有意识强化而形成竞争制胜的卖点。一些餐厅推出几样特色菜就以为已经有了自己的特色，还有一些餐厅改变了一下前厅的装修，模仿国内或国外的某些地方及民族风格就以为能赢得顾客盈门。其实不然。因为这仅仅是餐厅特色的外在形式，是特色表现的一部分而不是全部内容。对餐厅经营来讲仅有这些内容是远远不够的。单纯这样表现特色显得肤浅、单薄，难以持久发挥作用。特色不仅表现在某些表面形式上，更重要的是要体现经营者为目标顾客尽心竭力服务的意图，应该与餐厅文化、管理思想、经营理念结合在一起，表现出深厚的思想文化内涵，这样才能发挥特色对营销的促进作用。比如，麦当劳按照高标准的食品质量（Quality）、体现细心、关心和爱心的服务（Service）、工作过程的清洁（Clean）和满意的消费价值（Value）四项原则展开经营（简称 QSCV 原则），这些原则既是麦当劳的经营理念，又是麦当劳的经营特色，二者很难区别。这样显示特色既鲜明又厚重，能在市场产生深刻而持久的影响。

独具特色是成功关键

开店无论大小，定要办得有特色、要惊人，要有“店不惊人死不休”的气概。

成功的餐厅都有自己的独特之处，特色是一家餐厅区别于别家餐厅的标志，也是占领市场的重要保证。因而成功的餐厅往往很注重自己餐厅是否有特色，而且是否突出。

世界快餐之王麦当劳很注重企业的形象特征。麦当劳的“双拱门”标志树立了 40 多年，色彩艳丽的“麦当劳叔叔”形象更是家喻户晓。而“KFC”——肯德基快餐的创始人——和蔼可亲的老人山德士上校则成为每个肯德基餐厅的形象代言人。全球性的统一风格，使麦当劳和肯德基无论在何处，都会被一眼认出。

西欧有一个人想开家餐饮店，却又不想和别人的一样。他是那种有独创思维和巧妙点子的人。他认为只有：新奇、独特才能赚钱。新奇、独特引起人们的好奇心，好奇心引来无数顾客，顾客来了，他的计策也就成功了。他不想让自己的餐饮店成为普通餐饮店中的一员。这时，正值当地一家飞机厂处理一架旧飞机，准备将它拆散卖废铁……他就想这有没有什么可利用？有！他想了个十分独特巧妙的点子。他与飞机厂接洽，以很低的价格买下了这架旧飞机，经过一番装饰后，使之崭新如初。他又建了个高台，把飞机高高地托在上面。从地面上看，就像飞在空中似的。他在飞机上开了个餐饮店！这个独特的飞机餐饮店吸引了无数顾客前来就餐。人们都怀着极大的好奇心，有来参观游览的，有来品尝飞机餐饮店的饭菜有什么不同的，有从未坐过飞机来体验坐飞机的感觉的，有喜欢追求与众不同尝试新鲜体验的……滚滚的人潮带来了滚滚的钱潮。

雷同是经营销售一大忌讳，也是开饭馆一忌。新、奇、巧的餐饮店才能赚钱。

出点子最好能抓住人们的好奇心。青岛有家餐厅仅仅使用了一个小点子，就使原来默默无闻的小店闻名全国，吸引了一批又一批的消费者。这家餐饮店就是“你自己定价”餐饮店。经营者是位30出头的年轻人，他看到顾客有这种心理：菜价是店家定的，我是不是被宰了呢？因而都不敢放心点价钱高的菜。针对这种心理，他想了个一鸣惊人的方法。他打广告宣布：凡来本店的客人，饭菜价格由您自定。你觉得这份菜值多少钱就付多少钱。觉得今天吃得好就多付，吃得不好就少付。他在菜谱旁边标有别的餐饮店的平均价格，请顾客自己决定要付给店主多少钱。结果来这里吃饭的顾客数不胜数，许多人都是来看新鲜的。实际上，因为店里的服务质量相当高，很少有顾客不满意的，几乎没有什么人少付钱。这个点子的真正新奇之处在于顾客能自己定价，而不在于多付少付那几个钱，因为这是全国第一家，也是独一家，因此使顾客感到自己受到店家信任，产生了巨大的吸引力。

一禁三分奇。人类对被禁止的事物更容易产生好奇心，非常想知道违禁之后的结果怎样。东京的新宿区有一家烤鸭店，顾客想进去品尝时，老板总是客气地说：“很抱歉，现已客满，请改日早点来。”店里确实坐满了人。被拒在店外的顾客，只能以羡慕的眼光望着店内就餐的人，店内吃烤鸭的顾客又感到一种特殊的优越心量。店外的人离去时都在想：下次一定早点来，不品尝这里的烤鸭绝不罢休！更重要的是，被拒绝的，没被拒绝的顾客都得到这么一个强烈的印象：这家店的生意真是好得不得了！人们又都喜欢去凑热闹，以为这家店有这么多人吃，一定错不了。他们谈起这家烤鸭店时总是以告诫的口吻说："要吃就早点去！"这说明了为了树立一个生意相当兴隆的形象同样很重要，适当的拒绝也是高明的。

餐饮店要办得出奇，有特色，但是以迎合客人的心理为前提，而且，国外有些奇特餐厅的做法在中国却得不到认可赚不到钱，如"同性恋餐厅"、"受虐餐厅"在中国甚至都不能开张。它们"奇"吗？"奇"得能吓你一跳，可是它们不合中国的国情，所以在中国就根本行不通。

招牌菜品，流连忘返

特色菜能让顾客流连忘返，使得餐厅生意长盛不衰。一般地，打造特色菜有以下几种途径：

用特色原料塑造特色

所谓特色菜品一般分为两类。一类是地方特色菜品。地方特色菜品就是以当地特有的烹饪原料或是用当地独特的烹饪方法制作出的具有当地口味特点的菜品，因此又称地方风味菜品。这种菜品既适合当地人的口味，又满足了外地游客的新奇感。

比如江南的鲥鱼、大闸蟹、太湖三白，沿海地区的各种海鲜等，只需用清蒸的烹调方法，保持它们的原汁原味，就是地方的特色菜了。再如发掘使用一些人们不常用的原料来烹制菜点，也能成为当地的特色菜点。如上海佘山森林餐厅就是将稀有的佘山茶叶制成茶粉后，与绿叶菜汁烹制成一道佘山茶虾仁的热菜，再配上佘山茶叶的典故介绍，就成为该餐厅深受宾客喜爱的一道特色菜。再如，浙江衢州餐饮店的一道特色菜“烧兔头”，就是利用一般人们弃之不用的兔头，将其加工烹制成具有浓厚地方风味的“烧兔头”，因这道菜选料特别，地方风味突出，所以深受各方客人们的喜爱，成为该宾馆的品牌菜和衢州地区的特色风味菜。

另一类是餐厅自身的独创菜点。一种是在同地区内，该餐厅烹制的几款菜点要比同地区内其他餐厅烹制的同样菜点质量高、方法新、口味纯，因而这几款菜点就成了该餐厅的特色菜点。

用创新烹饪方法勾兑特色

独特的烹饪方法和技法，也能成为餐厅的特色菜肴。在烹饪方法上，利用声响引起顾客注意的菜品，如传统的有“三鲜锅巴”就是在菜肴上桌时，将滚热的三鲜烩菜当场倒入刚炸好的锅巴中，引起的爆裂声给客人带来了听觉上的刺激，客人还将此菜戏称为“春雷一声响”，因而成为当时的一道特色菜。依此原理而出的特色菜还有“铁板系列菜肴”、“桑拿虾”、“冰镇草虾”等。现在流行的“现场烹制”法也成为一种特色，这就是将原在厨房内“暗箱操作”的菜肴，如白灼虾等，放在现场的操作车上当着客人的面进行烹制，打消了客人原来怕厨房掉包将活虾蟹换成死虾蟹等的种种疑虑，同时也大大提高了客人用餐的趣味性。上海有一家火锅店就是将“香辣蟹”的加工过程在客人桌前进行，因此赢得了客人的信任，从而也赢得了生意。还有直接在桌面上实行操作的“火焰虾”等。以上都是通过改变烹调的形式，利用声音、火光和冰块等对客人的听觉、视觉和触觉进行刺激，产生一种新奇的效果，因而成为一种菜点的特色。

用独特口味彰显特色

人们出差旅游去外地，总是要去品尝一下当地的风味特色菜点的，而且本地客人也喜欢，因为从小就吃习惯了。特定口味的形成是与地域的地理气候文化习俗等因素有关，形成的时间也很长，是难以改变的。哪几顿菜里没辣椒，那么四川等中西南地区的人就无法忍受。老吃不上大蒜，北方人可就受不了。还有苏锡常地区的甜味，宁波地区的“臭味”等。因此在创制菜点时要保持这些特定的地方口味，否则，外地客人不认可，本地客人又不爱吃。如在安徽合肥的一家餐厅，聘请了广东厨师来主理厨房。厨师的技艺好，菜点的出品也不错，就是当地客人不爱吃，后来经营者只好换了厨师。原来是当地客人习惯吃徽菜，早已养成吃口味重并带点辣味的菜肴。但广东厨师烹制的菜肴虽然色彩造型都不错，客人也喜欢，但因菜肴的口味清淡他们很不习惯。于是下一批厨师就吸取教训，他们保持了广式菜肴出品在色彩与造型上的优点，改良了清淡的口味，将口味调配成当地客人所习惯的口味，结果大受当地客人的欢迎。再如同样是饺子，北方人喜欢吃韭菜馅的，江南人则喜欢吃荠菜馅的。因此，在创制特色菜点的时候一定要注重该地区客人的口味特征。

用特别盛器展现特色

在创制特色菜点时，还可以用器皿来打品牌。如有的餐厅要打出某种靓汤的牌子，他们就在店堂里摆放一个大瓮，瓮里面就盛装着这种靓汤，并配上该靓汤的制作说明，这个瓮即是靓汤的品牌形象。有些菜肴直接就以器皿的名称来命名的，如“沙锅鱼头”、“糟钵头”、“锅仔牛腩”、“蒸笼开片虾”、“竹筒饭”等。还有以器皿来命名餐厅的，如红泥沙锅等。现在各种异形盆、民间粗陶、艺术器皿、象形器皿等非常走俏，这也说明了厨师们也很重视利用器皿来创制特色菜点。器皿选好了则更能突出菜肴的特色来，如“锅仔鲈鱼”放在鱼形锅仔里，“清汤鱼圆”放在玻璃器皿中，“佛跳墙”放在有佛首造像的钵头内等，这些器皿的运用能将菜肴的主题、造型、色泽等充分地展现出来。

用传奇典故点缀特色

传统的特色菜点一般都有一些典故和传说，这使菜点更增添了传奇色彩，让客人在品尝这些菜点的同时也得到了文化的享受。因此厨师们在创制特色菜点的同时，不要忘记去挖掘这些菜点相应的典故传说与文化背景，并加以整理或重新编写。比如前面提到的“佘茶虾仁”这道特色菜里，就有关于佘山茶叶的传说，而“佘竹香肉”这道特色菜里就有关于康熙皇帝与兰花笋的典故等。

如果没有典故传说，就讲解原料特色、烹饪特色、营养知识等。如“特色双黄蛋”这道菜没有故事好说，就可以从烹饪特色着手，先让客人猜它的制作方法，然后在客人猜得兴致勃勃时，再讲解烹制的秘诀，使客人既尝到了特色菜，又获得制作此菜的方法，因此食趣大增。同样“玉米蒸饺”这道点心也没有什么典故，由于该点心外形是玉米造型，馅心也是用玉米制成的，因此可以拿它的原料特色和营养价值大做文章。同样也使客人在品尝该道点心的同时，获得了食品的营养知识。同时客人也会将这些特色菜点传了出去，为餐厅作了免费广告。

紧跟时尚推出特色

创制特色菜也要与社会上的饮食时尚相符合。比如以前人们的生活水平低，求的是温饱，这时的菜点讲究油多量足味重；后来公款吃喝多，要求吃得好，那时的菜点讲究原料高档吃海鲜吃甲鱼等；现在人们生活水平提高了，比较重视营养与保健，因此菜点讲究使用绿色食品，要低热量低钠低脂肪高蛋白。现在的特色就要根据现代的饮食时尚来设计创制，以满足现代人的饮食需求。

有一道叫“鸳鸯素馄饨”的菜，就是用南瓜和冬瓜做馄饨皮，用野荠菜和散养草鸡肉作的馅，因为符合了当前饮食时尚的要求，造型也美观，所以此菜一推出就大受客人的欢迎。再有各地目前流行的“农家菜”，虽然他们烹制方法与口味很普通，就是因为所用的原料都是自己栽种和饲养的，新鲜而无污染。再则又是在农民家里用餐，乡土气息浓厚。迎合了现代流行的回归自然营养保健的饮食时尚。因此也深受人们的欢迎成为一种特色。再如社会上目前流行的野生菌类菜肴、芦荟菜肴与藏红花菜肴等，就是为了适应现代时尚的需要。

但是万变不离其宗，“坚持质量第一”仍然是重点。有了“特色”之后，适当的广告宣传也是必不可少的，因为只有质量、特色外加宣传打造的餐厅，才能不断增强餐厅的竞争力，使餐厅立于不败之地。

地道原料，味美价廉

有特色的赚钱餐厅还会在原材料上下工夫，一般要做到以下两点：

鲜活美味

餐厅老板首先很注重满足客人的就餐需求，一般都会设身处地地为客人着想，从而满足客人的口味，获得更多的客源。因而将大多数人所喜爱的虾、蟹、牛肉等，做得比任何地方都好吃、便宜就是第一步。

为了达到这个目标，必须直接向农渔业单位或生产者购买原料。要直接走近生产厂家，亲自品尝生产地的新鲜美味，并由衷地希望将这份喜悦传达给就餐的客人。

经营餐饮业的人，在碰到美味的食物时，无论如何一定都要考虑到：这道美食是否也会令消费者欣喜若狂？当然，这道美食先要打动自己，才有可能打动客人。而要发现上好的原料，唯有在生产地才能找到！无论是虾、章鱼、墨鱼、蟹、蛤……都能在原产地品尝到它的新鲜口味。

不管是刚出道，或是刚投身餐饮业的人，都应知道生产地和消费地味道的差别，并且要亲自去体验那份感动。然后，再将体验到的喜悦，传达给顾客。若能做到这一点，美味的菜肴就能大卖特卖了；但是，说起来容易做起来难。要找到味美而价廉的食物相当不易，因为通常情况下，生产地离消费地都距离很远。因而你可能为此要到各地的海边，有时还得出国去寻找才行。例如有些材料，在国内的价格十分昂贵，要想让顾客吃到打折扣的东西，只好从国外进口了。而且在运送过程中，要使原料保持原味，并尽量避免美味散失。这一切都是为了向客人提供能够打动客人的食品，如果做不到这一点，也要朝向客人提供“独美味”的方向去努力。

如果原料能够维持其原有新鲜程度，没有多余的人工调理，食用时还保有那份野生的味道，这是再好不过的了。即使是经过人工的调理，装盛时也要使客人有野生原味的感觉。在我国，随着人民生活水平的提高，人们更讲究吃了，健康成了人们就餐的一个重要标准，人们对自然生长的、野生的动、植物情有独钟，因而开餐饮店要投其所好。只要能持续推出具有原始风味的菜色，餐饮店就能取得持续的成功。

虽然菜色要尽可能保持其原有的味道，但是，作为餐厅的管理，必须严格而彻底地执行。卫生的刀叉、切菜板、手套、口罩，要经常用酒精消毒，以防污染。

惊喜不断

当然，也有必要经常到市场去观摩。起个大早到市场去，看看现在什么东西盛产？有没有出现新的原料？价格有没有什么变动？若看到新的材料就买回来，一边参考烹饪书籍，一边研究适合自己餐厅的烹调法。当然，在这些行动中，要以愉悦的心情思考一下：该怎样做才能带给客人惊喜呢？

会有什么样的惊喜呢？分量的惊喜、价格的惊喜、美味的惊喜或是色泽、香味的惊喜等，种类繁多。致力于其中任何一种惊喜，都会令人耳目一新。

“惊喜”是不断开发出来的，因而老板要经常开发令人惊喜的菜色。

我们常称日本菜为日本料理、韩国菜为韩国料理，“料理”从字面上，就可以知道“材料”的重要性。

在现今的社会中，“生”、“活”的原料，都由资本雄厚的餐厅在掌握，卖得很贵。为什么会卖得很贵呢？很简单，因为很好吃，受欢迎。

有的食物要成熟了，保存在低温下食用才好吃，但是大部分的食物，都是生鲜的才算是美味，特别是当季盛产的生鲜食物，保持其原貌，风味更佳！美味的东西是不需要理由的。好吃就是好吃，任谁都喜欢吃。因此，材料就越发重要了。

好吃的食物卖得贵，每家餐厅都能做到，但是要将好吃的食物“便宜卖”就不是每家餐厅都可以做到的，必须掌握其中的诀窍，那就是“压低进货价格”。

活生生的材料，如果放到活鱼槽中，可以放一两个星期，不会有什么变化；若是用冷冻柜冷藏的话，则只可维持一个礼拜。即使是再小的店，甚至只有夫妇两人经营的话，也必须有一个人前去发掘烹调的材料。

现在的信息渠道极为发达，很容易找到新鲜且与众不同的烹调原料。发掘到某些材料的话，就要不断地研究将其开发成美味的菜肴，并考虑是否适合自己餐厅的特点呢？若适合，又可以开发出什么样的新东西呢？请你精心地思量，进行菜肴的开发，相信一定可以开发出一条路来。

没有人一开始就是内行的。外行人的好处，就在于能充分自由地想象。可以在这方面发挥自己的个性，将它传达给客人。接着，谦虚地请大家试吃："这是我开发出来的产品，你觉得如何呢？相信客人一定会将自己真实的想法告诉你。如果顾客有"好大呀"、"真好吃"、"很便宜"之类的惊喜评语，那你就可以正式推出这道菜肴了。至于细节部分，一点一点慢慢地改善即可。

若一道菜中能创造出两个以上的惊喜，毫无疑问就具备了大受欢迎的特质。若菜色美，就可以卖得快；若菜味佳，就可以卖得久；如果赢得了客人的心，再由他们互相传达，你的餐厅就会出现排长龙的景况了。

一道菜的味道十分重要，创造高额收入这是关键，调味料务必使用天然食品。要增加味道，其实就是调味。调味料中，有盐、胡椒、砂糖、醋、酱油等，各式各样的东西都有。但是，这些调味料，一定要使用原材料。只有真正使用天然的调味料，才可以散发出天然的味道来。

在日本，有家上百年以上历史的酱油店，是以制作天然食品为主的酱油店。在提炼出原料之后，通常都必须放置三年，才开始将这些酱油拿出来售卖。蘸这家店的酱油来吃生鱼片时，味道极为甘醇鲜美，实在是种享受。

天然食品并非只是味道的不同而已，其对于餐厅的形象也有独特的影响。现在这个时代，对于天然品有极高的评价，在健康概念的主导下，天然食品越来越受欢迎。有些餐厅虽然标榜"希望客人健康快乐"，但却经常使用便宜的调味料，难免受客人指责，如此一来，不仅是称不上诚实的交易，也会使工作人员有不自信的感觉。为了使得工作人员有充分的自信，绝对有必要使用"诚实的素材"。所以，开发商品的人，在原料上下工夫，才能使餐厅生意兴隆。

就餐环境，绿色温馨

人们经历了从吃饱到吃好的阶段后，吃正逐渐演变成一种文化消费，在品尝美味佳肴的时候，开始关注用餐环境的文化氛围与个性化。

就餐环境是饮食文化的组成部分之一，其文化氛围的营造是多角度、多方位的。从餐厅外在的有形背景文化到餐厅的功能布局、设计装饰、环境烘托、灯饰小品、挂件寓意都能体现文化主题的内涵。如中国古典餐厅，根据传统的进客心理，要求灯火辉煌，喜气洋洋，通过中国宫灯的富有民族装饰风味的灯饰和中式家具，盆景陈设，结合室外中国式庭院景色，让顾客感受到浓郁的中国风味。在餐厅中使用富有民族特色的竹器、瓷器及台布，菜单都可以使宾客感受到餐厅浓郁的文化情调。

绿色文化环境

绿色文化环境越来越成为餐厅营销的核心部分，只有为顾客提供真正健康的产品与服务，才能赢得顾客永久的青睐。

辽宁省大连市王子餐厅近几年开辟了经营无公害绿色蔬菜的“绿色通道”，他们与大连市郊的菜家以“绿色契约”形式建立了一条中间没有其他环节的蔬菜包销的绿色通道，营造了餐厅卫生健康的消费环境，使原本不景气的餐厅起死回生。

著名的“小蓝鲸”餐厅将其品牌的标准色定为绿色，足见其重视绿色环保的程度，提倡饮食的营养与健康。

理念文化环境

理念文化环境的核心就在于寻求为顾客所接受的价值信条作为立业之

本，从而促进顾客对整个餐厅包括其产品的认同。

白天鹅宾馆多年来以其品格魅力吸引众多中外游客，成为宾客的首选餐厅，这与餐厅一贯坚持的“三高方针”（高格调、高质量、高消费）经营理念分不开。白天鹅宾馆从不搞削价竞争，不挖别人墙脚，始终把自己摆在“世界一流酒店”的位置上，坚持以服务和设施来吸引客人，树立“精品酒店”的形象。

学习文化环境

在当今知识经济时代，竞争日趋激烈，人们都不遗余力地进行学习。“一天之计在于晨”，漳州大酒店针对顾客的需要，推出“新闻早茶”服务项目，每日在早茶时间报道最新的国际、国内以及当地的新闻大事、最新的股市动态、旅游资讯、投资指南和风土人情等，使客人在享受丰盛早餐的同时也收获了知识。此外，有的酒店还开设“读书餐厅”，要求不仅菜肴做得美味可口，还要有学习文化的氛围，形成了就餐先看报，就餐先读书的良好文化氛围。

体育文化环境

美国辛辛那提附近的“索伦比萨体育酒吧”里开设了一些大型运动比赛项目，开展了一些让人津津乐道的体育话题，以及提供一些具有纪念性的体育纪念品。当然，电视也是酒店里必不可少的，而且电视里播放的体育节目更是决定生意兴衰的关键。另外，走进北京凯莱大酒店三楼的“运动城餐厅”，你一定立刻被门口的一双灌篮之手所吸引。进入城内，每个角落都蕴涵动感十足的魅力，餐厅中间设有一个篮球场，可供宾客在就餐前做一下热身运动；酒店还开设有台球、模拟滑雪、赛车等运动项目，供客人就餐后休闲排遣；在玩累了之后，还可以到“干邑雪茄廊”小憩片刻，一天的疲倦烦恼都会烟消云散了。

节假日文化环境

节假日的来临为餐厅业界提供了巨大的商机，如何将节假日这块蛋糕做好做大，关键是抓住节假日主文化环境。

临近天安门的贵宾楼餐厅在国庆节来临时将其10层近500平方米的露

天平台做了一些特别的装饰，为顾客提供一个欣赏广场夜景的绝好场所：可以清楚地看到天安门城楼；餐厅里临长安街的二、三楼餐厅、酒吧也开放出来，接待国内外宾客。同时，北京餐厅也对一楼的西餐厅做了一番中式布置，比如在每张餐桌上插一面小国旗，请乐队演奏革命歌曲等，让中外宾客在浓烈的国庆氛围中欣赏著名长安街的美景，回忆我国的光辉历史和感受祖国近年来的巨大变化。

挖掘文化资源，增强菜品文化

餐厅要确定文化主题，营造文化氛围，就必然要挖掘文化资源。而中华民族的文化宝库便为此提供了丰富多彩、明珠荟萃的资源。以下是挖掘文化资源的途径：

文学宝库

中国辉煌的文学宝库，受到广大人民的喜爱。开餐厅的人若将其中的精华用上，便会别开生面，魅力无限。

例如，鲁迅的《孔乙己》是经典作品。其中，孔乙己那时喝酒的店名为“咸亨酒店”，吃的是“茴香豆”，穿的是打补丁的长衫。就因为作品有名，影响力大，当地的居民，浙江绍兴的人们便利用这一点，开了一家现代的“咸亨酒店”，还专门卖“茴香豆”，一系列的菜谱、房屋摆设，氛围让人仿佛一下子重回过去。一种身临其境之感让顾客立马有了深刻印象，走时还回味无穷。达到这种强烈效果，就是得益于中国的文学宝库。

饮食故事

了解饮食故事，为餐厅经营服务。

例如，“东坡肉”这道菜就有一段传说。宋代大文豪苏东坡，曾在杭州为官，他发动数万民工疏浚西湖，筑堤灌田，造福人民，这样才有了后来的“苏堤”。其间节日将至，他吩咐厨师将烧好的猪肉连同绍酒一同带去慰问民工，厨师误解了他的意思，把酒肉同烧了，结果竟烧出一道味道异常的肉，后来人们把这道菜称为“东坡肉”。“东坡肉”并非苏东坡的创意，但人们把这道菜以他的名字命名，表示对他的纪念。当今，许多名菜馆都有“东坡肉”这道菜，其味道已五花八门，但这个名字仍是很有感染力的，其正宗还是杭州的，1988 年全国烹饪比赛中，这道菜荣获了金牌。

中国的菜肴，几乎每道名菜都有一个小故事，其中渗透与凝结着中华民族的智慧、苦难和追求。开餐厅的人若利用好这些，生意肯定会兴隆。

有了这些挖掘的途径之后，还应遵循以下几条原则：

（1）有选择地继承。继承传统文化的时候，要分清善恶、分清良莠，取其精华，弃其糟粕。在中国传统文化中，有一些宣扬封建地主阶级消极的思想是不可取的。如“安分守己”“与世无争”的思想，与今天竞争的时代极不相符，是应该摒弃的。

在继承民族文化的时候，切不可机械地照搬，机械地照搬是生吞活剥，那只能令人发笑，起不到应有的效果。要在传统文化中找到适合今天消费者需要的那个点、那个味儿，把传统文化注入新时代的内容，这是需要用一番匠心的。

（2）继承的前提是不能割裂。在挖掘文化资源、继承传统文化的时候，要通过艺术的再创造、精心的设计，达到历史和现实的一致，内容和形式的统一，使文化内容和服务项目、环境布置、食品种类风味有机地结合在一起，使物质和精神协调一致，融会贯通。

增强菜品本身文化特色

色、香、味、形、器、名、时、养八大方面是饮食产品本身应有的主要特点，其中包含着丰富的文化内容。从菜品本身来讲，它的起源、烹制、风味都有一定的文化背景，餐厅可以通过对这些菜品文化背景的研究，结合史料记载，推出具有民族特色或异国风情的丰富多样的宴席，通过服务人员向客人讲解菜品的文化价值，使客人在物质和精神上都得到满足。如菜肴本身命名的文化内涵，如“一品豆腐”和“一品燕窝”等。

“一品”原指封建社会最高官阶，如太师、太傅、太保等官员。在此则借词来形容菜肴的名贵高级和菜肴形态的完整。

餐厅要通过多种途径，形成文化经营，升华服务理念，从餐厅经营的角度来看，文化的含量要胜过技术的含量，故而在经营中要坚持文化至上，培育全新服务意识、突出个性，文化讲求个性，个性带来形象，形象增强竞争力。

扬州西园大酒店的“红楼宴”就是一个成功的例子。

“红楼宴”是根据我国著名古典小说《红楼梦》开发创造出来的，主要以其构思新颖，意境清新，文化内涵丰富，脍炙人口而享誉海内外。

“红楼宴”由大观一品、贾府冷碟、宁荣大菜和怡红细点四部分组成，仅听名字便已知其文化内涵。其不仅显示了丰富的文化内涵，还融入了扬州厨师的刀工、雕技、装盘等技艺以及炒、炸、溜、爆、煨等诸般烹饪技巧。同时，全席还做到了冷盘热炒搭配有序，真正是色、香、味、形四者俱全。

回归自然，天人合一

当今，回归自然、追求人与自然和谐相处已成为一种时尚。在饮食上，人们自然崇尚象征希望和健康的绿色食品。于是，绿色餐厅也随之出现，并且越来越受到市场的欢迎。

绿色餐厅是指本着环保、健康、安全的理念，坚持绿色管理，倡导绿色消费，保护生态和合理使用原材料的餐厅。

绿色标准

绿色餐厅有三大标准，即安全、健康、环保。

（1）安全。安全是绿色餐厅的一个基本特征。如果顾客的人身安全不能得到保障，生命不能受到尊重，何谈绿色？西方国家提出，绿色环保的根本动因，也正是因为20世纪五六十年代，出现在发达国家的一系列水体、大气污染引起的公害事件，不仅严重影响生态环境，而且危害到当地居民的生命安全。因此，“安全”在任何时候都是绿色概念的一个基本因素。在餐厅中影响安全的主要是公共安全和食品安全这两个因素。餐厅绿色，确保安全，是广大餐厅经营者的重大任务。

（2）健康。健康是指给顾客提供有益于健康的服务和享受，具体来讲就是绿色餐饮。在经营餐厅的过程中，其出发点就是秉承以人为本的宗旨。但在有些餐厅里，顾客呼吸的是低劣的空气品质，甚至是充满了高浓度的甲醛、苯以及超标的有害气体，卫生间的陶瓷、洁具释放出伤害人体健康的气体，在一些餐厅里食用的蔬菜、水果里农药残害、重金属严重超标。而这些因素由于在感官上很难直接识别，顾客处于信息不对称的地位，甚至有些餐厅的经营者对此也不甚了解。因此，餐厅在进行绿色经营时，应该把是否提供健康的服务和产品作为一个重要的特征和因素进行考虑。

（3）环保。餐厅绿色环保主要是指餐厅在经营过程中减少对环境的污染，节能降耗，实现资源利用的最大化。具体分为三点来说：

①减少浪费、实现资源利用的最大化。比如在餐厅就餐，让顾客适量点菜，注意节约，提供剩菜打包、剩酒寄存服务，这些都是绿色餐饮店的内容。

②在餐厅建设和运行过程中，将对环境的影响和破坏降低到最小。这些内容在餐厅就很多了。比如一次性消耗用品的过度使用导致污染，绿色餐厅要求可根据顾客的意见更换，这样既可以降低餐厅成本，又可以减少对环境的污染。

③餐厅的物资消耗和能源消耗降到最低点。

绿色途径

绿色餐厅工程应从菜单制定开始，充分考虑宾客用餐人数、年龄结构、职业特点，结合客人消费标准，有针对性地安排品种和数量，既要让客人吃饱吃好，更要防止原料和成品浪费。所以餐厅应积极利用客户档案有价值的信息资料，制定符合客人口味和营养需求的菜点。那如何打造绿色菜肴呢？应从以下几个方面着手：

（1）采购绿色原料。采购绿色原料的依据是正确制定原料采购计划，重点是善于识别原料和计划采购原料。作为餐厅采购人员，首先要会识别源头原料、自然无污染原料、绿色食品原料，尽可能少购罐装、听装或其他已经加工制作的半成品原料，更要善于识别、杜绝采购被污染或腐败变质的原料。有条件的餐厅，选择、建立自己的无污染、无公害原料或绿色食品原料种植基地或饲养场所，对所购原料及其原料的生产基地和生长过程、成本构成进行间接控制，以确保原料质量和经营效益。这方面对于集团、连锁餐饮运作管理意义更加重大。

（2）加工原料。加工原料是对原料进行削洗、摘拣等处理，即将毛料变成净料、粗料变成精料。这时加工得法，浪费少、出净率高，可增加使用部分；反之则浪费多、损耗大，产生垃圾后，环境污染大。要摒弃刁精尖的用料陋习，尽可能少剔除废弃部分，充分发挥原料的烹饪作用。对废弃垃圾处理也应与生态农业、立体农业相结合。各类废弃原料分类存放，及时清运，最大限度地减少对餐厅及城市环境的污染，最大限度地让其发挥饲养家畜、水产，制造农家肥料的作用。

（3）切割配份。将已经加工的洁净原料按照规格要求进行切割，并根据成肴原料进行主、配原料的合理配伍，对原料切割要依据原料机理，以使成肴质嫩松软、方便进食和消化。将不同原料进行组合配伍，更要区别各种原料质地、营养、特征，均衡调剂营养。

（4）烹调熟制。烹调要根据做菜需要，灵活合理运用烹调技法，减少对原料营养成分的破坏；根据宾客用餐进程，少炒勤烹；减少堆焐，及时销售，严格控制，力求不用各种添加剂，致力于调出原料自身美味。这不仅是厨艺高超、管理精良的体现，更是保护顾客利益的高招。

（5）装盘美化。对烹调成熟的菜肴，大多需要装饰美化。点缀、盘饰得体，可使菜肴锦上添花，诱人食欲。但若将菜肴穿靴戴帽、盘饰繁复，不仅使热菜变凉，影响口感效果，同时无端造成原料的铺张浪费，糟蹋使用资源，增大菜肴成本，这种做法应予摒弃。

（6）冷菜点心制作。随着“绿色”概念的普及，冷菜、点心这两类食品的制作，首先应减少、乃至取消添加剂的使用，还冷菜、点心原汁原味。其次，要精简制作工艺，在保证成品质量的前提下，尽量简化操作，减少食品污染的机会。

餐厅绿色菜肴的顺利出炉，要求每个员工自觉认真地工作，这一关是构成绿色产品的重大环节。

绿色销售

绿色服务销售是连接宾客与厨房生产的桥梁，是宣传产品知识、传递消费信息的主要渠道。因此，服务销售是“绿色”餐饮的重要载体和环节，其工作要点如下：

（1）引导文明消费，合理建议、科学组合产品，协助控制上菜道数和规格，减少多点误购。

（2）及时上菜，灵活服务，减少积压和浪费。

（3）剩余食品，主动打包，谨慎选用打包材料，坚决取缔造成白色污染的发泡塑料饭盒，选用可降解材料，精美包装打包食品，既保证食品卫生安全，又可宣传、扩大餐厅形象。

（4）精简服务过程，减少对桌布、杯、碗等服务用具的污染和洗涤量，配备和使用原始自然餐具、盛器、服务用具，抵制奢靡和铺张之风，使出品和服务更加清新、自然，污染更少。

绿色服务除了以上工作要点外，还有自身的“黄金标准”，所谓“黄金标准”是从客人角度出发，对餐厅服务的环境、产品、人员三个方面提出的基本要求，是餐厅视觉形象、服务功能性以及精神享受方面最本质的标准化服务规范。

发挥特色，立于不败

当今社会竞争激烈，百花齐放，宣扬个性特色。模仿等于自杀，特色才是生存之本，餐厅尤其如此。

独创和唯一才是特色的生命力。只有真正拥有属于自己的特色，才能使顾客在餐厅的海洋中一眼认出自己来。那么应当怎样塑造属于自己的特色，并避免在竞争中玉石俱焚呢？其实，餐厅塑造特色的舞台是很宽的，菜系、菜品、经营方式、服务方式、门面装饰、室内装修、文化氛围、历史背景，以至器皿、名号、店招、菜名、宣传语，甚至老板本身，都是塑造特色的题材。因此，只有充分运用这些题材，努力发挥餐厅特色，才能使餐厅在激烈的竞争中鹤立鸡群。

特色打造中需要注意以下几点：

以餐厅的经营本体为主

餐厅的经营本体是以提供饮食制品和餐厅服务为主，开餐厅的人一定要明确这一点，否则就偏离了经营本体。因此，任何的经营手段和促销策略，都不能游离这一经营本体，否则，那就是经营其他行业的方法、策略或思路了。现在有些餐厅打“文化特色牌”，如歌舞伴宴、服务员玩手彩小戏法等，对餐厅的销售也确实起到了一定的作用，于是，琢磨着以“文化”为特色的餐厅越来越多。要想做好以文化为特色的餐厅，要注意两方面：一方面是“文化”不能喧宾夺主。餐厅的经营本体，主要还在烹制和服务的管理上，而“文化”必须服务和服从于餐饮经营本体。否则，那不是经营餐厅，而是用餐饮为文化产业服务，反客为主。另一方面是“文化”具有更深厚的内涵，仅是粗浅地玩“特色”是不可能长久和收到理想效果的，因此，老板必须有深厚的经营功力和文化底蕴，才能收效，如若对餐饮本身的经营都没有深刻的认识就想通过文化特色出奇制胜，就相当于小孩爬还没学好就想跑，结果只有摔跤。所以中小餐厅的老板在策划餐厅特色时，应当把精力放在特色菜品和特色服务上，使餐厅成为真正的餐厅。

迎合顾客消费心理

特色策划的成功，都是以满足顾客需要而获得的，遵循这一原则就会赢利。否则，便会失利。

北京一家餐厅以“下岗女工厨艺大赛”为特色的策划，其内容是邀请身怀家厨绝艺的下岗女工举办厨艺大赛，将其中优胜者高薪聘为餐厅的厨师，并希望以此为特色，利用社会上对下岗女工再就业的支持和同情心，达到吸引顾客的目的，当然也有鼓励下岗女工自强进取的目的。应当说此策划的立意是非常好的，从主观上感觉也是很有独创性和吸引力的，但事与愿违的是，最终只有一位下岗女工前来报名参赛，而希望引来参观的顾客居然一位都没有，于是策划以失败告终。归根究底，对于下岗女工或家庭主妇来说，她们需要的是一份真正的工作和完全具备法律效力的承诺，而不是类似电视台综艺节目的互动式活动；对于顾客而言，他们到餐厅的目的主要还是要品尝厨师的特色手艺，若是只能吃到家常便饭，还不如在家里吃好了。由此看出，一个真正的好策划，不仅要主题新颖，更要迎合顾客的口味。

特色菜品

特色菜品既要有深厚的内涵，又要有后续的手段，只有如此，模仿者就只能学到皮毛，而且永远只能跟在你的后面。这样，才能使顾客明辨真假。

北京的“爆肚冯”爆牛羊肚坚持13道工序绝不糊弄顾客，因此别家餐厅很难有如此地道的爆肚；“能仁居”的涮羊肉在前有“东来顺”，后有“羊肉一条街”的围堵中能脱颖而出，成为京城餐饮行的大家，除坚持选料严格的经营作风外，还在涮羊肉调料研究上下工夫，使有独特配方的调料成为经营特色，是其成功的秘诀之一；北京王府井八面槽的老字号“馄饨侯”坚持的“皮薄、馅细、汤鲜、人和”的经营理念，使其即使在餐饮业最艰难时期也招牌不倒，还成为国宴食品，并享有“中华老字号”的声誉。因此，真正有餐饮经营精髓之内涵的特色是不惧怕模仿的，效仿者只能学到皮毛而学不到深厚的理念底蕴，急功近利是不可能取得经营成功的。

坚持不懈

创造特色的过程，要耐得住世人未识的寂寞，要经得起同行模仿的冲击。贵在坚持，切忌半途而废，要用一句流行语，必须“将特色进行到底”。

位于北京西部“咱家的”菜馆在20世纪80年代末率先推出手擀面、肉丁炸酱和茄子卤，地道的老北京风味，颇受顾客欢迎，“火”的时候，一天仅面粉就要用掉三四百斤。随着老北京炸酱面的风行，北京一下子冒出500多家炸酱面馆，“咱家的”手擀面悄然引退。其经理在回顾往事时说：“如果我们坚持下去，也许现在就能赢了。”所以，坚持就是胜利。

特色菜品少而精

有的餐厅经营者认为特色越多越好，这种想法是不科学、不合理的。据心理测试表明，如果向人叙述一连串的事物，其记忆能力所能及的不超过三个，也就是说，如果一个餐厅有许多特色可以宣传或介绍，顾客所能记住的也只不过三个。另外，过多的特色必然分散精力，将使每一个特色都不能达其极致，反而出现特色不特的情形。所以说，三个以上不再是特色。不如集中精力，突出一至两个特色。

使用法律手段保护

餐厅创造的特色是餐厅所拥有的无形资产，应当通过专利、商标等知识产权的法律予以保护，才能不使自己的心血被他人通过剽窃轻易地占有。这就要转变传统餐厅模糊的操作方式而成为精确的操作规程。

“红焖羊肉”曾在京城掀起红色风暴，它的创造显然是花费了许多的心血，但也因其模糊的原因，在许多模仿者蜂拥而上之后，现在恐怕没有人能说清“红焖羊肉”的正宗配方到底是怎样的。而中国专利局最近批准了北京金三元酒家总经理沈晓峰的一项发明专利申请：一种将生猪头整体加工成熟食的主法，即早已名噪京城的金三元“扒猪脸”，将成为中国第一道受专利保护的菜肴。金三元“扒猪脸”从选主料的定质、定量开始，优选制定出12道标准化加工工序及质量检测标准，以独特的味和精确的数据、规模而获得专利保护。

全面策划

创造特色是一项系统工程，从立意、设计、试行、宣传、推广、修改、定型、创新等各个方面，都要认真仔细地进行全面的策划，制订完整的方案和应变措施，才能保证特色塑造的顺利进行，这其中很重要的一个方面仍然是要以市场调查为基础。

第十二章

成本控制，开源节流

餐饮店经营，只有打好算盘才能赚大钱。一旦餐饮店开业，每天就有各种现金流。只有通过精确的利润核算，量入为出，开源节流，看好自己的钱袋，防止各种财务陷阱，才有可能让自己的财富实现增长。

赚钱法则，降低成本

从事任何一个行业，都要努力降低成本，以达到提高利润的目的。开发新产品、不定期地举行促销活动，多做广告宣传等都可以提高营业额，从而提高利润。另一方面，在采购时努力降低原材料成本、降低管理费用，在营业额不变的情况下，降低成本，也可以提高利润。这里的道理虽简单，但实施起来却并不轻松。实际上，在经营餐厅的每个环节都有开源节流的文章可做。下面是造成餐饮企业高成本的主要原因：

菜单计划方面

未考虑每天的时间、天气、气温、节假日的变化对餐饮经营的影响。菜肴项目太多或太少。菜单单调乏味。菜单不易阅读，没有次序。低成本菜肴推销不够。未考虑市场食品供应的可能性。菜单定价不当。未考虑菜单上各种菜肴制作所需人力及其设备条件。对于高消费的平均消费额较高与较低的成本不平衡。

采购方面

采购价格太贵。未考虑应付采购市场竞争的策略。未按采购规格说明书实施采购。采购员缺乏责任感。采购员与供货商关系不佳。采购缺少成本预算，采购有骗取行为。对原料采购账单及支付情形未加稽核。

验收方面

未核对价格、数量、品质。不遵守验收程序和方法。缺少必要的设备、用具。 验收后的货物不及时进仓，外放过久，造成原料受损。

储存保管方面

储存区域没有划分，食品放置不当。储存温度与湿度失当。储存的食品未做逐日检查。储存区域不干净，不通风。无盘存记录和库存滞销报告。食品储存和核发工作没有制定严格的规章制度。

领发料方面

仓库发料未加控制与记录。未注意发料物品的价格。

厨房生产方面

没有必要的设备或设备太差。由于粗加工不当，蔬菜和肉类剪除过分。未查鲜活料的产期。没有使用盛产期的低成本产品。生产过量。烹饪方法错误。烹饪温度错误且过火候。使用不洁和残缺的器具。没有尽可能用小锅烹调。

服务销售方面

未规定标准分量。服务时没有采用标准器皿。没有尽快将食物送到餐桌上。不用心造成事故和浪费。已出厨房的食物未作记录。未注意“跑账”。出现偷窃行为。促销广告太差。缺乏销售的比较和物品消耗的标准。

管理控制方面

未做逐日销售审核。没有做销售和成本消耗预测。没有实施为获得预期效果而制定的系统、程序和方针。

节俭是最好的控制

俗话说：成由勤俭败由奢。餐饮店的浪费问题一直困扰着很多经营者，大量的材料浪费无疑已经在不经意间增加了餐饮店的成本开支。事实上，餐饮店的任何行动都在一定程度上涉及成本，是每一位员工相应活动的结果。所以，降低成本的行动应由参与活动的全体员工来共同执行。老板们需要综观全局，培养员工的节俭意识，从日常的一点一滴做起，打造一家节约型的餐饮店，最大限度地降低成本。

浪费现象

浪费一直是餐饮店普遍存在的现象。一般老板都是从管理和成本核算两个方面采取措施来控制成本支出，但是对餐饮店日常营业活动中出现的浪费现象认识却不够充分，也没有加以重视，甚至有的老板对此见怪不怪，习以为常。

实际上，如果不能从根本上解决浪费问题，就不能完整地体现出菜肴的利润优势，直接影响了餐饮店的经营效益。常见的浪费现象主要表现在以下 3 个方面：

（1）加工方式不当造成浪费。目前，普通餐饮店采用的都是传统的加工方式，而传统的加工方式在某些方面造成的原材料浪费是相当严重的。这种浪费不受约束，也容易受员工的情绪所影响。但是，虽然有些浪费是不可避免的，有些却可以通过相应的措施来减少或者杜绝。

传统的加工方式所造成的浪费表现在很多方面：每次清洗蔬菜的方法不当，或者不关水龙头造成用水过多；厨师在制作菜肴的过程中不注意食用油的量；炒菜过程中不压火造成的燃气浪费；原材料保管不善造成变质；各种调料及作料的浪费等。

所以，要想解决这些问题，老板必须积极采用更为先进的加工理念和方式，以求最大限度地减少开支。

（2）缺乏责任心造成浪费。在餐饮店的经营中，由于员工缺乏相应的责任心造成的浪费随处可见。自来水用后不关或者对水管漏水、滴水视而不见；炊事设备空运行；无人或者下班不注意关灯以至于大量费电；空调长期不清洗造成耗电严重；菜肴制作没有计划性造成材料浪费；设备器具的毁坏等。

这些都是无谓的浪费，只要经营者加强对员工责任心的培养，使他们认识到浪费的严重性，就可能从根本上杜绝这一系列的问题。

（3）缺乏节约观念造成浪费。在餐饮店就餐的许多顾客常常由于缺乏理性而大量点菜，吃不完也要点，在就餐结束后往往是满桌狼藉，剩菜剩饭比比皆是。对于许多剩菜剩饭，餐饮店的服务人员也往往是随手倒进垃圾桶，当作垃圾处理，不注意废物利用。实际上，这些废弃的食物可以用来饲养家畜，许多地方已经有人在大量收购。

人们常说“节约犹如针挑土，浪费如同浪淘沙”，可见节约的难度与浪费的严重性。

老板们如果能深刻体会到“废物利用”的含义，就不愁多一条节约成本的渠道。

打造节约型餐饮店

老板应该从一点一滴抓起，积极采取相应的节约手段，建设节约型餐饮店，以下是关于如何打造节约型餐饮店的 9 个实用小常识。

（1）建立合理的节约制度，培养员工的节约习惯，经常对电器等设备进行检查，避免水电的浪费。据有关资料统计，由于不关灯不关水龙头等造成的浪费占成本的 5% ~ 10%。

（2）安装可回收型锅炉。其实每天餐饮店内的锅炉都会浪费掉大量的水汽。老板们可以在锅炉上安装冷却回收器，一年回收利用的水可以达到几十吨。

（3）采用新型节能灯具。节能灯的价格比白炽灯高，但发光效率高 4 倍，使用寿命长 8 倍以上。餐饮店如全部采用节能灯照明，至少可以为餐饮店节省 70%以上的电量。

（4）空调的室内温度控制也要讲究科学。根据有关数字显示，夏季室内空调温度设置为 23℃ ~ 28℃，湿度为 30% ~ 60%，冬季室内空调温度设置为 18℃ ~ 25℃，湿度为 30% ~ 80%时，是人体感觉比较舒适的温湿度，既可以避免温度设定不当造成人体的不适，又可以减少电能的消耗，还可以大大减少患空调病的概率。一般情况下，空调运行期间禁止开窗。

（5）定期清洗锅炉、冷热水管和空调等设备，清除水垢。避免产生堵塞，造成热能和电能的无谓损耗。

（6）定期清洗空调，既可以防止细菌滋生，污染室内空气，又可以降低能耗。分体式空调应每周清洗一次隔尘网。

（7）安装太阳能热水器，至少可以节约20%用来烧水的电能。

（8）采用环保材料，不使用一次性的塑料袋或者餐具。

（9）合理使用冰箱，冰箱储存量不超过容积的80%，过多会不利于冷气的循环，增加压缩机的工作量。

餐饮店每月水电及燃料等能源费用一般都会占到整个费用支出的30%左右，对于餐饮店来说是一笔不小的费用。在能源节约方面，南京的一家餐饮店就做得很好，该家餐饮店通过一系列的措施，使能源消耗下降到费用的25%左右，并基本保持了这一数字的稳定。

每一步都要执行到位

在标准制订后，要达到各项标准，必须要有训练有素、掌握标准的生产人员和管理人员来保证采购、制作过程中菜肴优质达标。

控制成本源头

餐饮原材料成本由进价成本和耗量成本构成。进价成本是整个成本的源头，必须严加控制。这里的进价成本是广义的，指包含买价、运输费、途中合理损耗等费用在内的材料取得成本。成本的源头控制关键是管理好原材料的采购，目标是采购到质优价廉的原材料。

原料采购是餐饮企业成本控制的重要环节。餐饮店一般实行分散采购，不单独设立采购部，由厨师长负责采购工作。控制好原料价格是有效控制餐饮成本的前提，具体应考虑以下几方面：

采购价格与原料的使用价值、支付条件及购买次数的直接联系。

对直耗品如家禽肉类、蔬菜水果、河鱼海鲜等可采用每季或每月定价；对酒水、干货价格变动小的可采用每旬定价。定价时既要进行必要的市场调查，又可以请多个供应商进行报价，择低价而取之。

尽量按经济订货批量来购货，要尽可能减少中间环节，直接从批发商、生产商或养（种）殖户那里采购，以获得较优惠的价格。

要充分利用价值分析技术，尽量剔除原料成本中那些多余的成本，减少成本浪费。因需取材，才能精选原料，提高利用价值，降低采购价格。

控制加工过程

对加工数量进行控制，凭厨房的净料计划单组织采购，实施加工，达到控制数量的目的。

加工出净率的控制，由加工人员按不同品种的原料加工出不同档次的净料交给发货员验收，提出净料与边角料的比例，登记入账后发放给各位使用者。

加工质量的控制，加工质量直接关系到菜肴的色、香、味、形。因此，采购、验收要严格按质量标准控制原料质量。加工人员要严格控制原料的加工形式，卫生、安全程度，凡不符合要求的原料均由工序终点者控制，不得进入下一道工序，处理后改作别用。

控制配制过程

配制过程控制是食品成本控制的核心。杜绝失误、重复、遗漏、错配、多配是保证质量的重要环节，应做到凭订单额和财务人员的签章认可，厨师方可配制，并且服务人员将所点的菜肴与订单进行核对，从而相互制约。称量控制，按标准菜谱、用餐人数进行称量，做到既避免原料的浪费，又确保菜肴的质量。

控制烹调过程

烹调过程的控制是确保菜肴质量的关键，因此要从厨师烹调的操作规范、出菜速度、成菜温度、销售数量等方面加强监控。严格督导厨师按标准规范操作，实行督察考核。用定厨、定炉、定时的办法来控制、统计出菜速度、数量和质量。

分段预算，掌控标准

餐饮店的成本控制主要有预算控制和标准成本控制两种方法，目的就是避免成本管理中的被动局面，使成本控制在问题发生之前。

预算控制

预算控制就是将各项数据指标分段进行成本控制。经营者以餐饮店眼前的各项成本支出与事前预算的成本数据作详细比较，在客流量一定的情况下，实际成本应在预算之内。

标准成本控制

标准成本控制就是以餐饮店正常营业条件下的标准成本（正常条件下某项支出的标准消耗）为依据，对实际支出的成本进行控制。标准成本又可以细分为用量标准和价格标准，在实际进行控制时，老板应从具体操作环节入手寻找产生差异的原因。

从用量标准来看，老板应将实际用量与标准用量进行比较分析，重点在菜肴制作环节进行调整；从价格标准来看，老板应在对比预期的标准价格和实际价格之后，分析影响价格的各种客观因素，如天气、市价等，对采购方式进一步优化。

除了对制作阶段的调整外，老板也应注意加强对验收、库存等环节的管理，以使餐饮店的成本控制更为妥善。

各类餐饮成本控制

成本关系到餐饮店的直接利润和发展前途，因此，老板们在成本的分类控制上就要舍得下工夫。餐具成本的控制虽然餐饮用具的单位价值较低，但极易消耗，如控制不力，会直接影响餐饮店的经济效益。其成本控制要求为：

（1）确定消耗标准。老板应根据餐饮店的实际情况，分别确定不同种类用品的消耗标准，并监督服务人员落实执行。一般情况下，餐饮店餐具的总体消耗标准为餐饮店营业收入的0.5%～1%，各餐饮店应根据各自的等级和档次灵活确定。

（2）定期盘存。餐具的盘存一般每月一次。要求检查餐饮店的餐具消耗量是否在规定的消耗标准内，如发现问题，应及时分析并找出原因，以采取相应的解决措施。

（3）定点存放。不同种类的餐具应有固定的存放位置，严禁乱堆乱放，以免无故损耗，增加不必要的支出。

（4）制订相应的制度。老板应制定详尽的餐具管理制度，如餐具损耗统计制度，要求员工在损坏用品时如实填写，并制定奖罚制度。

原料不变质，物资少损失

储存是原料成本控制的重要一环，如果库存不当就会引起原料的变质或物资损失，造成成本的增加。储存环节的成本控制工作主要有以下几方面：

及时入库，定点存放

购入原料后应及时运送至适宜的储存处，在储存时，各类原料应在固定的位置存放，以免引起不必要的损失。

专人负责

最好由专人负责原料的储存保管工作。

储存环境要良好

各种原料应有单独的储存环境，如冷藏柜、干货库、冷库等。普通原料和贵重原料应分别储存，各类库、柜的设备应符合卫生、安全要求，并保持各库、柜的清洁卫生，杜绝虫害和鼠害，保证库存原料的质量。

及时调整原料位置

要按先进先出的原则发放原料，并及时调整原料位置，以防止原料的腐烂或霉变损耗。

定时检查

定时检查干货库、冷库及冷藏箱柜等设施的温湿度，以保证各类原料在适宜的温度和湿度环境下储存。水电、燃料费用的控制、水电及燃料费用控制的方法，一般有以下几种：

（1）加大水电及燃料的日常管理力度。老板在日常的经营管理活动中，应加强对水电及燃料的日常管理，具体的措施有：教育员工养成节约用水、用电的习惯。餐饮店节水、节电的关键在于员工，因此，老板应教育并督促员工养成节约用水、用电的习惯，如随手关闭水龙头，待客人全部离去后关闭风扇、空调等。

（2）加强对水电及燃料设备的保养。设施设备管理的关键在于保养，要预防损坏，这就要求厨师、服务人员在日常使用设备时严格按规程操作，严禁跑、冒、滴、漏现象的存在。一旦发现问题，应提早修理，以避免造成大患。

（3）编制预算。餐饮店的水电及燃料消耗不小，一般可根据前一阶段水电燃料消耗的实际费用来确定未来某一时期内的费用。

（4）定期进行费用差异分析。为确保餐饮店的水电及燃料消耗控制在月度消耗标准之内，应认真记录各项费用的实际消耗量，并与标准对照，如发现有差异，应进行仔细分析，找出产生问题的原因，并采取有效的相关措施。

建立制度，控制数量

原料的发放数量直接影响每天的食品成本，餐饮店必须建立相应的食品原料领发制度，以满足厨房生产需要，并有效地控制原料的发放数量。原料发放环节的成本控制主要有以下内容：

建立申领制度

餐饮店在餐饮原料的发放过程中都应制订相应的申领制度，以确保原料的正确使用。

制订原料发放程序

餐饮店要制定科学合理的原料发放程序，以便从每个细小环节上节约成本。

烹调环节成本的控制

食品原料的初步加工、切配、烹调、装盘等生产环节对餐饮店的食品成本高低有着很大的影响。加工烹调环节的成本控制主要有以下几个方面：

（1）餐饮产品的初加工。在初加工时，应做到：对于成本较高的食品原料，应进行加工试验，以确定最佳的加工方法；尽量回收利用初加工过程中的下脚料，以降低成本；严格按规定的操作程序和要求进行加工，确保食品原料应有的净料率。

（2）餐饮产品的切配。切配时决定主、配料成本的关键环节有以下两个：

其一，坚持标准投料量：在切配过程中，应按标准菜单中规定的投料量进行切配，避免出现过量或用量不足或以次充好等情况。

其二，合理利用原料：切配时应根据原料的实际情况，遵循“整料整用、大料大用、小料小用、下脚料综合利用”的原则，尽量降低食品成本。

（3）餐饮产品的烹调。餐饮产品的烹调决定着菜品质量，也与成本控制密切相关。

菜品质量的控制

在烹调过程中，餐饮店应提倡一锅一菜，专菜专做，严格按标准菜单的规定要求进行操作，掌握好烹调温度及时间，力求少出或不出废品，以有效地控制烹调过程中的食品成本。

装盘时的分量控制

餐饮店有不少菜品是成批烹制生产出来的，在成品装盘时应按标准菜单规定的份数进行，以保证食品的质量并控制食品成本。

调味品用量的控制

烹制某一菜品所耗用的调味品较少，在食品成本中所占比重较低，但调味品的总体耗用量及其成本也是较大的，所以，在烹调过程中，餐饮店应严格按照调味品的成本规格，这既可以使菜品质量稳定，又可较好地控制食品成本。

严防差错，杜绝漏洞

餐饮产品销售过程中的任何差错或漏洞都会引起食品成本的上升，所以，必须引起老板的高度重视。

点菜单控制

在接受客人点菜时，服务人员应认真填写点菜单，充分利用点菜单来控制成本。具体来说，应注意以下四点：

（1）服务人员应使用圆珠笔填写点菜单，填写错误时，不应擦掉而应该划掉。

（2）点菜单填写完毕，应首先经过收款员签章，然后再送入厨房，未经收款员签章的点菜单上的任何菜品厨房都不予烹制。

（3）点菜单必须编号，以便在出现问题时查明原因，并采取相应的改进措施。

（4）服务员、收款员、厨房等应将点菜单保存好以备查。

严格控制点菜单，避免服务人员用同一份点菜单两次或多次从厨房取菜而将其中一次的现金贪污；更应避免服务人员在收款员签章后的点菜单上任意添加菜点造成成本增加。

加强服务过程的成本控制

餐饮店应建立健全各项管理措施，避免员工贪污、盗窃等行为；对员工进行职业道德教育并开展经常性的业务培训，使他们树立良好的服务意识，端正服务态度，提高餐饮服务技能，力求少出或不出差错，尽量降低食品成本。

收款控制

餐饮店不仅要抓好从原料采购到菜品生产、服务过程的成本控制，还要加强收款控制，以保证餐饮店的既得利益；应健全各项财务管理措施，并严格执行，严防收款员和其他工作人员的协同贪污舞弊行为的发生；财务人员应每天审核账台的“营业日报表”和各种原始凭证，以确保餐饮店的利益。

第十三章

安全卫生：平安坐谈，洁净吃喝

安全第一，是餐饮店全体人员必须牢记在心的原则。饮食的卫生和就餐环境直接关系到餐饮店的声誉和生意，更与顾客的健康息息相关。因此，无论设备、条件多么有限，都绝对要把好卫生关，营造良好的饮食环境。

火灾预防：做有心人，灭无情火

造成餐饮店失火的原因很多，如电线短路、烹调失火、管道起火、乱丢烟头及某些其他人为的因素。为了避免火灾的发生，保障餐饮店的财产和员工、顾客的人身安全，就要积极采取预防措施。

火灾特点

餐饮店是供顾客就餐的场所。如今的餐饮店一般都是功能多样，综合性较强，因此，容易导致火灾的因素也就多种多样，稍有疏忽就有可能引发火灾。餐饮店火灾的危险性主要有以下几个特点：

（1）引起火灾的因素多。餐饮店的厨房、锅炉房等操作间是用火、用气的大户，常常备有大量的液化气等燃料，任何液化气设备使用不当或用火不慎，都可能引起火灾。为了顾客就餐的舒适，餐饮店往往还装有空调、电视机、饮水机等用电设备，大量的电器设备同时开启很可能会超过负荷引发火灾。此外，违章用电、违章用火或者保护措施不到位，都是引发火灾的可能性因素。

（2）火势蔓延迅速。餐饮店装修通常比较考究，在装修时往往使用大量的可燃物，并且室内存在大量可燃材料及办公用品等，一旦发生火灾，这些材料就会猛烈燃烧，火势迅速蔓延。此外，装修材料在燃烧时还会释放有毒气体，给顾客疏散和灭火工作造成很大困难。

（3）人群密度大，疏散困难。由于餐饮店属于公共场合，人群往往比较集中；并且流动性比较大，日常管理工作存在一定的难度。顾客往往对餐饮店建筑内部设施、安全出口等不熟悉，一旦发生火灾，室内人员失去理智，秩序混乱，短时间内不可能有效疏散人群，易造成大量的人员受伤。

（4）建筑结构通常不利于控制火情。餐饮店一般都开在建筑比较集中的区域，防火距离很可能不够；现在的建筑内部由于安装设备等的需要，往往管道密布，在发生火灾时极易形成烟囱效应，加速火势的蔓延。

火灾成因

餐饮店火灾的成因是多方面的，概括来讲主要有以下几个方面：

（1）电线短路或电器设备故障。餐饮店内的大量电器常常使得电线交织错杂，极易造成短路；电器设备长时间不注意维修容易漏电；电器的安装和使用往往不规范，超负荷运转也容易出现问题。

（2）随意吸烟。餐饮店基本上不会禁止顾客吸烟，由于缺乏安全意识，许多顾客或者餐饮店的员工往往随意丢弃未熄灭的烟头。

（3）缺乏防火常识。在众多的老板眼中，餐饮店的经济效益是最重要的，这使得他们常常缺乏消防常识和防火意识，疏于防范，并且对员工的防火培训也不到位，有些餐饮店的员工连常用的灭火器都不会使用，出现火情自己都难保，更不用说灭火了。

预防措施

预防火灾的措施是多种多样的，常见的比较有效而且简单易行的有以下几种：

（1）常备灭火器材，并且确保灭火器材无故障。要将灭火器材摆放于显眼并且容易取放的位置。

（2）厨房工作人员在制作各种菜肴时，要严格按照操作条例进行。用剩的油不能乱倒，设备不能空转，烤箱的温度也要保持在允许的范围之内。

（3）各种灶具和液化气罐等的维修和保养要有专门的工作人员来负责。液化气罐的余液不能乱倒，防止污染环境和造成火灾隐患，天然气的阀门也要随时注意关闭。

（4）厨房和天然气管道附近不要堆放可燃易燃物品，液化气罐和天然气管道与灶台也要保持安全距离。

（5）各种电器的使用和安装由专门的工作人员负责，使用和操作时必须遵守安全操作规程和使用说明。

（6）餐饮店内部员工禁止吸烟和丢弃未熄灭的烟头，在可能的情况下，尽量劝说顾客也不要抽烟。

常用灭火方法

餐饮店一旦发生火灾，首先不能慌乱，要维持好秩序，其次要立刻采取科学方法灭火。燃烧的三要素就是可燃物、足够的温度、氧气。只要去掉其中一种，就可以有效地制止火势的蔓延。

将水直接喷洒到燃烧着的物品上，浇灭火焰，或者将水喷到周围还没有燃烧的物品上，避免燃烧。这样一方面可以降低温度，有利于灭火；另一方面，产生的水蒸气一定程度上也可以隔绝空气，达到灭火的目的。

用水浸湿毛巾或者棉被等覆盖在燃烧物表面，可以隔绝空气，将火熄灭。如果是炒菜的油锅起火，则必须迅速用锅盖盖住油锅，然后把油锅端开。以上两种方法都是隔绝了空气中的氧气，去掉了燃烧的必要条件。

将火源附近的可燃物品迅速搬离，使可燃物与火源隔离，阻止燃烧蔓延，然后用消防器材进行灭火。

常见消防器材使用方法

常用的消防器材有自动灭火系统和灭火器两种。餐饮店由于规模较小，一般采用手动灭火器即可。常用的手动灭火器有四种：清水灭火器、泡沫灭火器、干粉灭火器和二氧化碳灭火器。

清水灭火器。清水灭火器中充装的是水，它主要用于扑救固体物质火灾，如木材桌椅、纺织品等的小型起火。

清水灭火器的有效喷射时间为 1 分钟左右，喷射距离为 10 米，因此使用时不能放在离火源太远的地方，否则水喷不到燃烧物上。当清水喷出时，立即用一只手提起灭火器，另一只手托住灭火器底部，对准火焰最猛烈处喷射。随着水流的减弱，应逐渐向火源靠近，使水始终能够喷在燃烧处，直至将火扑灭。

泡沫灭火器。泡沫灭火器内充装的是酸性和碱性的液体，使用时酸碱发生化学反应产生大量泡沫，覆盖到燃烧物的表面隔绝空气。主要用来扑灭固体可燃物，如木材等的起火。

使用时将灭火器保持竖直向上提到现场，用手指压紧喷嘴，然后颠倒筒身，上下晃动，让酸液和碱液充分混合，产生泡沫从喷嘴喷出，使泡沫覆盖火焰。

干粉灭火器。干粉灭火器是将大量的细小粉末覆盖在燃烧物上，使之与氧气隔绝，达到灭火的目的。由于干粉灭火器的效果比较好，又没有腐蚀性，主要用来扑灭可燃液体、气体、电器设备和一般固体可燃物的起火。

在使用干粉灭火器时，首先要将铅封拿掉，拔掉保险销，然后用一只手握住灭火器喷嘴胶管，将喷嘴对准火焰的底部，另一只手按下压把或提起拉环，使干粉喷出。

二氧化碳灭火器。二氧化碳灭火器内充装的是经过加压的液体二氧化碳，由于二氧化碳的稳定性，在灭火时不会对物体造成损伤，灭火后也不会留下明显的痕迹，所以被广泛地用来扑救可燃液体、气体和电器等的火灾。

使用二氧化碳灭火器时，应在距离火源约 5 米处站定，一只手握住喷筒底部的手柄，使喷筒对准火焰，另一只手旋开手轮，喷出二氧化碳气体。但是在灭火器的使用过程中，切不可将灭火器倒立，也不要直接握住喷筒，以防冻伤。在室内使用时，灭火后应迅速离开，室外灭火也要站在上风处，以防二氧化碳使人窒息。

另外，使用前还要检查喷筒是否被堵塞，如果堵塞后使用，灭火器就可能成为隐形“炸弹”。

财物防范：不被贼偷，不被盗抢

餐饮店作为一个公共场合人来人往，在这么一个人群密集的地方，顾客又常常疏于防范，财物也就难免会被不法分子盯上。因此，餐饮店的防盗也就成了一个经常讨论的话题。

营运安全管理

最先到达餐饮店的员工应先查看店面四周是否有可疑现象，并检查门、窗是否开着。如发现被盗应立刻报警，然后查看餐饮店内所丢失的物品，并保护好现场。如没有什么异常情况，做好营业前的准备工作。

在打烊关门前，应确定所有顾客都已离开餐饮店，然后，将门窗关好。打烊后，员工可结伴离去。

防止内部人员偷窃

员工在日常工作及服务过程中直接接触餐饮店的各种财产与物品。为防止员工借工作之便偷盗餐饮店财物，首先要严格把好录用员工关，并进行经常性的教育和制订严格的奖惩措施。一旦出现盗窃行为，应根据情节的轻重进行严肃处理，不能纵容。

防止外人偷窃

餐饮店的经营特点决定其每天都有不少现金流入流出，一些设备、原材料也都存放在店内，这就为不法分子进行偷窃提供了可能。为了防止偷窃行为的发生，应采取以下措施进行防范：

灯光照明，因为充足的灯光可以减少店内和店外犯罪行为的发生。

检查门窗有无玻璃破损及螺丝脱落情况，如有，应及时找人修理。

控制开店钥匙的数量，持有人只限开门及打烊的员工。

当钥匙数量多到无法控制时，应立即换锁。

不应在没有安全措施的情况下，将贵重物品置放在公共场所。

拎包一直是餐饮店盗窃案件的主流，针对这些“拎包族”，北京西城区月坛派出所就采取了一项有效的措施，大大降低了案件发生率。派出所的民警在辖区内的各餐饮店配备专门的安全员并推出专用防盗座套，效果十分明显。

据了解，月坛派出所辖区内共有规模不一的 210 余家餐饮店，自从餐饮店内配备专职安全员和防盗座套后，餐饮店内的拎包盗窃案减少了 80% 以上。目前，这项防盗措施已经在西城区广泛推广。每当发现顾客将衣服披在椅子上用餐时，餐厅服务员就会上前提示顾客注意防盗，并将防盗座套为顾客套上。

财物防抢

许多时候只要防范得当，不给歹徒以可乘之机，就可避免遭到抢劫。所以餐饮店日常营业时，应教育员工密切注意防抢信号，防患于未然。在餐饮店的经营中要注意以下几种常见的异常情况：

（1）在酷热天气下，穿着外套者可能藏有器械。此时要通知其他工作人员注意观察他或礼貌地上前问候交谈，并询问餐饮店内的温度他可否满意，让他脱去外套。

（2）单独用餐的顾客，用完餐后还滞留在餐饮店内迟迟不肯离去。遇到这种情况，可以请服务人员上前礼貌地问候，也可与其寒暄并闲话家常，此举可以使歹徒打消犯罪意图。

（3）有人或一群人在餐饮店门外逗留、游荡。遇到这种情况，如果有充分理由，可礼貌地请对方离开，以确保安全。如果对方持续在餐饮店外游荡，则可视情况通知警方。

（4）当处理财务的时候，有顾客在收款台前面出现，这时可与这位顾客寒暄，设法打听其住处、姓名、工作地点等，让他知道餐饮店已在注意他。另外也要尽量避免钱财外露，切勿在顾客面前点钞。

（5）顾客在用餐高峰时进出餐饮店好几次，此时要通知其他工作人员加强观察，也可上前寒暄与问候，礼貌地问候顾客有什么可以效劳的。

（6）打烊后还有车子停在餐饮店外或停车场。这时先要确认车上的人是否在等候店内同伴，观察驾驶人并记下该车的车号、车型、颜色及停留时间。

（7）如果打烊后有人敲门，借口借用厕所或借打电话等要求进入餐饮店，一定不能随便让其进入，可以有礼貌地告诉其附近的公共厕所或公用电话亭。

此外，如果餐饮店被抢了，老板要立即通知警方抢劫发生的时间及地点，并提供有关抢劫事件发生的始末及任何有关歹徒的线索，如相貌、口音、身高、身材、服装，所持器械、车号、车型、颜色及歹徒逃逸方向等。同时要把餐饮店的门锁上，尽量保护现场，直到警方抵达，并要求员工保持镇静，不要讨论所发生的事件。

意外伤害：关键在于预防

餐饮店内的意外伤害可以分为食物中毒和物理性损伤。任何一点小小的失误都可能酿成大事故，因此，意外伤害的避免关键就在于预防。

食物中毒产生原因

食物中毒往往发病迅速、对身体危害性大，事故发生前不易被察觉，因此，经营者们就应该深入了解食物中毒产生的具体原因，以拟定相应的预防措施。

原材料被有毒的细菌或者化学物质污染。这是目前引发食物中毒的最普遍因素。原材料在生产、运输、储存和加工过程中易受某些细菌和有毒化学物质的污染，处理过程中又不能有效地去除毒性成分。如猪肉在宰杀过程中易被沙门氏菌污染，某些鱼类体内会富集重金属汞，这些都会引发严重的中毒事件。

原材料本身含有毒性成分。有些原材料本身就含有某些有毒的成分，在加工过程中，由于加工人员不了解或者加工手法不当，使这些有毒成分得以保留，成为食物中毒事件的隐患，如没有充分加热的芸豆、鲜美但是有剧毒的河豚等。

几种材料混合后产生有毒物质。这种情况比较少见，但是一旦出现，也是棘手的问题。有些材料是不能在一起加工的，单一的材料本身没有毒素，但是与另一种混合后，会产生有毒的化学反应，比如新鲜的大葱和蜂蜜。

外形相似的材料难以分辨。自然界中很多外形甚至颜色都相近或相同的材料，实际上却有着天壤之别。最有代表性的就是蘑菇和亚硝酸盐。这就要求餐饮店的员工和老板在材料采购过程中学会仔细分辨。

常见有毒食物

世界上有毒的动植物种类繁多，仅我国有毒的鱼类就有 170 余种。餐饮店中常见的有毒动植物原材料如下：

（1）毒蘑菇。蘑菇是老百姓普遍喜爱的营养佳品，种类丰富、口味鲜美，如香菇、松蘑等。但是其中有一部分却是含有剧毒的毒蘑菇，我国目前有 80 多种。蘑菇中毒多发生在夏秋多雨的季节，由于采集者或者培育者缺少经验而致。一般含剧毒的蘑菇有毒蝇伞、白毒伞、鹿花菌等。

（2）发芽土豆。土豆，即马铃薯，富含淀粉。马铃薯发芽的部位含有大量有毒的龙葵碱。正常马铃薯中每 100 克龙葵碱含量仅为 2 ～ 10 毫克，但是发芽部位可达 40 毫克。龙葵碱会产生溶血作用，引起脑水肿、脑充血，对呼吸中枢也有麻痹作用。

（3）芸豆。芸豆，俗称四季豆。鲜芸豆中含有毒蛋白和红细胞凝集素，食生或半生不熟者易引起中毒，中毒程度与食用量成正比。

（4）不新鲜的鱼。不新鲜的鱼含有一定的组织胺，容易引起过敏性中毒。鱼体内组胺酸受到组胺酸脱羧酶的影响，就会大量分解产生组织胺。一般海产鱼类的组织胺含量比较高，如秋刀鱼、沙丁鱼等，应当注意。

物理性损伤处理

餐饮店中的物理性损伤不可避免，但是可以采取措施尽量减少。具体措施如下：

（1）防止跌伤。跌伤在厨房中是常有的事，工作人员应当注意避免在走道、门口或湿滑有污物的地板上跌倒。厨房工作人员登高决不可用堆高的盒子、椅子、摇晃的梯子，在登高之前一定要确信梯子的高度足以让我们达到要攀登的高度。平时应穿着宽松的胶底鞋，同时鞋底要有防滑功能，这样才不容易跌倒。在通道或厨房时千万不可跑步。当地板刚清洗过或汤汁不小心洒于地板上时，都是危险的，走过这里时应非常小心，及时清理干净。工作人员进入厨房门口时应该慢下来，而且要靠右边看一下再走，以避免与别人相撞。

（2）防止割伤。割伤的主要原因是厨房人员使用刀具设备不当所引起的。使用刀具切割材料时必须用正确方法，刀口不得面向同事，也不可把刀放在工作台边上，避免掉落下来割伤脚。刀具不用时必须妥善保管，不能随意放置。当玻璃杯或盘子打破时，不要用手去摸玻璃或陶器的碎片。要拿湿纸巾将碎片拾起，然后将这些碎片丢在垃圾箱里。

（3）防止电击。当发现任何破损的电线、松动的电插头或其他的电力设备有问题时，应立刻报修。用手开电器设备时，手一定要保持干燥，一定要把手擦干净才能去拔电器设备的插头。拔插头时，一定要握住电插头，决不能拉电线。

（4）防止灼伤。拿热平底锅时应该使用干热垫子或毛巾握住锅把。打开热的蒸锅时，一定要站在靠边的地方；举起热的用具盖子时，一定要站远一点；在炉笼的上边打开盖子时，一定要远离它，且与火焰保持距离，以免被灼伤；把食物放入热容器时，放到差不多就可以了，决不要让汤水溢出来。假如放一个热锅在别人旁边，一定要提醒他。不要将有水的食物放人热油锅里，在操作油锅时一定要保持油的平稳，否则很容易被灼伤。

（5）衣着的安全防护。在工作场所应穿着合适的服装，系在身上的围裙带子应短些，这样可防止被操作的机器设备挂住而发生危险；不要穿戴别针、颈饰或手镯，因为这些东西可能会被机器绊住或落在食物中。

食材和用具卫生要注意

在物质生活已经很丰富的现代社会，所有的顾客都把卫生看做是否进店就餐的一个重要标准，其中，确保饮食制品和用具的卫生是最基本的要求。尽管如此，做好这一点的餐饮店并不多，很多餐饮店只是维持表面卫生，食材和用具卫生与否只有自己人知道。所有餐饮店都要意识到，忽视食材和用具卫生，一旦被顾客发现，无异于自砸招牌，自毁名声。

菜肴制作：减少污染，保留营养

菜肴的制作是一个相对复杂的过程，在这个过程中，一方面要尽量避免混入异物，另一方面要最大限度地减少污染，保留原材料的营养成分。

检查材料卫生状况

厨房工作人员应对待用的原材料进行严格的质量检查，不符合卫生标准的材料绝对不能用作烹调。必要的时候还需要对批量的食品原材料进行化学检验。

冷冻食品解冻

由于冷藏是保存原材料的有效方法，因此在餐饮店中应用极广。但是，原材料解冻过程中存在许多问题。一般对原材料进行解冻时，应该缓慢解冻后再进行处理和制作。解冻后的原材料也不能进行二次冷冻。

生、熟食品要分开存放

无论是在菜肴的制作过程中还是在平时的材料存放过程中，工作人员都应牢记生、熟食品必须分开存放。如生肉与熟肉必须隔离存放，生肉中往往含有许多没有经过高温杀灭的细菌，一起存放很可能造成交叉污染。

菜肴制作时间要短

原材料长时间暴露在空气中，会加速变质，也会被空气中的污染物浸染。因此，厨师在制作菜肴的过程中，要尽量把制作时间缩短，不仅可以保留食品中的营养成分，还会减少材料与细菌接触的机会。

科学保存剩余原材料

对不易保存的原材料应本着因量制宜的原则取用，过多则会浪费。对剩余的部分原材料，如果允许保存，则应仔细清洗后放入专用的容器冷冻保存。

各类食品卫生标准

食品卫生与否，主要是看其是否变质。变质的食品含多种有害细菌，对人体极为有害，因此千万不能食用。餐饮店更要注意此类食品不能出售，以免引起顾客投诉，影响餐饮店声誉。辨别食品是否变质的方法如下：

（1）鲜肉。良好的鲜肉应具有光泽，红色均匀，脂肪洁白，外表微干或微湿润，触摸不黏手，有弹性，指压后凹陷立即复原，无异味，烹调时肉汤透明、澄清，脂肪团聚于汤面，有香味。

（2）内脏。肠呈乳白色，稍软，略坚韧，没有脓点、出血点，无异味。胃呈乳白色，黏膜完整结实，无异味。肾呈淡黄色，有光泽，具弹性，无囊泡或畸形，气味正常。心呈淡红色，脂肪呈白色，结实有弹性，无异味。肺呈粉红色，有弹性，边缘无肺丝虫，无异味。肝呈棕红色，包膜光滑，有弹性，质地结实。

（3）肉制品。火腿色泽鲜明，肉质暗红，脂肪呈透明白色，肉身干燥结实，有香味。咸肉呈红色，脂肪色白，肉质紧密，无异味。熟香肠的肠衣完整，肠衣与灌的肉紧密相贴，无黏液，肉呈红色，脂肪透明如玉，无腐臭和酸败味。卤肉无异味、异臭，肉块中心已煮透，外表无异物污染。肉松呈金黄或淡色絮状，纤维干净疏松，无异味。

（4）鲜鱼。表面有光泽，附有清洁透明黏液，鳞片完整，不易脱落，无异味，眼球凸出饱满，角膜透明；鳃色鲜红无黏液；腹部坚实无胀气，有弹性；肛门孔白色凹陷；肉质坚实，有弹性，骨肉不分离。

（5）冻鱼。鱼化冻后质地坚硬，色泽鲜亮，表面清洁无污染。鱼肉剖面新鲜不腐败，与鲜鱼相似。

（6）螃蟹。动作灵活，能爬行，剖开后内脏无发黏、变色、异味。

（7）禽类。健康鸡的鸡冠鲜红、挺直，肉髯柔软，眼圆大有神，嘴紧闭干燥，嗉囊无气味、积水和积食，两翅紧贴胸壁，羽毛紧贴有光泽。冻禽解冻前，母禽皮色乳黄，公禽、幼禽、瘦禽皮色微红；解冻后切面干燥，肌肉微红。

（8）蛋类。良好鲜蛋壳上有白霜，清洁完好，照光透明，气室小，蛋黄略有阴影，无斑点。煮熟鲜蛋蛋黄呈粉状或极易松散块状，黄色均匀，无异味和杂质；蛋白呈晶片状或碎屑状，浅黄色，无异味和杂质。咸蛋外观蛋壳完整，无霉斑，摇之有轻度水荡漾感，照光时蛋白透明，红亮清晰，蛋黄缩小，靠近蛋壳，打开后蛋白稀薄透明无色，蛋黄浓缩呈红色，煮熟后蛋黄有油脂并有沙感，具香味。皮蛋外层包料完整，无霉味，摇晃无动荡声，照光呈玳瑁色，凝固不动，打开时蛋白凝固、清洁，有弹性；纵剖面蛋黄淡褐、淡黄，中央部稍稀软，芳香无辛辣味。

（9）粮食与豆类。大米颗粒完整，质地坚韧，无霉变虫蛀和杂物，色白，含水量在15%以下。豆类颗粒饱满，无虫蛀、挂丝和霉变。豆腐无石膏脚，质地细腻，用刀切开后，切面干净；整板豆腐脱套圈、揭布后不会坍塌；油豆腐软，不湿心，橙黄色有光亮；豆腐干手揩表面无发毛现象，挤压切口无出水；豆腐衣不破碎能揭开，有光泽，柔软无霉点。

（10）蔬菜。鲜嫩无黄叶，无刀伤和烂斑。

（11）水果。优质水果表皮色泽光亮，肉质鲜嫩清脆，有清香味；瓜果腐烂部分超过果体1/3则不能食用，1/3以下的要清洗消毒，现削、现挖。常作生食的水果，如萝卜、黄瓜等，食用前要用清水充分洗涤以除去寄生虫卵和污染的杂菌及皮上农药残留，然后用开水浸泡30秒，也可用5%乳酸溶液或其他消毒液浸泡消毒后再生食。

（12）糕点。糕点制作生产过程必须符合食品卫生要求，储存时要防止生虫、霉变和脂肪酸败，清洁卫生、干燥、通风，并具有防鼠、防蝇设备。优质面包质地松软，顶面呈均匀的金黄或深黄色，不焦、不生，外形饱满有弹性，咀嚼时无粘牙感。饼干色泽光亮，花纹清晰，松脆且酥有香味。

（13）罐头食品。生产原料、生产工序均须符合食品卫生要求。优质罐头外壳光洁，无锈斑、无损伤裂缝以及漏气膨胀现象，接合处焊锡完整均匀；罐内真空度必须符合标准，用金属棒轻击罐盖，发音清脆坚实；打开后罐身内壁不应有腐蚀、变黑或涂料层剥离现象。油炸食品须炸透，酥脆，不得有焦味和酸败味。水果罐头的果肉不得煮得过熟，块形完整，果肉不得过硬，色泽天然，不准人工着色；汤汁透明清澈，不含杂质，糖水一般为30%，无异味。果酱罐头应与原来果实色泽相符，果酱黏度高，倾罐时不易倒出，静置时不分离出糖汁，不允许人工着色，可适当加酒石酸或柠檬酸，无异味或香精味。保存罐头的地方应通风、阴凉、干燥，一般相对湿度应在70%～85%，温度在20℃以下，以1℃～4℃为最好。

（14）冷饮食品。冷饮食品用料含有较多蔗糖、蛋、奶和淀粉，适合细菌繁殖，如生产、销售环节被细菌污染容易使人发生肠道传染病。使用原料应新鲜，水源应好，香精、色素、糖精应控制使用。制作场所盛放器皿、管道应彻底清洗，并用蒸汽或0.1%～0.2%漂白粉液消毒。熬料后要迅速冷却。包装纸应清洁无毒，包装纸用的蜡应为食品级石蜡。冷饮品须放在冷库或冰箱内储藏，防止融化污染，以保证冷饮食品的卫生质量。冷饮食品应具有该冷饮品的色泽和滋味，无异臭、异味及异物。汽水应澄清透明，不准混浊或有沉淀物，瓶盖严密，不得漏气。

（15）酒类。酒的成分除水外主要是乙醇，过量或长期饮用可引起中毒，特别是当其中含有甲醇等有害物、受微生物污染、生产原料（粮食）霉变等时，对人体更加不利。一般白酒的卫生指标为纯洁、透明，有酒香，滋味醇厚，无强烈刺激性，无异味。黄酒色黄，澄清不混浊，无沉淀物，有爽快馥郁的香味，滋味醇厚稍甜，无酸涩味。葡萄酒应清亮，具天然色彩，红紫或浅黄色，无沉淀，具葡萄香气，有浓厚酯香，无异臭，滋味带果汁味，质差时有酸涩味。啤酒应透明澄清，无混浊或沉淀，色金黄，具正常酒花香，入杯时有密集洁白细腻的泡沫，保持一定时间不消失（发泡不多表示发酵不良，储存时间过长），滋味爽口，略带苦味，无焦臭味和酸味。

用具卫生要求：管理得当，使用得法

餐饮店内有各种各样的用具，如果管理或者使用不善，同样会造成食品的污染。这些用具种类繁多，大体上可以分为厨房用具和餐具。

金属炊具

金属炊具主要是锅、铲、勺等，比较容易清洗，一般分为以下四个步骤：

（1）清洗。按比例调配洗涤液，将炊具放入洗涤液中彻底洗刷，确保无油渍、无污点。

（2）冲刷。用流动水将金属炊具上残留的洗涤液冲刷干净。

（3）消毒。餐饮店一般没有专用的大型消毒设施，可将金属炊具放入沸水中加热5分钟以上。有条件的餐饮店也可以购买小型消毒柜。

（4）存放。将已彻底消毒的炊具存入干净的橱柜备用，存放过程中应避免二次污染。

砧板

砧板由于用来加工多种原材料，使用后残存附带的材料碎屑很多，加之长时间暴露于空气中，极易造成腐败变质，形成交叉污染。在砧板的使用和存放过程中，有以下两点必须引起注意：

（1）及时清洗，及时消毒。无论是什么材质的砧板，在使用后都必须彻底进行洗刷，消毒。在消毒时，可以用沸水冲刷，也可以用医用酒精擦拭砧板两面。

（2）消毒后的砧板应存放于干净的地方，并用防尘罩遮盖。在放置时，必须使砧板侧立，这样可以减少灰尘的降落量。

调理台

对于放置调料的容器、器具，由于其种类与附着的污物不同，洗涤的方法也不相同。洗涤后必须把洗涤剂冲洗干净，再以热水、蒸汽或是次氨酸钠消毒。若以次氨酸钠消毒，之后应以饮用水冲洗并干燥。金属制器易受次氨酸钠腐蚀，若有水分残留易使金属生锈；合成树脂所制成的器具吸水性低、材质软、易损伤，受损部位易附着食品残渣而成为微生物的生长场所，因此在清洗时应特别注意；塑料制的器皿耐热性差，不能用高温来消毒杀菌，因此这类制品最好以次氨酸盐或其他化学方法消毒。

餐具

餐具是顾客就餐直接接触的器具，餐具的卫生程度直接影响顾客的食欲和餐饮店的形象，根据国家科技部2008年发布的《餐具清洗消毒方法及注意事项》，餐具的处理应根据以下标准来进行：

（1）清洗方法。刮掉粘在餐具表面的大部分食物残渣、污垢；用洗涤剂溶液洗净餐具表面；最后用清水冲去残留的洗涤剂。

（2）消毒方法。煮沸、蒸汽消毒保持100℃、10分钟以上。如果使用含氯消毒剂消毒，消毒液浓度应当含有效氯250ms / L（又称250ppm）以上，餐具全部浸泡液体中5分钟以上。化学消毒后的餐饮具应当用净水冲去表面的消毒剂残留。

（3）保洁方法。消毒后的餐具要自然滤干或烘干，不应使用手巾、餐巾擦干，以避免受到二次污染。消毒后的餐具应当及时放入防尘、防蝇的容器内。

（4）常用消毒剂。常用消毒剂有以下几种：

漂白粉：主要成分为次氯酸钠，还含有氢氧化钙、氧化钙、氯化钙等。配制水溶液时应当先加少量水，调成糊状，再边加水边搅拌成乳液，静置沉淀，取澄清液使用。漂白粉可用于环境、操作台、设备、餐饮具、工具及手部浸泡消毒。

次氯酸钙（漂粉精）：使用时充分溶解在水中，普通片剂应当碾碎后加入水中充分搅拌溶解，泡腾片可直接加入溶解。使用范围同漂白粉。

次氯酸钠：使用时在水中充分混匀。使用范围同漂白粉。

二氯异氰尿酸钠（优氯净）：使用时充分溶解在水中，普通片剂应当碾碎后加入水中充分搅拌溶解，泡腾片可直接加入溶解。使用范围同漂白粉。

二氧化氯：因配制的水溶液不稳定，应当在使用前加活化剂现配现用。使用范围同漂白粉。因其受氧化作用极强，应当避免接触油脂，以防止加速其氧化。

碘伏：0.3% ~ 0.5%碘伏可用于手部浸泡消毒。

新洁而灭：0.1%新洁而灭可用于手部浸泡消毒。

乙醇：75%乙醇可用于手部或操作台、设备、工具涂擦消毒。

（5）化学消毒注意事项。使用的消毒剂应当在保质期限内，并按规定的温度等条件储存。严格按规定浓度进行配制，固体消毒剂应当充分溶解。配好的消毒液定时更换，一般每 4 小时更换一次。使用时定时测量消毒液浓度，浓度低于要求立即更换。保证消毒时间，一般餐具、工具消毒应当作用 5 分钟以上。应当使消毒物品完全浸没于消毒液中。餐具消毒前应当洗净，避免油垢影响消毒效果。消毒后以洁净水将消毒液冲洗干净。

废弃物：分门别类，统一处理

餐饮店内每天产生的废弃物主要来自厨房废弃原材料和顾客就餐区废弃的食物。对于产生的液态废弃物应先过滤出其中的有机质，如油脂等，然后倒入污水处理池统一处理，固态废弃物则应用专门的垃圾袋包装妥当，送交垃圾处理站。

蔬菜废弃物

蔬菜废弃物中有一部分有回收利用的价值，因此，在处理蔬菜废弃物的时候应尽量分类处理。腐烂变质的部分应集中装入垃圾袋，事后送交垃圾站；未变质的菜叶等可以集中起来送去养殖场当做饲料。废弃物全部处理完毕后必须彻底清理周围地面，并且消毒。

肉类废弃物

肉类废弃物变质速度快，且会产生难闻的异味，因此，尽量用垃圾桶盛放肉类废弃物，还要加盖封严。每清理完一次，都要对垃圾桶进行消除异味处理，对垃圾桶和周围的地面也要及时消毒。在运送的途中也应采用密闭的垃圾车。

残羹冷炙

主要来自顾客就餐区，往往混杂有餐巾纸、烟头、塑料袋等各种废弃物，这类垃圾难以进行分离，应当在过滤液体后，采取固态废弃物的处理方式。由于此类垃圾也易变质散发异味，因此，处理过程中也应注意密闭措施。

公共场所卫生清理

其主要包括地面、天花板、门窗、墙壁和通风设备五个方面。公共场所人员密集，是餐饮店的门面，这些地方的干净与否会直接反映在顾客的具体行动上，所以，老板在门面上要做足文章。

（1）地面清洁。由于装饰美观的需要，现在的餐饮店内已经很少使用水泥地面，取而代之的是没有上釉的瓷砖。这种瓷砖地面清理需要仔细，否则不但清理不干净，而且会影响美观。

在清理瓷砖地面之前，先要把垃圾清扫干净，然后用质量较好的软刷浸蘸洗涤液或者碱水进行短距离的反复擦拭。刷头应该与地面平行，也不要用力过猛，避免污水飞溅到远处，造成交叉污染。清理完毕后，再用干净的拖布将地上多余的水拖干。

（2）天花板和墙壁卫生管理。天花板和墙壁往往用精美的装饰物进行点缀，容易沾染灰尘，而且清理起来比较麻烦，所以要重视日常的卫生保持。天花板和墙壁的清理过程如下：对于天花板和墙壁的上半部分，由于一般不会沾染油渍等污物，大部分都是灰尘，因此可以用吸尘器仔细清除。墙壁的下半部分则应用清洁的抹布擦拭干净。对离地面较低的墙壁和墙角内的结尘，可以用软毛刷和洗涤液反复擦拭。发现天花板或者墙壁有破损时，应及时修理。

（3）门窗打扫。门窗的清洁标准是无异物、无油渍，具体打扫程序是：先用干净的湿抹布擦拭内外，每次要来回擦拭三遍，然后用蘸有清洁剂的干净抹布自上而下、由里到外擦拭一遍，再用无清洁剂的抹布擦拭干净。擦拭玻璃比较简单，用干净的湿抹布和干抹布分别擦拭一次即可，但要保证擦拭后的玻璃明亮。

（4）通风设备清理。为保持室内空气流通，餐饮店内一般都装有专门的通风设备，久而久之，这些设备的排风换气口就成了灰尘和细菌的聚集点。为了保持清洁，应该对这些地方进行定期清洁，一般每周都要进行一次。清理过程中用长柄的软刷将排气口内外的灰尘打扫干净，再用干净的抹布和清洁剂进行擦拭。必要的时候还要对排气口的风扇进行清洗或者更换。

有害生物：三大害虫危害多

害虫防治向来是各个餐饮店关注的问题，也经常使老板感觉束手无策，毕竟虫鼠的适应能力比较强。虫鼠的侵害不但会造成餐饮店粮食蔬菜的大量损失，还会造成食品原材料的污染，有传播疾病之险。所以，经营者在害虫防治上切不可掉以轻心。

虫鼠防治

虫鼠的防除方法有如下几种：

（1）化学防除法。化学防除法即利用化学药剂防除或毒死虫鼠。用此方法防除虫鼠者约占75%~80%。在使用化学药剂之前，要先确定药剂种类、用量及使用方式是否在相关规定许可范围以内。

（2）物理防除法。物理防除法包括捕杀法（徒手或使用器械驱杀害虫的卵、幼虫或成虫）、诱杀法（利用虫鼠的特殊习性，以适当装置诱杀）、遮断法（利用适当装置以阻隔虫鼠接近，如网遮、屏遮等）。

（3）环境防除法。保持环境整洁来降低虫鼠的生存率，主要工作是及时清理为虫鼠繁殖提供所需食物及水分的场所。如所有与食物制备及供应有关的用具、餐具，使用后均应彻底洗净、消毒。任何用于接触食物的布均不可作其他用途。

苍蝇防治

苍蝇的种类很多，但是与食品卫生关系最大的是家蝇。家蝇白天多栖息于食物或产卵地的附近，喜欢选择粗糙的表面，特别喜欢器物的边缘。夜间，苍蝇多停留在室外，在植物的枝叶上、灌木或篱笆上；在温暖的气候中，家蝇也多停留在室外。

控制家蝇最好的方法莫过于环境防除法。此外，可在对外开口及门窗处加装纱窗、纱门等，并加装风扇，以防止家蝇的侵入。

以化学药剂防除家蝇可奏一时之效，但若以环境防除法来配合，则必能取得事半功倍的效果。在室内，可用气雾或烟雾喷洒杀虫剂迅速击落并杀死苍蝇。杀蝇剂可使用除虫菌加协力剂，或使用人工合成除虫菌，但需将所有食物包盖或移走，人员不可停留在内，并将电源及所有火源关闭，紧闭门窗。

蟑螂防治

蟑螂喜欢生活于温暖、潮湿、黑暗及食物多的地方。白天通常隐身于缝隙内、橱柜后、空箱及空墙中，夜晚出来取食。

蟑螂需要有适当的食物、水及栖所，才能维持生存，因此，蟑螂的防治应以搞好环境卫生为主，以限制蟑螂的生存条件为第一步，使其无法生存。其次，要封闭或修缮蟑螂自室外或屋子附近进入室内的入口，特别要注意水管或其他类似的管线。

员工个人卫生：一切为了健康

工作服

工作服应经常换洗，并定期消毒。不得穿潮湿，有油渍、污渍等的工作服上班，尤其是从事窗口服务和餐厅服务的工作人员。

头发和胡须

头发应经常清洗，不得有油腻、污垢等现象出现。

男士不得留超过衣领的长发，不得留长鬓角，不得留超过 0.2cm 长的胡须。女士不得留披肩发，若头发长到可盘起来的程度时，在工作时应将长发盘在工作帽中或将其用发卡夹牢。

指甲

勤剪指甲，指甲长不得超过 0.1cm。

不得涂指甲油。

指甲缝不得有明显的污垢。

洗手

工作人员在上岗、进行窗口服务工作前必须洗手消毒。手接触不洁净的物品后，应及时清洗；清洗好的手，应自动沥干或用烘干机烘干，不得用抹布尤其是不干净的抹布抹干。

工作人员在上洗手间后应及时洗手。洗手应在洗手间内清洗，不得在操作间内的水龙头中清洗，以免水池或其他食品被污染。

处理垃圾后，工作人员应及时洗手消毒。

接触生鲜食品再加工熟食时，应重新洗手。

出现病状

出现传染性肝炎、腹泻、呕吐、发热、咽喉疼痛、皮疹、耳炎、鼻炎、眼炎、伤寒、活动性肺结核等时，工作人员必须向本部门负责人汇报，并及时到医院就诊，由本部门负责人负责调离到不会导致食品污染的岗位或准假休息，直至康复。

个人用品

工作人员不得使用个人餐具（调羹、筷子等）和手去品尝餐厅内待出售的食品或其他制成品。不得使用餐厅内的用具洗澡、洗脚、洗脸、洗衣服等。

咳嗽，打喷嚏

工作期间，工作人员不得对着没加盖的食品尤其是熟食及其他制成品咳嗽、打喷嚏等。

化妆及装饰品

上班时，工作人员可以化淡妆，不得化浓妆。一线工作人员在操作期间不得戴戒指、手镯、手表等个人物品。

手部受伤

发现手指、手掌等部位有破伤时，应包扎好，并戴好橡胶手套，不得任其不管，以防止伤口感染和污染食品；必要时可向本部门负责人申请休息或调离到其他不会导致食品污染的岗位。

不得抽烟、吃东西，随地吐痰

在操作间和售菜窗口内，工作人员不得抽香烟、吃东西、随地吐痰等；若有外来人员入内抽香烟、吃东西、随地吐痰等，应及时制止。因炒菜等需品尝食品时，若用马勺打到小碗中品尝，品尝后的剩余汤汁或食物不得倒入锅中。

洗澡

工作人员应养成常洗澡的良好习惯。

健康证

工作人员必须经卫生防疫部门体检合格并取得“健康证”以及经过卫生知识培训后方能上岗操作，不得无证上岗或先上岗后取证。

个人卫生检查

对员工着装和个人卫生情况，各餐厅负责人或指定专人每日进行自查，质监部负责不定期进行抽查，发现有违反以上规定的，要及时指出，并给予纠正。

第十四章

个性营销，追求创新

影响餐饮店成败的因素很多，但最关键的因素是经营策略。从一个餐饮店的市场定位，到确定经营目标，最后到制订经营策略。这一过程如果有一个环节出错，那么对于经营者来说就意味着失败。

让营销充满个性

餐饮店营销特点

餐饮店作为大众性餐饮服务业的一员，与普通百姓的日常生活息息相关，并且已呈现出快速发展的趋势。常言道：心急吃不了热豆腐。在形势大好，餐饮业发展迅速的背景下，老板也不要被利益冲昏了头脑而忽视了餐饮店经营上的特点和难点。

（1）生产特点。餐饮店的目标市场一般定位在中低收入人群，生意上也是散客居多，这一行业特性就决定了餐饮店对菜肴不可能进行较大规模的生产制作，相反，只能走顾客定制再生产的小批量路线。因此，餐饮店的产品规格就会相应的多样化。同时，由于菜肴的不可库存性和顾客就餐时间的相对不确定性，使得菜肴的产量难以控制，加大了生产过程中的管理难度。

（2）销售特点。受储存条件限制，餐饮店的产品销售绝大多数是即产即销，这样的销售方式仅仅是围绕餐饮店的经营空间和就餐时间段的长短来施行的。经营空间或者就餐时间段较短，销售量就会少一些，相反会高一些。

另外，餐饮店属于小本经营，原材料也大多是普通常见的蔬菜和肉类，所以毛利率就会较高，资金周转也较快，但是由此而产生的硬件设备和日常相关费用较大。

（3）服务特点。受同行间的竞争影响，各个餐饮店的服务水准和方式都有所不同，但大致上都会有以下两个共同特点：

其一，与销售同步。餐饮店菜肴的销售和对顾客的服务同时进行，服务的过程即销售的过程。

其二，服务的差异性。不同服务人员所能提供给顾客的水平存在差异，即使是同一服务人员，在不同场合或者不同时间中表现出来的水准也会不同。

个性化营销基础

对于饮食业来说，21 世纪是一个充满竞争和挑战的时代，只有独创性和唯一性才是餐饮店的生存之道。如何才能在餐饮店林立的时代使顾客一眼就认出自己呢？老板要认真总结应对诀窍，结合餐饮店的实际情况，努力发挥餐饮店固有的特色，不断追求新的创意，力求在餐饮店的海洋中一枝独秀。个性化营销有以下四个必须注意的基础：

（1）精益求精，以质量打动顾客。

求精，就是要在餐饮店的经营过程中不忘对顾客负责，打造精品菜肴。首先，老板要制订严格的管理制度，奖罚分明，确保员工高质量地工作，切忌在工作中丢三落四，以次充好；其次，老板要结合餐饮店自身的实际情况和特点，采取行之有效的措施，大胆提出新的观点，力求在经营过程中尽快树立餐饮店的优质服务形象；再者，精品菜肴的质量必须能够经得起顾客、时间等多方面的考验。

成都有一家餐饮店，以其“九尺鲜鹅肠”火锅远近闻名，即使在夏日火锅淡季仍然门庭若市，生意红火。“九尺”是富饶的川西平原上的一个小镇，当地产的鹅鸭肉质特别细嫩，尤其令人叫绝的是肥嫩、丰润的鹅肠、鸭肠。鹅肠入火锅，仅 3~5 秒，立即翻卷、发脆，味道鲜美异常，堪称精品中的精品。

但是，值得老板们注意的是，并不是精品越多越好。如果一个餐饮店有许多精品菜肴可以向顾客推荐或者介绍，顾客能够记住的最多也就三五个。此外，过多的精品会分散餐饮店的精力，使精品不能发挥到其应有的极致，最终不能凸显餐饮店的特色。因此，老板不如集中精力，重点突出一两个。

（2）务必求实，赢得消费者信任。

求实，就是讲究在餐饮店食品的生产和销售过程中实实在在，能做到的就一定要做好，做不到的也不要空谈。切忌重形式而轻过程、重数量而轻质量、重表面而轻实效。

天津市有家餐饮店，在餐厅内设有彩电，进餐顾客可以在电视屏幕上监看厨房卫生、配菜加工和菜肴制作等一系列精彩场面。

电视屏幕分 4 个画面：一是厨师配制冷盘的过程；二是从鱼缸中捕捞鲜活鱼虾蟹蚌的场景；三是宰生粗加工的场面；四是厨师在灶旁操作烹调的场景，还有厨房设施、卫生消毒场景。偶尔有就餐的顾客怀疑闭路电视中播放的仅是作秀，服务人员就会请他们到厨房参观。不一会儿，餐厅中的其他顾客便在画面上看到神情惊讶的参观者，场面非常热烈。

（3）谨慎求活，求得法律保护。

餐饮店本身的特色就是一种无形的资本。某些独创的菜肴属于餐饮店的独有资产，应当通过法律手段，如申请专利、注册商标等来进行品牌保护。否则，极易被人模仿或者盗用，产生大量的竞争对手，造成巨大的经济或者名誉损失。

中国第一道受专利法保护的菜肴是北京金三元酒家的“扒猪脸”，即一种将生猪头整体加工成熟食的方法。金三元“扒猪脸”不论从选料的定质还是定量上都别有风格，并优选出 12 道标准化加工工序和质检标准，以独特的口味和精确的数据、规模最终获得了法律的保护。如果有餐饮店仿制或者盗用该制作技术，将构成侵权，受到法律的制裁。

与此相反的教训中，最典型的就是“红焖羊肉”。“红焖羊肉”曾经在北京风靡一时。且不说在开发这道菜时制作者花费了多少心血，由于没有专利保护，许多模仿者蜂拥而至，到现在相信谁也说不清谁是这道菜的创作者或者“红焖羊肉”的正宗口味是怎样的了，不能不说是个遗憾。

（4）贵在坚持，创业到底。

常言道：滴水能把石穿透，万事功到自然成。创业的过程自然满布荆棘与挑战，最忌讳的就是半途而废。个性化经营的过程就要经得起同行间的竞争，一竿子插到底。

北京曾经有一家名字为“咱家的”餐饮店，经营地道的北京风味菜。20 世纪 80 年代率先在北京推出了手擀面系列食品，大受顾客欢迎，最热闹的时候一天就要用掉三四百斤面粉。 由于行情好，利润也高，很多人纷纷效仿，短时间内北京就冒出了500多家类似的餐饮店，竞争一下子激烈起来，在这关键时刻，“咱家的”餐饮店却选择了回避，悄然引退。最后连餐饮店经理自己都不得不承认，如果当时坚持下来的话一定会赢得竞争。

营销计划：创新基础，前进动力

营销既是餐饮店开拓创新的基础，也是餐饮店快速前进的动力。特别是在市场竞争激烈，人们消费意识难以掌握的情况下，餐饮店更需要以积极主动的态度进行精心的营销计划和策划：从产品策划、广告策划、公关策划、形象策划到新闻策划、庆典策划、竞争策划。

一个餐饮店没有营销计划有如海上航行的轮船没有方向舵。营销计划可以让经营者保持正确的航线，并达到目的地。如果和餐饮店的其他员工保持良好的交流和沟通，一份营销计划可以形成一种团队精神，每人都积极参与，努力达到餐饮店的预定目标。

制订营销计划有以下四个步骤：

第一步，制订总体目标。

营销的总体目标是营销的基本指南，因此，餐饮店必须明确每一次营销策划所要实现的目标。首先，必须进行餐饮店目前问题的分析，即实际状态与期望状态的差距。营销人员在确定策划目标时，首先应确认问题，明确当前阶段，在餐饮店的营销过程中有没有问题。如果有，必须界定问题，即准确查明产生问题的原因、问题的大小以及后果的严重性等。问题界定得越准确细致，越有助于下步采取解决问题的方法。

营销人员可根据不同的问题确定不同的营销目标，当界定出的问题不止一个时，往往会出现多目标的情况。其处理的方法是：把已经提出的多个目标，在不影响要求的前提下进行归并、压缩、综合，使其尽可能的集中、简单、明确。对于无法归并、综合的目标，则可根据问题的轻重缓急将其排队后形成一个目标体系，应注意各个目标的协调性和主次性。

在分析问题和制订营销目标的时候，对自身优劣势的分析是很有帮助的，例如：优势——美味可口的食物和鲜美的饮料，上乘的服务；劣势——装修和主题确认不准确，导致座位不足。

第二步，列出可以采用的各种措施。

这一步就是进行营销方案的策划和设计。一般来讲，方案的设计可以分两步走：首先是轮廓设想；其次才是精细设计阶段。

轮廓设想阶段需要的是海阔天空的大胆创新，尽可能想出各种能够采取的营销方式，这一阶段的主要任务是保证备选方案的齐全性和韧性。为此，有关人员要从全方位的角度和途径大胆设想各种可能的方案，以便提供尽可能多样的和广阔的思考和选择。在此阶段，策划人员不要过多地考虑方案的具体细节，以免影响思维的开拓与创意。

在进行方案的评选时，要有科学合理的评价标准和选择方法。不过，优选并不只是选择其中的一个，围绕某一既定目标的优秀方案可能不止一个。一旦出现非唯一的选择结果，则应在这些优秀方案中确立主导方案和辅助方案，或以高潮、次高潮的形式波浪式推进。

第三步，制定详细的操作计划。下面的几条是一个公司在确立具体的营销计划之后，列出的比较详细的操作计划：

（1）列出菜单上制作时间较长的项目。预先制作更多的此类项目，加速制作过程。如果有必要，去除那些不容易预先制作的项目，取而代之的是那些较受欢迎的和较容易制作的项目。

（2）在晚餐高峰期后提供烛光晚餐服务。

（3）使用“先到优惠”策略，吸引更多的顾客在高峰期前用餐，从而提高座位周转率。

（4）在平时生意清淡的晚上举行主题晚会。

（5）要求服务员提高将点菜单送到厨房和上菜的速度。

第四步，对你努力的结果进行评价，决定是否继续实施计划，还是应该修改或者停止实施。

成功的营销活动取决于对顾客需求的深度认识。这包括一系列的工具，常称之为“营销组合”，其中包括市场研究、产品开发和概念开发、包装、定价、广告、促销及个人销售策略。

策划促销：给成功一个理由

老板们如何才能策划和设计一次成功的促销活动呢？一般只要抓住以下几点，就成功了一大半。

寻找促销理由

餐饮店要举行促销活动，就必须首先让消费者信服，产生兴趣，这就要有一个促销的理由，即“师出有名”。因此，如何寻找一个有新意、有特色的促销理由，也就成为所有餐饮店老板首先要考虑的问题。

制订活动规则

在举行促销活动之前，老板必须制订详细的活动规则，同时还要用简明扼要、通俗易懂的文字来向消费者进行介绍。切忌在文字上面耍手段，企图从中谋利，以免让消费者产生上当受骗的感觉，失去市场影响力。

一般促销活动的规则大多用数字来表述，但是最好不要使用“最低100元”、“100～200元”之类的字眼，因为一旦顾客来到餐饮店内就餐，却发现大菜肴的促销价格都在最低限度之上，马上就会产生受骗的感觉。

明确优惠条件

促销活动即优惠活动，但是促销并非意味着餐饮店对每个登门的顾客都要优惠，如果那样餐饮店也就毫无利润可言，活动本身也就失去了举行的意义。因此，促销优惠也要对顾客讲明条件。

其实这也是一种心理上的营销，当一个消费者有资格享受优惠，而他身边的其他顾客却没有这个资格时，促销活动也就达到了举行的目的之一，即满足部分顾客的优越感。

划定活动期限

现在越来越多的顾客是在进行理性消费。在进入餐饮店之前，绝大多数顾客都会仔细进行审视。就目前的餐饮行业来说，一年四季都有餐饮店在搞各种各样的促销活动，使得顾客对各种促销的免疫力不断增强。

因此，老板一定要明确划定促销的起止时间，一旦到了结束日期，要坚决停止优惠活动。只有这样，餐饮店才能让顾客对此次促销的真实性产生信任感。如果老板为了一时之利，活动结束了仍然执行该促销，或者根本就没有活动结束的准确日期，就会大大降低促销活动的吸引力，而不会让顾客产生“过了这个村就没这个店”的新鲜感。

注明有用信息

餐饮店要举行促销活动，就必须将各种有用的信息注明，如餐饮店的地址、联系电话等。万一消费者有什么不明白的地方，就可以很方便地与餐饮店取得联系，这样可在很大程度上避免顾客因对促销情况理解不透彻而导致的“高兴而去，扫兴而回”的情况产生。

策划醒目标题

促销活动的标题一定要醒目，能够吸引大众目光。现代社会的生活节奏越来越快，消费者每天接受的信息量也很大，如果能够让一个消费者有兴趣仔细看完一则广告，标题醒目响亮是关键所在。

时间促销：抓住节假日，区分淡旺季

餐饮店促销的种类可以依促销时间、促销方式来加以分类。促销时间主要包括节假日促销、季节性促销和淡季促销。

节假日促销

节假日是人们庆祝和娱乐的日子，对于餐饮店来讲，每一个节假日都意味着一个消费高潮的到来。所以餐饮店可将节庆假日作为主题卖点，利用节假日进行促销。在节日进行餐饮推销，需要将餐饮店装饰起来，烘托出节日的气氛。并且，老板要结合各地区节日传统组织促销活动，使活动多姿多彩，使顾客感到新鲜和欢愉。

还需注意的是，在不同的节假日，往往会形成不同的餐饮消费热点。不同节假日的消费热点分别体现在以下几个方面：

国际性节假日。包括五一劳动节、六一儿童节等国际性节假日。如一些餐饮店意识到隐藏在儿童身上的巨大餐饮消费潜力，推出了形形色色的儿童主题餐饮菜品，在劳动节的时候还可以推出针对广大劳动者的餐饮菜品。

中国传统节假日。包括中国传统的春节、清明节、端午节、中秋节、重阳节等。餐饮店可通过相应的设置，宣传有关传统节假日的文化典故，组织策划有关节日的专题促销活动，并推出各种主题菜品，深化人们对中国传统文化的认识。

西方传统节假日。西方传统节假日主要包括圣诞节、复活节、情人节、母亲节、父亲节、万圣节、感恩节等。餐饮店可以成为介绍健康外来文化的场地，而通过开展主题餐饮的形式介绍西方文化正是最佳手段。近年来，圣诞节成为最热的餐饮消费点，餐饮店可以通过独特的主题色彩、环境布置、活动安排强化餐饮店与众不同的圣诞主题餐饮卖点。

上海有一家餐饮店，在圣诞节与元旦期间，都会推出丰富多彩的特殊促销活动。不论是二人共度一个柔情蜜意的甜美圣诞，还是亲朋友人欢聚一堂同庆佳节，该餐饮店都能使客人的圣诞过得多姿多彩。活动中餐饮店还特备风味别致的“圣诞年糕”，每份仅收费1元。通过多种丰富多彩的活动，达到了很好的促销目的。

职业类节假日。包括教师节、秘书节、记者节、护士节等职业类的节假日，这些节假日往往为某些特殊职业的从业人员而设，餐饮店可以在这样的节日中，通过开展主题餐饮联络与这部分顾客的感情。

大型会议期间。在当地举办大型会议期间，外国、外地客人较多，餐饮店可以举办以本地特色菜肴或地方风味小吃为主题的促销活动。

特殊时段。如高考期间推出高考餐饮促销活动；暑假期间面向工薪家庭推出暑期儿童套餐等。春节、“五一”、“十一”这三大长假也有不同的餐饮消费特点。春节餐饮消费求喜庆、求团圆，因此，春节促销要抓住这一特点，通过抽奖、赠品派送等方式增加节日餐饮的娱乐性；而“五一”、“十一”则要突出休闲特色，从菜品、环境、服务等方面增加休闲性。

季节性促销

餐饮店可以在不同的季节进行不同的促销，这种促销可根据顾客在不同季节中的就餐习惯和在不同季节上市的新鲜原料来计划。最常见的季节性促销是时令菜的促销。同时，许多餐饮店根据人们在不同季节的气候条件下产生的不同就餐偏好和习惯推出不同的菜品，如在酷热的夏天推出清凉菜、清淡菜，在严寒的冬天推出砂锅系列菜、火锅系列菜以及味浓的辛辣菜等。

淡季促销

餐饮店为增加清淡时段的客源和提高座位周转率，也可举办各种促销活动。有些餐饮店将清淡时段的促销活动称做“快活时光”活动，在这段时间中对饮料可进行“买一送一”的销售，甚至进行各种演出等。有的餐饮店在这段时间让客人以转盘抽取幸运吧座，坐在这个吧座上的客人可免费喝一杯饮料。也有些国外的餐饮店在下午 3:00~6:00 这段相对清淡时段推出下午菜点并以时装表演吸引顾客。

让利促销：少赚一点，多卖一点

就具体促销形式看，餐饮店的促销一般都可以归结为某种形式的让利活动，主要有五种，分别为：优惠促销、价格引诱、赠品促销、原料展示促销和现场烹调促销。

优惠促销

优惠促销是指餐饮店为鼓励客人反复光顾和在淡季及非营业高峰时间里进行消费而采取的一系列折扣办法。优惠促销包括即时优惠和延期优惠两大类。前者是伴随顾客的购买行为而自动生效的各种优惠，如现场摸奖、现场打折、赠送礼品等；而延期优惠则是消费者在下次购买餐饮产品时才能使用和享受的各种优惠。优惠促销的形式主要有以下几种：

（1）折扣。是优惠促销的最常见形式。餐饮店不但可以根据顾客消费额的多少确定折扣的高低，还可以在餐饮销售的淡季和非营业高峰期间，实行半价优惠和买一送一等优惠促销活动，以吸引更多的顾客，进而增加销售额。有的餐饮店推出“用餐付费自抹折扣”活动，充分利用人们的侥幸心理，掀起了一股购买热潮。因此，在折扣的运用上应注重突出灵活、新奇的特点。

（2）低价套餐。当经过仔细设计将若干种菜肴组合成一种套餐时，餐饮店可以按较低价格出售，以此吸引顾客，增加整体收入。尤其是周末家庭消费和节假日的顾客消费，许多餐饮店往往推出不同特色、不同档次的家庭套餐，以满足家庭的需求，如“周末欢乐家庭套餐”、“除夕团圆套餐”等。

（3）发放赠券。赠券的使用在餐饮店中极为普遍，尤其在营业淡季更多地采取这种方法。赠券的发放比较灵活，可以在消费者结账时向消费者赠送等价赠券，下次顾客再来消费时可作相应币值计算。

（4）积分奖励。积分奖励是一种用于奖励餐饮店常客，提高顾客忠诚度的优惠促销方法，即餐饮店按照顾客消费额的大小计算顾客的分数，顾客每次在餐饮店消费后获得的分数可以累加，形成顾客的总积分数。餐饮店根据顾客的积分多少，制订和实施不同档次的奖励计划，例如，给予较高的折扣优惠、免收服务费、免费消费等。

（5）免费试用。餐饮店开发出新的菜肴时，可将样品送给某些客人品尝，以了解他们是否喜欢这种菜品，同时欢迎客人再次光顾。当新菜品和服务得到客人的认可以后，餐饮店再将其列入菜单。有的餐饮店则陈列某些新品，消费者在购买之前可先尝后买，这样既能得到顾客的认可，又能使顾客放心。

（6）额外赠送。餐饮店在以正常价格供应食品饮料给顾客后，另外再赠送其他一些小礼品，包括餐后的水果拼盘、带有餐饮店标志的打火机、儿童玩具、菜单日历等。赠品不仅对儿童有吸引力，即使成人也乐意接受。如果遇到当天过生日的顾客，可免费赠送蛋糕；对某些特殊的消费者在特殊的节日给予节日优惠，如母亲节给母亲的优惠，重阳节老人半价优惠，儿童节儿童免费小点心等。

（7）联合促销。联合促销是指两家或两家以上的餐饮店以及餐饮店与其他企业基于相互利益的考虑，以某种能够接受的形式与运作手段共同进行市场沟通和产品推广的促销手段。

价格引诱

价格引诱是指利用顾客求廉和求实惠的心理，在价格制订等方面所采取的措施。价格引诱策略是餐饮店经营中常用的定价策略，可以刺激顾客的消费欲望，增加营业额。灵活运用价格引诱策略对增加餐饮店的利润有着重要的作用。价格引诱策略常用的方式如下：

价格诱饵策略。一些餐饮店为吸引顾客光临，特将个别菜品价格定得较低，甚至低于产品成本。在运用这一方法时，诱饵的选择十分重要，必须注意诱饵做工要简单，以免直接人力成本的提高，造成销售无法支付费用。诱饵菜品必须是顾客比较熟悉，并且比较喜欢的。要控制好诱饵产品的价格幅度及与其他产品价格之间的互补，诱饵产品的价格最好不要低于其原材料成本支出及人力成本支出，同时其他产品的价格应稍微调高一些，以弥补诱饵产品的利润及费用。如果以竞争对手的代表菜为饵，会取得更好的效果。

低价奇巧促销。灵活应用“低价”政策能够达到出奇制胜的效果。

幸运抽奖策略。这一策略源自百货业的有奖销售策略，是针对顾客的侥幸心理展开诱惑的策略。在实施时，餐饮店可以对顾客宣称，当消费额达到某一额度时，即可参与餐饮店幸运抽奖。作为中奖的幸运嘉宾，奖项可以是就餐免费、赠送优惠卡或纪念品等。

赠品促销

餐饮店可以采用赠送礼品的方式来达到促销的目的。需要注意的是，赠送礼品的内容和赠送礼品的方式要讲究，要考虑到效益。另外，赠品促销还要符合不同年龄接受者的心理要求。为了使礼品达到最佳效果，就有必要针对不同赠送对象选择不同的礼品和场合。

赠品的形式包括以下三种：

（1）礼品性赠品：为鼓励顾客光顾餐饮店，在就餐时可向顾客赠送礼品，也可以在节日和客人生日之际向顾客和老主顾赠送庆祝的礼品或纪念卡。

（2）宣传性赠品：为了起到宣传作用，使更多人了解餐饮店，提高餐饮店知名度，餐饮店老板可以选择价格便宜，可以大量分送的物品作为宣传性赠品，但是一定要在上面印上餐饮店的促销性介绍。

（3）奖励性赠品：为了刺激顾客在餐饮店中多购买食品和再次光临，餐饮店可以采用发放赠品的方式。这种赠送是有选择的，例如，根据顾客光临餐饮店的次数、在餐饮店中的消费额多少分别赠送礼品。

赠品促销的要求如下：

（1）赠品促销要符合不同年龄接受者的心理要求。为了使礼品达到最佳效果，就有必要针对不同赠送对象选择不同的礼品和场合。

（2）要注意礼品的档次：一家高级餐饮店决不能送低档次的礼品，即使经费不足，宁可不送或送一件高档的小纪念品，也不要赠送大量的低价礼品。赠品是沟通餐饮店与顾客关系的重要渠道，要注意赠送符合餐饮店形象的独特礼品来招徕顾客。

（3）要注意礼品的外包装：包装漂亮能够让顾客觉得礼品比较高档。

（4）赠送礼品时气氛要热烈：为达到最佳赠品效果，在赠送时要尽可能创造热烈的气氛。这样能使顾客增加幸运感，并具有感染其他顾客的作用。

原料展示促销

展示原料强调的是“鲜”、“活”，要使顾客信服餐饮店使用的原料都是新鲜的。一些餐饮店在门口用水缸养一些鲜鱼活虾，任凭顾客挑选，厨师按顾客的要求加工烹调。由于顾客目睹了原料的鲜活，就对质量感到放心。

原料展示要注意视觉上的舒适性，否则会适得其反。如一家新开业的广东餐饮店，其供应的菜品中有蛇肉一类，在餐饮店门口养着两条大蛇，过路的人见之都远远避开。蛇总给人一种阴冷的感觉，这样的原料展示就起不到促销的作用。

现场烹调促销

在顾客面前表演烹调，会使顾客产生兴趣，引起顾客想品尝的心理。现场烹调能减少食品做成后的放置时间，使顾客当场品尝，味道更加鲜美。现场烹调还能利用食品烹调过程中散发出的香味和声音刺激顾客的食欲。一些餐饮店还让顾客选择配料，按顾客的意愿进行现场烹调，这样能够满足顾客不同口味的需要。

进行现场烹调促销时，要注意选择食品原料外观新鲜漂亮的菜品，烹调时无难闻气味，速度快而且简单，例如煮、烧烤类的菜品容易现场烹调。另外，烹调的器具一定要清洁光亮。

广告促销：四处吆喝，八方叫卖

广告促销是餐饮店“叫卖”的又一手段。餐饮店可根据需求在进行科学的市场调查后，确定使用的广告形式。常用的广告形式分为：电视广告、电台广告、报纸广告、杂志广告或者在电话号码簿、旅游指南等印刷媒介上刊登广告，再就是户外广告，包括指示牌、霓虹灯广告牌、就餐消费指南、现场 POP 广告、直邮广告、交通广告等。

各种广告媒介都有其自身的特点。餐饮店老板在选择媒介时，应该详细研究其长处和不足，以及它对餐饮店广告宣传的适应性。

电视广告

电视具有声画并茂、感染力强、宣传范围广等优势，但同时也存在费用高、转瞬即逝、无法持久保存的劣势。所以，电视广告适合做宣传餐饮店设施和形象的广告、特别活动的广告等。广告的时间长度和频度也应精心选择。

电台广告

电台广告利用声音作为传播媒介，也富有很强的感染力。电台常常用主持人与来访者对答的形式做广告，比较亲切。另外，电台的节目众多，而且在向专业化方向发展，比如交通台的主要收听者为司机，音乐台的主要收听者为一些年轻时尚的朋友等，这些不同节目拥有不同的听众，穿插其间的广告就会吸引不同类型的就餐者。比如：吸引老年人的餐饮店广告可以穿插在戏曲和有关老年人健康的节目中，众多年轻人和现代管理人员的广告可以插播在音乐节目中。不同的时间其广告吸引的对象也不同，一般来说，白天上班时间能吸引老年人和家庭主妇。

报纸广告

做报纸广告目前在各个餐饮店非常普遍，这种广告媒介的特点是版面选择性强，可以刊载的内容较多，便于剪下保存，还可以传阅，费用也较电视广告等便宜。适合做食品节、特别活动等餐饮店的广告，也适合登载优惠券，让客人剪下凭券给予优惠。但是要注意广告登的版面、广告词汇和大小色彩等。

杂志广告

针对性强是杂志广告促销的最大特点，不同的人阅读不同的杂志，这便于经营者根据餐饮店目标顾客群体来选择在哪些杂志上登广告。杂志吸引力也较强，纸张、印刷质量和内容好坏也会严重影响消费者心理。

户外广告

指竖立于交通路线、商业中心、机场车站和车辆行人较多的地方的广告牌。户外广告有招贴广告、绘制广告、餐厅招牌广告等类型。它具有显露时间长、费用低等优点。

交通广告

绘制在汽车等交通工具上的广告，面向的人群以当地消费者为主。

第十五章

品牌塑造：根植文化，有口皆碑

餐饮市场的竞争，已由数量型向质量型转变，由价格竞争向品牌竞争发展。创品牌效应，适应新的市场竞争，将是今后餐饮市场竞争的焦点。餐饮店要想获得一定的市场占有率，形成可持续竞争的能力，必须有广大消费者充分认可的菜点信誉度。

运营现状：先天性营养不良

一个国家在国际国内市场上拥有名牌产品的多少，在一定程度上反映了一个国家的经济实力。进入新世纪，质量意识、品牌意识逐步加强，人们认识到品牌营运战略的实施是关系到民族经济振兴的大事。

企业缺乏品牌意识

中国饮食文化源远流长，但在餐饮业中却没有诞生出多少民族品牌，特别是缺少具有全国知名度的民族品牌。长期的计划经济使许多餐饮企业不重视甚至完全忽略了品牌问题，餐饮企业普遍缺乏知识产权观念和品牌营运意识。在市场经济的冲击下，大量的老字号餐饮企业由于观念、机制、资金、人才等方面的原因，纷纷湮没于市场大潮，有的改弦易辙，有的惨淡经营；而一些新型餐饮企业，又因为缺乏历史文化的沉淀而无法大振名声。

品牌推广力度不够

"麦当劳"、"肯德基"等西方快餐企业可以占领全球大部分市场，发展成为全球性的跨国公司，而我国餐饮业的民族品牌走出国门者却难得一见。很多具有上百年历史的"老字号"餐饮店，至今仍无法突破地域界限。这些企业观念陈旧，认为自己的产品名声大，质量好，酒香不怕巷子深，在品牌推广力度上的投入严重不足。

缺乏文化内涵支持

品牌应该蕴涵一定的文化，是某一企业文化或者产品文化、服务文化的象征，创建优秀品牌的关键在于文化的深化和升华。目前一些餐饮企业在创建餐饮品牌时，热衷于追求华丽的外表简单的造势，这肯定会影响到其品牌的健康成长。

把创立名牌等同于“造名牌”

名牌是可以创造出来的，也需要消费者和公众知晓并认同。但是，创出名牌是一项系统工程，它的基础应当是高技术与高质量，这是“名牌”的核心内涵。目前，不少企业认为创名牌靠知名度就行了。“品牌营运战略”，成了广告效应，有些企业甚至不惜代价，大规模贷款以维持巨额广告费用支出。高额的广告投入，会在市场上产生一定的促销作用。但是，如果认为“创名牌”就是为本企业品牌造声势，而没有高技术、高质量的保证，那么，随着市场的成熟和消费者的成熟，这些所谓的“名牌”幌子将会被无情撕破。

品牌营运的战略定位不足

我国餐饮企业品牌营运战略的定位存在不足，具体表现如下：

（1）我国餐饮企业是靠菜肴推出牌子，国外餐饮企业是靠牌子推出菜肴。

（2）我国餐饮企业是靠菜肴广告推出一种菜肴，国外餐饮企业是靠广告推出企业形象和系列菜肴。

（3）我国餐饮企业已经开始承认品牌价值，处在品牌营运的起始阶段，而国外已经开始依靠品牌输出占领市场。

品牌是一笔资产

品牌的定义有很多，不一而足。不同的定义反映了人们对品牌理解的倾向性，也反映了人们对品牌重要性认识的进化。奥美公司创始人、国际广告界大师大卫·奥格威认为：品牌是一种错综复杂的象征，它是品牌的属性、名称、包装、价格、发展历史、声誉、广告风格等要素的无形组合。同时，消费者也因对其使用的印象及自身的经验而对品牌有所界定。

狭义来讲，品牌就是牌子，这个“牌子”由文字、标记、符号、颜色、字体等要素共同构成，它是明显展示企业或产品形象的一种“识别符号”，也即人们通常说的“牌子”。如人们提起西湖醋鱼，往往认准杭州“楼外楼”的是最正宗的；而提起北京烤鸭，许多人认为只有“全聚德”的才是原汁原味的，在这里，楼外楼、全聚德就是重要的餐饮品牌。

广义来讲，品牌不仅包含文字、标记、符号等要素，而且包括企业或产品所蕴涵的各种个性、气质、氛围等内隐的、无形要素，这些要素和文字、标记、符号等外显要素共同作用，成为消费者识别企业或产品的重要依据。因此，从这个角度看，品牌是人们对一个企业或是一种产品的全部体验——它的个性、消费者对它的信任。对它所象征地位的信任度及使用经验等，是一切感受的总和。也就是说，品牌不仅是企业产品的标识，而且代表了企业产品的形象和气质。

因此，品牌建设既要重视品牌直观的“识别符号”的开发和设计，也要重视品牌内涵的、间接的形象和气质的开发和设计。

一般认为，知名品牌就是指在市场上拥有较高知名度和美誉度，拥有较高市场占有率，拥有高附加值、能产生品牌溢价的品牌。由于餐饮产品的构成比较复杂，使得许多人对“餐饮知名品牌”不得其解。普通的看法是将餐饮知名品牌等同于各种知名菜点；有的认为它是名人，特别是政治伟人吃过的菜，掌故传闻众多的菜；有的认为它就是卖得红火的菜；有的从为它是被别人普遍模仿，被介绍到外省、外国的菜；有的认为它是以名料、名店、名师命名的菜；有的认为它是历史名菜，大奖得奖菜，上过权威菜谱的菜。事实上，需要明确的是，餐饮知名品牌是一个复杂概念，它以知名菜点作为品牌基础，同时还包括服务、环境等要素。所以，餐饮企业的品牌是一个复杂的组合体。

品牌内容

一般来讲，其主要内涵包括以下主要内容：

（1）公司品牌。餐饮品牌首先依附于餐饮店或者餐饮店品牌而存在，即餐饮品牌是某一餐饮企业这一大品牌下的小品牌。因此，餐饮企业要创建良好的餐饮形象，首先要有良好的整体形象。这类餐饮品牌现在已经比较多，例如北京的“全聚德”、“东来顺”、“顺峰”、“金三元”，天津的“鸿起顺”、上海的“新亚”、“杏花楼”、“梅龙镇”、“乔家栅”等公司的品牌。

（2）店名和环境品牌。目前餐饮消费中，不少消费者处在“吃环境”阶段，他们或是为了纪念某一重要的事件（如结婚），或是为了体现自身的实力（如大型企业的开业庆典），或是为了追赶新奇的消费潮流。这些消费目的的实现，均需要餐饮店有良好独特的环境品牌。如北京“全聚德”、天津“狗不理”、上海“优正兴”、广州“陶陶居”、苏州“松鹤楼”、杭州“楼外楼”、福州“聚春园”、成都“陈麻婆豆腐”都是百年老字号店牌。店牌是最普遍的餐饮品牌。

（3）服务品牌。服务品牌则是一种比较“虚”的品牌。它往往构成了餐饮品牌中重要的内在要素，并且，这些服务品牌往往是经由人们的口碑得以建立的。如上海南京路人民餐饮店的“2 号”服务岗位是著名的“劳模岗位”，这里的餐饮品牌是服务品牌。几十年来，人民餐饮店 3 号服务品牌在新老交替中始终保持其光彩。

（4）菜点品牌。这是最具体的餐饮品牌，即餐饮店某一具体的菜点给消费者的感觉和评价。一般来讲，凡是餐饮店的看家菜、特色菜都有可能为餐饮店树立餐饮店品牌。很多时候，这些菜品往往构成餐饮店重要的卖点。例如，在许多人的心目中，在杭州吃正宗的杭菜就要到“楼外楼”，这就是一种典型的菜点品牌；到北京吃烤鸭就要上北京的“全聚德烤鸭”，也是如此道理。此外，“东来顺涮羊肉”、天津的“狗不理包子”、西安的“同盛祥泡馍”和“老孙家泡馍”、浙江嘉兴的“五芳斋粽子”、四川成都的“谭鱼头火锅”、江苏的“大娘水饺”、广东的“红子鸡”等，也都是著名的菜式品牌。产品品牌多数与店牌或公司品牌相同。

品牌特征

名牌是在市场竞争中产生的，并具有杰出和超群的表现和区别于一般产品的特征，这些特征构成名牌内涵的核心内容，也是名牌产生效应的源泉和基础，是企业创名牌的目标和依据，也是名牌价值评价和名牌认定、评价体系设置的依据。作为餐饮知名品牌，必须具备如下一个或者几个基本特征：

（1）有较大的辐射空间和较高的社会口碑。餐饮知名品牌往往是某地、某国餐饮文化中的典型代表，因而它有较高的知名度和美誉度，往往成为一地或一国人引以为豪的“资本”之一。餐饮名牌在市场上有很高的知名度，是企业经营和销售实力的具体体现，也是企业进一步增强竞争实力、提高市场占有率的重要条件。例如，北京的“全聚德烤鸭”和天津的“狗不理包子”不但在国内享有极高的声誉，而且在国际上也极负盛名。

（2）有较突出的风味特色和较高的工艺含量。作为餐饮知名品牌，其风味自成一家且颇具价值，如福州大酒店的佛跳墙、天津狗不理的包子等。一般而言，餐饮知名品牌绝非几年就能够形成的，往往浓缩了上十年、一代人甚至几代人的汗水和努力，有较高的技艺含量。

（3）有较好的经济效益和较大的社会影响。餐饮知名品牌除了拥有众所周知的积极的社会影响外，还应能为企业创造不菲的经济效益。名牌的经济价值，一是表现为给企业创造的利润；二是为企业创造了巨大的品牌价值。这是一笔比有形资产还要宝贵的财富，是企业长期积累的结果，也是企业长远发展、取得更大经济效益的宝贵资源。餐饮店巨大的社会影响主要来自优质的产品和服务。产品和服务质量是企业的生命，为顾客提供满意的产品和优质的服务是赢得顾客信任、使顾客忠于品牌的关键，是企业全体员工长期努力、不断积累的结果，名牌的声誉越高，影响力就越大。

（4）有较大的传播历史和较多的文化含量。知名餐饮因其独特的风味、深厚的文化，往往成为几代人珍爱的对象，成为餐饮王国中的常青藤。例如“全聚德烤鸭”、“狗不理包子”已有百年的历史，“可口可乐”已在市场上存在了 112 年，北京“六必居”和太原“益源庆”自明代嘉靖年间创办至今将近 450 多年。这些品牌至今仍深受消费者的喜爱。

品牌创立：累积资产，提升价值

餐饮企业若不注重品牌的创立，到时就只有死路一条。国内一些有名的“老字号”餐饮企业，如北京的“全聚德”、天津的“狗不理”、西安的“同盛祥”等无不是靠其过硬的品牌而发展起来的。“老字号”是这样，一些新出的餐饮企业同样如此：四川的“谭鱼头”和内蒙古的“小肥羊”就是首先创立品牌，在本地发展壮大后，再向外地输出品牌，实行连锁经营，逐步发展成为集团化经营模式；安徽的“蜀王”利用其品牌效应的优势，从 7 张台面开始，发展到今天的 8 个店 1 个厂，成为赫赫有名的餐饮企业。

经验表明，品牌不是自诩的，一个品牌的形成需要市场的检验、消费者的认可。品牌是创出来的，而不是自封的。“全聚德烤鸭”、“北京六必居”正是经几代名厨的辛勤创造，不断总结和创新，才成为中外闻名的知名品牌的。

现代品牌营销是围绕不断提升品牌资产进行的。品牌资产强调通过绵密的思考、严谨的分析以及整合性的规划，使品牌的资产价值日益增长。

经营的整体规划战略步骤是：创立，即奠定品牌资产基础；建设和推广，即累积品牌资产；改善，即提升品牌资产。

创立一个品牌

品牌的创立包括品牌设计策划、品牌形成、品牌注册等一系列工作。经过品牌设计策划，最终形成有一定形态和符号特征的品牌。品牌注册即商标注册，是品牌创造的一个重要组成部分。品牌注册意识差是目前企业中存在的主要问题。目前国内有近1000万家企业，而注册商标数只有40多万件。品牌境外注册的问题也比较严重，据不完全统计，15%的品牌在境外都面临被抢注的危险。

一般来讲，创品牌要从菜点开始。菜点品牌是餐饮企业品牌的精髓和核心，是餐饮企业品牌的支柱。因而创立品牌要从创立品牌菜点开始。如合肥的“贡鹅”之所以从一个卤菜摊子发展到今天的连锁经营，就是因为它有一个核心品牌产品——“吴山贡鹅”。中外闻名的“全聚德”、“狗不理”和“同盛祥”品牌同样来自其核心品牌产品“烤鸭”、“包子”和“羊肉泡馍”。

品牌的创立工作还包括设立支持品牌的产品和服务以及各类表象性符号，如品牌的名称、标识、色彩、字体等的整体形象设计。创建品牌不仅仅是为产品取个好听的名字，它需要一个完整的营销组合设计，其中以卓越的产品为基础。

品牌建设推广

品牌建设阶段的任务是累积品牌资产，其重要的实现手段是依靠广告宣传。广告宣传不仅可以起到信息沟通的作用，也是价值传达，让顾客认识到价值的存在。在这个阶段，有两大核心的任务，一是进行品牌定位与建立品牌个性；二是进行品牌推广，使品牌的影响深入人心。

品牌策略的核心在于消费者对企业和产品的认知，其最重要也是最首要的任务就应该是针对目标消费者的偏好来进行品牌定位。品牌定位是创建品牌资产的中心环节，也就是将品牌的功能、特征和消费心理的需要联合起来。当消费者挑选品牌时，他们在理性上考虑品牌满足实际需要能力的同时，还需要在更情感化的水平上思考品牌的个性。品牌定位应该确定品牌在功能、表现性两方面的具体特征及其组合，并将此传递给消费者。

品牌定位决定品牌的市场价值位置，而品牌个性使消费者对品牌产生认同和崇拜，深深地影响与消费者的互动关系。很多调查显示：消费者选择某一产品而不选择另一产品的原因在于消费者更多地是在购买产品的个性，而不仅仅是产品本身。品牌定位实际上是建立（或重新塑造）一个与目标有关的品牌形象的过程与结果。品牌定位的基本目的是建立餐饮企业所期望的，并且被目标消费者所认可的竞争优势。

关于品牌的推广方面，需要充分利用各种媒体的力量。

（1）餐厅应针对目标市场，选择恰当媒体，加大品牌宣传力度。产品宣传应根据消费者中目标人群的需要，重点突出餐饮店的某些方面，如菜品精致、服务高档的商务性餐厅，应定向于高消费者；格调清新、菜肴独特的民俗型餐厅，应定向于都市回归族；环境温馨、服务周到的家居型餐厅，应定向于百姓大众，并以树品牌、巩固形象为突破口，强化产品在消费者心中已有的印象。通常采用在电视、电台、报纸、灯箱、立牌上做宣传的办法。有选择地搞一些让消费者受益、让消费者难以忘怀的活动，以切实提升企业形象，促进经济效益的改观。

（2）餐厅要扩大知名度，树立品牌，加强企业整合传播力度。餐饮店应该以战略的眼光对待品牌推广与广告宣传工作，其中特别要强化整合传播力度。要注重广告的到达范围、传达频率、接受率、消费者印象、销售增长情况等广告效果的测定，重视广告活动的整体策划，注重整体效应与长期效应。成都的“巴国布衣”酒楼近几年来先后成功地策划了文化、民俗菜系的发掘，都市村庄的同归等一系列的品牌推广活动，使一家专营川西乡土民俗菜的餐饮企业，在广大消费者的心目中树起了返璞归真、原汁原味的民俗餐厅的形象。并通过媒体广告，推出介绍本店特色新菜的“巴国布衣每周一菜”的系列广告宣传，不断提升企业形象，有力地促进了产品知名度、美誉度的升华。这正是餐饮品牌树立的成功所在。

（3）品牌的背后是文化，借文化之力构造企业品牌，是企业不断提升形象的重要方式。中华5000年积淀的深厚文化内涵与“一菜一格，百菜百味”神奇烹饪的完美结合，自然能造就出文化在餐桌，饮食成文化的独特风景。

提高品牌价值

为了品牌的持续发展，品牌要不断“改善”。品牌必须保持新鲜感与时代感，特别是随着时间的推移，销售的增幅变缓，产品逐渐丧失了优势，这时需要企业寻找新的利益点，需要研究和开发的支持。

改善和提高品牌资产，可以表现为以下两种方式：

（1）品牌延伸。品牌延伸，是指将原有餐饮领域（或业务）的品牌用到新的餐饮领域或业务上去，即餐饮店或者其他餐饮企业利用已有品牌的名气和商誉来发展新的业务。如上海新亚集团成功发展“新亚大包”后，又推出一个“新亚小厨房”，网点规模比“新亚大包”还大，总计要开200家，一般家庭、普通老百姓想吃的东西，它全有了，而且是地地道道上海人都能接受的口味。从“新亚大包”到“新亚小厨房”，就是“新亚”品牌的延伸。在品牌延伸中，原有餐饮领域（中式快餐或点心）中建立起来的名气和商誉带动和促进了新的餐饮领域（家庭厨房配餐）的营销。

品牌延伸是一个战略问题，应该考虑延伸的合理性。品牌延伸成功的条件是：品牌基本因素仍然适用，品牌资产可以转移，同品牌的不同产品可以一起促销，消费者对该类产品有多品牌的需求，延伸能够增强核心品牌等。品牌延伸应该处理好延伸品牌和核心品牌的关系，即延伸品牌不应该损害核心品牌的质量感觉和销路，不应该使品牌关键性资产的明晰形象模糊化，应该考虑发展同核心品牌有逻辑联系的一系列代表性品牌延伸。

（2）创新发展，与时俱进。餐饮品牌创立后，需要不断维护，不断创新，与时俱进。中国餐饮业有一大批历史悠久的品牌，即所谓的“老字号”，它们在消费者心目中很有地位，有大量的忠实顾客。但进入市场经济以来，不少“老字号”出现衰退的趋势，其主要原因之一就是因循保守，不思创新。相反，以北京“全聚德”等为代表的“老字号”依靠不断创新和与时俱进保住了自己的“金字招牌”。

夯实品牌文化底蕴

餐饮本身具有浓烈的文化色彩，是国内外文化传播的一个重要媒体，所以餐饮业与文化有一定关系。文化对餐饮营销的重要性主要在于：它满足餐饮消费者高层次的需要，即交往的需要、尊重的需要和人生价值实现的需要。文化营销搞得好的餐饮企业，就会比一般企业更多地给顾客以精神享受或精神收益，因此会产生更大的市场吸引力。

老字号餐饮企业通常有一个其他企业无法比拟的优势，就是丰厚的文化内涵。打开老字号的资料库，可以看到许多官府政要和名人雅士来店时留下的珍贵照片与墨宝；翻开老字号的店史，可以知道许多轶事与史话；许多老字号的名菜名点也有许多的掌故与趣闻。这一切构成了老字号无形的资产，产生了巨大的影响，吸引了众多的食客，给企业带来了很好的效益，从而推动着老字号的兴盛与发展。所以，老字号餐饮企业的营销多少都是文化营销，特别是历史文化的营销。

饮食文化从生成的范围分，可分宏观与微观两类。

宏观饮食文化

宏观饮食文化，是一个国家、一个民族、一个地区、一个城市生成的饮食文化。如“中华饮食文化”、“八大菜系”、“火锅文化”、“清真饮食”等，都是宏观形态的饮食文化。像集中外各式火锅之长的重庆火锅，已形成了独特的重庆火锅文化。宏观饮食文化在餐饮业的跨国营销、跨地区营销中可以发挥重要作用。例如，深圳大明火锅在日本的跨国营销中，就是利用“重庆火锅”这一宏观饮食文化对外国消费者的吸引力。

餐饮企业利用宏观饮食文化来开展营销的好处是成本低，因为餐饮店利用当地的饮食文化，无须向任何部门或者宏观饮食文化支付费用。但宏观饮食文化的利用涉及两个问题：一个是正宗不正宗的问题；一个是共性与个性的问题。例如，在上海的“四川菜”，就应当是正宗的由四川厨师掌勺的川菜。如果挂的是“川菜”的招牌，掌勺的却是上海的厨师，供应不正宗的川菜，就是不诚信的营销。这种不正宗的营销方式短期内还可以欺骗顾客，时间长了，只会自掘坟墓，除非餐饮店不想进行长期的发展。

餐饮企业在利用宏观饮食文化的同时，也要建立和发展有自己个性的饮食文化。“北京烤鸭”是一种宏观饮食文化，打着“北京烤鸭”这块牌子的餐饮企业有很多，包括“全聚德烤鸭”和“团结湖烤鸭”等，虽说都属于“北京烤鸭”，但它们各有各的个性，这就涉及微观形态的饮食文化，就是餐饮企业有自己个性的饮食文化，如“全聚德文化”、“狗不理文化”等。

微观饮食文化

微观饮食文化，是在具体设计和突出餐饮店的文化时，可以从文化的某一点出发，通过“以小见大”的手法，扩充餐饮文化的内涵。这些不同点如下：

（1）餐厅设计和装修上的文化。餐厅的形象是整个餐饮店的典型象征，应有明确的文化主题作为基本的设计理念，使餐厅成为品牌文化的重要载体。因此，餐厅布局和设计除了满足餐饮经营功能上的需要外，还应从整体设计、室内空间分隔、照明设计、色彩设计、装饰材料选择等方面充分展现具有特色的文化氛围。例如，“乡土餐厅”以古朴的土墙灰瓦，成串的辣椒、玉米、大蒜等乡土特产，蓝印花布、原木的条凳方桌，形成餐饮店餐饮“乡土”品牌特色。

（2）艺术品的文化。很多时候，餐饮店的文化内涵往往通过一些貌不惊人的艺术品而得以淋漓尽致地展现出来，这些小小的艺术品因而起到了画龙点睛的传神效果。形形色色的艺术品，虽然其所占的面积和体积不是很大，但因其“艺术性”而成为人们关注的焦点之一。因此，对餐饮店而言，艺术品是很好地展示品牌文化的载体。值得注意的是，一些简单、古朴的艺术品往往能寻求到不俗的艺术效果，而不是盲目追求“阳春白雪”式的贵族式的艺术品。

常见的文化品展示还包括书法表演、国画展览、古董陈列等。这种展示方式由于具有浓郁的文化气息，往往能增添餐饮企业品牌文化的厚度，也能让顾客有耳目一新、清新脱俗的感觉，对于被现代物质文明和快餐文化所包围的现代人来讲，具有很大的吸引力。

（3）活动的文化。各类文化性的活动是餐饮店展现品牌文化的重要载体。餐饮店通过开展形形色色的活动，可将原本静态的文化变得“鲜活”，深化顾客的文化印象。目前，餐饮店和餐饮店组织策划的活动多属一些常规性的活动，如各类大众化的美食节、特别促销活动等，这些活动因其普遍性而削弱了其作为文化载体的功能。对具有特殊风格的餐饮店而言，应该根据品牌的文化特色策划组织各种与众不同的主题活动，这些活动包括：根据不同的时令，组织策划规模比较大、且具有独特文化内涵的节庆活动、民俗表演等；根据顾客的需求，组织策划一些独创性的饮食文化活动，如饮食文化讲座、饮食情趣表演、美食家侃美食等讲座、烹饪技艺大比拼等。

（4）服务行为的文化。对于作为服务行业的餐饮企业来说，最直接、最大量的行为文化是服务行为文化。餐饮企业的类型、经营风格、定位不同，其服务行为文化也相应不同。中餐饮店的服务优势在于以深厚神秘的东方文化为背景的服务。这种服务的涵盖面很广，形式多样，强调东方文化与西方文化、东洋文化的差异，将中国的历史文化、民族风俗、生活习惯、服饰艺术、民族节庆等融入服务之中，开发新的服务项目，满足顾客求新求奇的消费需求。令人遗憾的是，目前我国很多餐饮店都盲目模仿美国标准化的服务模式，丢掉了自己的特色。我们相信，只要经营者善于发掘中国文化中的精粹部分，大胆地与服务相结合，就能够在竞争激烈的餐饮业中独树一帜，获得经营的成功。

品牌保护：注册商标，申请专利

创立品牌后，还要树立保护品牌意识。餐饮企业创品牌就如同攻山头和打江山，需要一种勇往直前、不达目的誓不罢休的勇气，而守山头和保江山则需要有足够的文化积淀和发展谋略。有不少经营者由于缺乏保护品牌意识，由他们辛辛苦苦创立的品牌又毁于自己之手，其原因主要是只享受品牌之利，未想过品牌之名，更谈不上保护品牌。创品牌而不注重保护品牌，那么，通过辛苦创业而获得的品牌也可能会失去。

从广义上看，品牌保护实际上涵盖了餐饮企业为维护和提升自身品牌形象所做的一切努力，即餐饮企业在日常的经营管理中应处处树立保护品牌的意识，并将这一意识融入点点滴滴的工作中去。

保护自己的餐饮品牌就是保护自己的餐饮知识产权。因为许多餐饮技艺和创新比较容易被模仿，但餐饮技艺和创新如果拥有注册品牌，就可以受法律保护。进入市场经济以来，中国餐饮业许多沉寂多年的老字号又重新登上舞台，并有很大的市场竞争力，同时因品牌引起的知识产权之争也多了起来。而餐饮企业的注册品牌可以有力地保护自己的知识产权。

菜品是餐饮店的重中之重，是企业的生存线。于是众多企业无不重视对菜品的研制与开发。但论及菜品的保护却多以一个“难”字感叹。由于烹饪产品的手工业化的生产特性，菜品的模仿与分解就成为简单可行的方式。东边餐饮店刚推出新菜“辣子鱼”，西边酒楼马上如法炮制“鱼辣子”。许多菜品在模仿、照搬一番后变得遍及街巷且质量大打折扣，曾流行成都的“烧鸡公”菜品的最终“崩盘”正是菜品被别人侵权带来的后果。

菜品的研制与开发本身就是一件具有智慧、财力投入的工作，其成果也必含有相应的知识产权成分和所有关系。《中华人民共和国专利法》的几次改进，已使独特菜品获得专利权成为可能。为此，申请菜品专利应是有效保护烹饪菜品独有权的有效途径。北京金三元为其菜品“扒猪脸”申请菜品专利技术，不但使产品的加工技术得到有效保护，更使市场得到有效保护，从而有效地保护了企业品牌和未来空间。此外，对于菜品的开发和创新也应从标准化、工业化入手，使菜品借助量化标准的方式提高技术含量，既可增加菜品加密度，也可为专利权的获得打下基础。

品牌保护的方法有很多种，例如注册商标，申请菜品的专利，将侵权的企业送上法庭等。

商标注册

餐饮店或者餐厅可以向工商局注册平面商标、立体商标、文字商标、图形商标、色彩商标等。如咸亨酒店根据重新修订的《中华人民共和国商标法》，将其独具特色的孔乙己造型雕像于 2001 年 12 月初正式申请注册成为中国首批立体商标。

申请特色产品的专利

某项专利申请一旦经国家专利机关公示并审查批准后，任何单位或个人未经专利人许可，不得为生产经营目的制造、使用或销售这种专利产品；否则要承担法律责任，接受罚款或拘役。长期以来，由于餐饮产品的制作工艺中科技含量不高而透明度很高，只要一上市供应，竞争者就可通过偷拍、品尝等方式轻而易举地加以复制。许多餐饮企业也因此而认为菜品申请不申请专利无多大意义。近几年来，这种观点也得到悄然更正，一些餐饮企业开始着手进行餐饮产品的专利申请。北京北平楼熙华饮食有限公司的专利申请意识显得十分强烈，它不仅对包括北平楼牌匾、北平楼标志标识、店员服装等在内的环境品牌进行了专利注册，同时还申请了老北京风味八道品牌菜食，包括北平楼麻豆腐、北平楼坛子肉、北平楼家炖黄鱼、北平楼白水羊头、北平楼萝卜丝炖鲫鱼、北平楼炸酱面等。

运用法律武器保护自身利益

注册商标和申请特色产品的专利权，是餐饮店和其他餐饮企业事先能够采取的品牌保护措施。但是在采取了这些措施之后，如果品牌还是受到别人的侵犯，那么餐饮店应该通过法律手段来解决，让侵权的人受到法律的制裁。

采取品牌保护措施和不采取品牌保护措施所造成的后果很可能是完全相反的。如日本FBD公司作为日本大型的川菜企业，钟情四川名菜，终于动用不菲的资金取得了四川名菜的授权生产，而有着百年历史的“陈麻婆豆腐”也以一种体面而合法的身份登陆日本一展风采。在烹饪菜品只管“拿来”不问出处的市场现状中，我们或许对FBD公司这种采取不菲代价换取菜品授权生产的做法大为不解。而这种以品牌授权方式获得产品生产权的做法也反映出规范市场经营秩序下的菜品“拿来”方式，同时为我们带来菜品保护和尊重创新的经营信息，更对菜品的保护和推广提供了有益的启迪。由此可见，菜品的保护和推广除了必要的市场考验和内涵积累之外，还应该有知识专利和产权保护意识和手段。

今天“陈麻婆豆腐”通过品牌授权的方式进入了开拓市场的新的一页，也给同样具有悠久历史和独特工艺的“回锅肉”、“宫爆鸡丁”等众多川菜名品提供了技术保护和推广的成功经验。面对数目众多的、由新兴餐饮企业开发和拥有的创新菜品，如何对这些菜品进行有效保护和合理推广，又将成为餐饮业研究的课题。

第十六章

创新求变：异曲同工，新颖独到

餐饮店经营的创新，就是指用新的理念、手段和方法来整合餐饮店的各种资源，以创造一种新的餐饮运行模式。其根本目的就在于满足顾客需求，节约资源，创造竞争优势，实现餐饮店的不断发展壮大。

创新原则：正确理解“新”“异”内涵

创新求异，并非易事，尽管开拓者多如过江之鲫，但成功者却寥寥无几。其根本原因就在于对“新”、“异”理解不够透彻、全面，不知该从哪些地方入手。要创新求异，关键还在于正确理解“新”、“异”的丰富内涵，树立创新的正确理念。

树立全新的创新观念

打开思路，广纳百川，博采众家之长是创新求异的根本方法，闭门造车只会使自己退步落伍。餐饮店经营者要充分运用发散思维，敢想敢做，会想会做。

（1）新产品未必是“全新”产品。新产品就是指新创造出来的产品，该产品在以前应该是不存在的、所没有的。于是，许多经营者纷纷陷入迷途，开始了自己开创新产品的“伟大征程”。结果费尽心机，却徒劳无功。实际上，新产品未必就是全新产品，创新的实质虽然在于对传统的一种突破，但同时对传统也必然有一部分的继承，自然也会带有传统的一些痕迹，新旧并非截然不同、泾渭分明。

一般说来，餐饮店新产品从形式上可分为三类：完全创新的产品；改进后的新产品，如创新川菜、粤菜；仿制新产品，如现在云南各地新推出的法式大餐、日本料理、铁板烧等。

三种新产品，据市面上统计，第一种只占了极少数，因此，创新时千万别钻牛角尖，不一定非要去开创什么前所未有的产品。

（2）取人之长，补己之短。当你开一家餐饮店，想不出什么好点子时，千万别怕羞，不妨多向一些生意兴隆、经营良好的餐饮店学习、请教，取人长处，补己之短。

因为合理的借鉴本身就是一种创新，只不过在取人之长时应注意具体问题具体分析，因地制宜，找准对象，方法得当，对借鉴对象的所有学习，应从自身实际出发，而不是照搬照套。有些餐饮店，不尊重国人饮食习惯，盲目套用西方就餐方式，开发西式食品，虽然新奇独特，却偏离了国情，结果中途夭折。

（3）别改变食物，只更改食谱。一般来说，改变食物，顾客会因为饮食习惯及意识方面的限制而难以接受。适当调整菜谱，对各类菜点，尤其是一些宴会菜点，重新加以组合配置，变动一下口味搭配，甚至是菜品在菜谱中的位置，多一点附注说明，同样也是一种创新，一样可吸引客人。

（4）"崇洋媚外"未尝不可。国外由于经济水平较高，非常注重生活方式的革新，注重追求高雅独特的情调和风格，所以对餐饮业的要求相对较高，而且国外餐饮业的发展水平也相对较高，因此，灵活借鉴国外餐饮店的经营方式也是一种创新，切不可故步自封，传统保守。

事实证明，国外的许多东西在我国一样适用和受欢迎，例如自助餐厅、咖啡厅等。

（5）健康饮食是餐饮新时尚。近几年居民生活水平的提高，"健康"成了人们关注的话题。怎样吃才有营养？吃什么才健康？作为满足人们吃喝需要的餐饮业，应挑起大梁，正确引导顾客进入健康时代。餐饮店经营者充分运用我国传统的饮食养生学及新兴营养学知识，指导烹调制作，挖掘营养食品，推销健康食谱，增设健康设施，调整营业时间，满足健康需要。

（6）要有十分坚强的毅力和耐心。俗话说：一个步行的傻瓜比十个坐着的天才走得远。创新的成功依赖于耐心和毅力，急功近利只会导致创新失败。一口不能吃成个胖子，创新必须以顾客需求为中心，持之以恒。

（7）小餐饮店应注重特有的服务创意。受自身条件的限制，很多东西小餐饮店无法与大中型餐饮店相比。但小有小的好处，小餐饮店一样可以创新求异赚大钱。

从小餐饮店自身特征来看，易促进人与人之间的交流，形成良好关系氛围和塑造主题氛围是它的独特优势。因此，小餐饮店的创新求异可从这个优势入手，尽力发挥其独特作用。专为上班族或住校学生服务的小餐饮店，店主不妨利用他们独自用餐时，主动与他们搭话聊天，问寒问暖，多些亲切、诚恳和关心，必将使他们倍感温暖，充分体验到家的感觉。

注重餐饮产品本身创新

所谓万变不离其宗，创新求异不能离开“餐饮产品”这一本体，即创新的结果能为客人的餐饮消费带来更好的享受，而不是改变餐饮这一基本服务功能。有的餐饮店借餐饮创新削弱了餐饮地位，实则背离了经营创新是为了更好地服务顾客这一基本原则。

所以，经营创新的关键是怎样很好地提出餐饮消费的实用性、适用性和食用性，使之融美食、文化于一体，提高餐饮消费水准。

注重迎合消费心理

餐饮店经营的最终目的在于满足整个社会日益增长的餐饮消费需求。因此，创新求异应立足于研究消费者的餐饮消费心理，从餐饮消费需求心理、餐饮消费个性心理出发，研究餐饮产品心理、价格心理、广告心理，真正满足消费者的心理需求。

注重营造文化特色

创新求异应营造一种良好的饮食文化，而不是让餐饮回归于茹毛饮血的原始时代。因此，创新求异应始终注重围绕“提升餐饮文化”而展开。而有的餐饮企业借口“营造文化”而推出一些低俗的、消极的、反动的、封建的餐饮产品或餐饮服务模式，严重背离了现代餐饮业的发展方向。餐饮文化创新应坚持积极的、健康的、文明的、优秀的主旋律，通过文化性的产品和文化性的服务营造一种真正文化意义上的餐饮文化。

注重综合全面创新

餐饮创新不能仅仅局限于有形的菜点创新，应遵循博采众长的综合创新模式：既应考虑有形产品的创新，又应考虑无形产品的创新；既可考虑小范围的创新，又可考虑大范围的创新；既可实行小处着手的改良式创新，又可进行脱胎换骨的跃进式创新；既要依赖专业厨师人员进行创新，又要群策群力，寻求源于百姓的创新思路。

创新实质：五大要求，三大方法

餐饮店业属于第三产业，它所提供的产品包括有形及无形两部分，由餐饮店的地理位置及环境、设施设备、服务、形象、餐饮店氛围、价格及营销手段构成。

所以，餐饮店的创新求异实质上就是指在不同程度上对餐饮店原来的位置环境、设施、服务、形象、价格、手段、氛围进行增减、改正、延伸、改进、扩充、提高，从而使客人在不同程度上感觉新意。

创新要求

创新求异的形式内容多样，但其关键在于创新的产品、服务或经营方式必须符合以下五个要求：

（1）突出独特性。求新求异是人们的普遍心理，任何人对从未见过、用过、体会过的事物，都会产生好奇心，促使其产生行为动机，去尝试这种新事物。在进行餐饮店经营创新时，应注意和利用人们的这种心理。只有这样，新开发出来的产品、服务和经营方式才可能新奇、独特，对客人具有吸引力。独特可以物质或非物质形式来表现，在创新时切忌思维单一，走入死胡同。

顾客需求有多种类型，其中最普遍的一类是为了填饱肚子，其他的则包括家庭聚会、生日聚会、商务宴请、朋友爱人间的聚餐等。因此，餐饮店经营者要能够主动根据这些客人的构成和特点准备各具特色的包房、观景座位、包厢座位、聚会台位等，让其在日常的经营中发挥作用。这就要求餐饮管理者和服务人员处处做有心人。

（2）强调针对性。针对性是指餐饮店的创新求异必须在调查研究的基础上，以顾客的真实需求及社会实况为出发点。这种需求也许不是目的，前存在的，但必须是潜在的、真实的，否则创新求异就会失去生长的土壤，提前夭折，陷入创新误区。

（3）合理的经济效益。创新求异的目的在于获取利润，为了保证实现这一目标，创新时必须进行可行性研究。

应考虑自己目前的人、财、物力及经营现况能否经受得起或支撑住新项目的开展。你想开一家铁板烧餐饮店，最起码要买得起那一套几十万元的设备。盲目运作，最终将会使企业财力不支而垮台。

要处理好近期效益和长远利益的关系。有时，新创项目短期内是无法给企业带来利益的，但从长远来看，必将会为餐饮店发展建功。但有时新创项目短期内会给餐饮店带来可观效益，却又不利于长期发展。餐饮店在追求创新求异时，两者必须相互兼顾，协调发展。

（4）符合国情及遵守相关法律。餐饮店经营创新不能违背实际，脱离经营轨道。我国是一个传统的文明古国，是伟大的社会主义国家，为了招徕顾客，盲目采用非法娱乐手段，必将受到国家法律的制裁。创新求异，就必须详细了解分析我国国情、尊重国人礼仪、习俗、生活忌讳、饮食习惯、意识观念，遵守国家有关管理规定，依法创新。

（5）注重不断充实和完善。任何事物都不可能一开始就十分完美，毫无改进余地。新项目投入市场后，切不可因为短时期内的良好效益而麻痹大意，必须跟踪调查，认真听取和收集反馈意见，不断改进和完善，促使新项目进入良性循环，延长其生命周期。

基本方法

餐饮店的地点、环境、内装修及设施设备一经选定，很难再做大幅度调整。因此，常规餐饮业的创新求异一般仅限于围绕以下几方面开展：

（1）创独特的服务方式。服务是餐饮销售的根本，服务的标新立异、优质独特必将能吸引公众的注意，促成经营的成功。但标新立异不等于让小姐陪吃陪喝，真正独特的服务方式的开创必须新颖、健康、合法，切实为顾客着想，具有明显的个性化特征，合乎服务的基本要求，能满足顾客的需求并符合时代潮流。例如，云南许多餐饮店所独创的民族歌舞伴餐，既发挥了区域优势，又丰富了顾客的就餐经历，增长了见识，活跃了就餐气氛，深受顾客欢迎。

（2）创独特的菜品和饮料。菜品和饮料的独特体现在便宜、专门、特别及讲究营养四个方面，是在继承和发扬传统烹饪技艺的基础上，吸取当代科技成果，掌握当代人的审美情趣的变化，精心设计创造出来的新型菜品。它既遵循传统的色、香、味、形、器、质、声、名方面的要求，又结合了现代人的饮食需求和潮流，力求新、异、野、营养，博采众家，选料广泛。例如新兴的花草美食、昆虫筵席、绿色食品等。

（3）创独特的餐食用具。俗话说：人靠衣裳马靠鞍。餐饮店使用考究、新颖、独特的餐用具一样可使餐饮店不同凡响，不落俗套。只是在选择时，应充分考虑餐用具的样式、图案、大小、重量、质量，力求使它符合餐饮店的格调、装饰、布局，既方便适用，又美观大方、新颖独特，具有较高的艺术价值。

现代餐饮店经营创新求特的具体方法和对象，形式多样，取材广泛。除了产品、服务外，餐饮店所在地区的文化艺术、娱乐、民风民俗等皆可入围。做好创新求特的关键还在于拓展思路，广泛选材，发挥区域优势，打好特色牌。

制品创新：思路要开阔，方法要改良

餐饮店制品的创新，就是要采用新的原料、新的方法，创造新餐饮产品，或者对传统餐饮产品采用新的思路和方法进行改良完善，使创作后的餐饮产品具有新的风格。餐饮产品的创新，关键在于思路的开阔与变化。其基本思路与做法，主要有以下几个方面：

注重古今结合

中国烹饪历史悠久，厨艺精湛，菜点众多，风味各异，个性分明。所以，菜点的创新应该努力挖掘和开发中国的传统菜点，古为今用，推陈出新。

传统菜点的开发，是对历史菜的挖掘和开发，即从历史的陈迹中寻找失传的历史菜，仿制和改良古代菜点。其途径主要有三个：根据历史留存的食谱、食单、笔记、农书、食疗著作中的史料进行挖掘仿制；根据历史档案及其他一些史料，再加上厨师的回忆，加以挖掘整理；根据古典小说等文学著作中描述的饮食内容，加以考证，然后进行制作。

传统菜点的开发，要注重对乡土菜的挖掘和开发。乡土菜，就是指在一定的地域内利用本地所特有的物产，制作具有鲜明乡土特点的民间菜。其特点是靠山吃山，靠水吃水，就地取材，家常做法，原汁原味，鲜美异常，具有独特的乡土气息。假如按原料分类，就有野菜系列、野味系列、鲜活系列、粗粮系列等。在餐饮消费观念告别精细时代的今天，“粗杂菜点”往往成为人们，尤其是都市人们怀旧忆古的重要源泉。

传统菜点的开发，也是对家常菜的挖掘和开发。中国是礼仪之邦，是一个热情好客的民族，节日甚多，人行往来频繁。所以，中国的家庭在待客过程中创造了不少优秀的菜点，如霉菜系列、糟菜系列、酱菜系列等。这些家常菜往往流传于各地民间，餐饮店经营者应善于整理、挖掘流传于市井的各类家常菜。浙江开元旅业集团下属的杭州萧山宾馆就曾成功地组织过征集民间菜的活动，通过在媒体上刊登“有奖征集民间菜”的广告，并组织民间菜的烹饪比赛，不仅收集到了几十种富有特色的家常菜、民间菜，而且通过推出“民间家常菜”饮食活动，吸引了众多消费者慕“奇”而来。

注重中外结合

菜点的创新和开发，既要继承中国烹饪的传统优势，又要善于借鉴西洋制作之长，为我所用，中西合璧，相得益彰。

中西合璧，即中菜西做，西菜中做。其思路主要有三点：一是西料中用，即广泛使用引进和培植的西方烹饪原料，为中餐制作所用。二是西味中调，即广泛吸取西方常用调料来丰富中菜之味，如西餐的各式香料、调味酱、汁等。三是西法中效，即借用西餐烹饪技法来制作中餐菜肴，如铁扒炉制作法、酥皮制法等。

注重不同菜点结合

菜肴烹调与面点制作是中国烹饪的两大部分，菜点相互借鉴，使菜中有点，点中有菜，不但可拓展菜肴与点心各自的创作思路，而且可为菜点风格特点增添新的色彩。

菜点交融，首先表现为菜肴借鉴面点变化多样的制作手法，并使菜肴的外形具有面点的特征，以假乱真，以菜充点，即菜肴面点化。如“蛋烧卖”、“豆腐饺”、“韭黄鱼面”等就属此类。

菜点交融，其次表现为面点借鉴菜肴的烹饪方法和调味手段，改进传统面点制作工艺，使面点具有菜肴的某些特征和功能，即“面点菜肴化”，如“挂霜馒头”、“饺子宴”、“珍珠汤”、“玫瑰锅炸”等。

菜点交融，再次表现为菜点合一，即把菜肴和面点通过不同的方式组合成一种新的菜肴，其主要方式有：一是组合式，就是指在加工过程中，将菜点有机组合在一起，成为一盘合二的菜肴，使其既有菜之味，又有点之香。如馄饨鸭、酥盒虾仁等。二是附带式，即菜肴上菜时随菜带上某一配套的面食，如“北京烤鸭”，“鲤鱼焙面”等。三是混融式，就是将某、点两者的原料或半成品在加工制作中相互接合，合二为一成整体，如“紫朱鸡卷”、“珍珠丸子”、“沙锅面条”等。四是装配式，即是将菜点分别制成后，菜点双拼装盘，既有菜肴佐餐，又有点心陪衬，如“菊花鱼酥”、“虾仁煎饺”等。

注重各种材料结合

更材易质，改头换面，就是采用偷梁换柱、材料变异、调味及工艺移植等手法，使原来之物发生变化而创出新菜。菜点制作中的更材易质、改头换面之法众多，最基本的方法有以下几种：一是以荤托素法，即用植物性原料，烹制像荤菜一样的菜肴，如用豆制品、面筋、香菇、木耳、时令蔬菜等干鲜品为原料，以植物油烹制而成的“素香肠”、“脆皮烧鸡”、“糖醋鲤鱼”、“鱼香肉丝”、“烩素海参”等。二是酿、嵌制法，即对原料偷梁换柱，使其材质更易，原形保持，但质地变化，口感变易，口味独特之方法，如“盐水彩肚”、“蛋黄猪肝”、“八宝鸭”、“笋穿排骨”等。三是移花接木，即将某些菜系中较成功的技法、调味、装盘等转移，应用到另一菜系菜点中以图创新的一种方法，如将几个菜系交融一炉的“鱼香脆皮藕夹”，它取江苏菜之藕类，用广东菜的脆皮糊，选四川菜的鱼香味作味碟，可谓是移花接木之佳作。

注重出奇制胜

就是改变思维定式，设法对已有原料、加工方法、烹调技术从新的角度去思考创新，或跳出传统框框，用新的原料，制造新的方法，推出新、奇、特之茶点。出奇制胜，关键是要打破常规，即要立足于改变规则，敢于标新立异，善于根据需要另立新规，如“脆皮冰激凌”、“大良炒牛奶”就属打破常规之作。其次是要学会借题发挥，举一反三，即通过由此及彼的联想，创造新品的方法。在茶点制作中，可借之题甚多，既可从原料入手，利用丰富多变的原料借题发挥；也可从味型着手，发挥联想，制成系列菜肴；又可从技法着眼，进行相似、相关或对比联想，达到巧夺天工、出奇制胜之效果。

注重从小处着手

指菜点创新可借助各种调味品实现创新之目的，调味品的使用程度及味型调制的变化可成为创新的重要源泉。中国菜以“味为核心”，单调调料制成的菜肴只能使人乏味，而丰富多彩的味型，不但可使菜肴变化幅度大，而且可吸引不同层次的客人。

海外的中国菜是在传统的中国菜基础上发展改良的，它能得到世界各国人民的欢迎，关键就在于能适应当地人的口味，进行合理的变化，并使用多姿多彩的调味料。它不仅吸收中国各地菜系的调味品种，又兼收了中国香港、中国台湾、东南亚及本地的特色调味品，可谓是“世界调料居其中，爆炒煎炸任选用”。厨师们将这些调味品灵活运用，巧妙复合，制作出新型口味的菜肴，这是菜肴变新的一种方法，同时以味取胜也是吸引客人的一种有效途径。

创新开发：持之以恒，日新月异

要使创新菜点开发的工作持续进行，并卓有成效，就必须加强创新菜点开发的管理。

强调信息管理

全面、及时、准确的信息，这是做好创新菜点开发工作的基础。有关创新菜点开发的信息资料主要包括：有价值的历史资料，如名人菜谱、民间菜谱、历史传记等；餐饮消费的发展趋势；同行餐饮店、社会餐饮店的菜点情况；国内外烹饪界的最新动态；餐饮店已推出菜点的销售情况；客人对菜点的评价反映等。菜点开发的信息管理，首先必须注意信息的收集工作，要充分发挥每个员工的作用，广开信息渠道，充分掌握各种信息；其次必须重视信息的分析整理和统计归类，去伪存真，去粗存精；再次必须注意信息的有效传递和利用，真正做到信息资源的共享和利用的最优化。

准确预测发展趋势

餐饮发展趋势是菜点创新开发的重要依据，应准确分析、预测未来餐饮发展趋势，做好相应的开发工作。

尽管世界各国饮食文化不同，但对于吃要朝天然、健康方向发展则颇为一致。在欧美等西方国家，追求绿色、黑色食品和野生天然食品已经成为一种时尚。在中国，吃腻了山珍海味的人们开始食用玉米棒、窝窝头等食品，人们不喜欢过分的油腻，不喜欢过分刺激的菜点，也不需要“重油、重盐、重酱色、重味”，人们追求“低盐、低油、低热量”，强调“本色、原味道和清淡”，即对色调雅淡和原色、素色的菜点比较喜欢。因此：餐饮店应注重开发清鲜、雅淡、爽口的菜品，菜品开发忌大红大绿，且不用有损于色、味和营养的辅助原料，以免画蛇添足。

同时，随着健康意识的崛起，现代人在餐饮消费上将奉行“味美和营养并重”的消费理念，餐饮将朝营养化、健康化的方向发展。因此，菜点创新要本着“营养、卫生、科学、合理”的原则，确保菜点中各种营养适度、均衡，如套餐中最好有含蛋白质较高的牛肉、瘦猪肉、禽蛋等，并要有相当分量的蔬菜和水果，注重开发健康餐饮等。

加强组织领导

创新菜点的开发，是餐饮店餐饮业务管理的重要组成部分，必须列入重要议事日程，加强计划管理，并由专人负责。为了使菜点的创新开发落到实处，餐饮店应建立创新菜点开发的研究小组，做到定目标、定任务、定人员，并做到经费保证、时间保证、制度保证、措施到位。若人力、财力有限，也可助于外脑机构——各类智囊机构（如餐饮同业公会、各类烹调专家等）进行咨询诊断，进行菜点创新研究。

建立合理有效的激励机制

任何活动，只有全体员工的积极参与才能取得成功。创新菜点的开发，同样首先必须具有广泛的群众基础，营造创新氛围。为了调动餐饮部全体员工参与菜点开发的积极性，餐饮店应定期组织创新菜点的比赛，并建立创新菜点开发的奖励制度。尤其应针对厨师建立各项激励机制。创新是厨师的职业生命得以强化和长寿的根本。

餐饮店应经常性地统计：哪些菜点的点菜频率低？哪些菜点的点菜频率高？桌面上哪些菜点剩得多？哪位厨师的菜点投诉最多？等等，并将各项统计结果与个人奖惩直接挂钩。

树立“视厨师外出交流为新产品投资，而不是成本开支”的新观念，注重厨师的交流和深造。餐饮店可采用“请进来、走出去与进修自学三者相结合”的方法，建立和完善厨师交流学习制度，实现取长补短，开阔视野之目的，并以此作为充实厨师底气和内功的重要途径。

有压力才有动力，餐饮店应建立厨师定期创新制度，要求厨师定期出新菜、创新点，并考核、评比创新菜点的质量。

20 世纪 30 年代广州的“星期美点”（即一周内出售的各种点心的总称）的出现，就是一个很好的创新案例。广州原先点心品种单调，为改善这一局面，各大餐饮店推出星期美点活动，每期星期美点咸甜点心约 5~8 款，花色品种必须按当令季节制作，不但做到咸甜俱备，而且中西并陈，讲究色彩。点心师们则各出奇招，相互配合，避免了各餐饮店之间同期点心品种雷同和造型相似，因而也促进了技术交流。

服务创新：从长远利益出发

在不同的经营背景下，不同的餐饮店确定了不同的餐饮经营目标：有的提出通过服务为客人餐饮消费提供必要的方便；有的提出借助服务使餐饮产品锦上添花；有的则将服务视为附加收费的重要资本；有的则通过对服务艺术的研究提升饮食美学，创造饮食文化。

在目前新时期的背景下，餐饮店应从狭隘的、静止的个体利益导向中解脱出来，将其服务目标调整为“通过满足社会需要来获得利润，通过满足客人需求来获得市场，通过服务创新来获得主动”，即餐饮店在发展过程中应树立动态的、长远的、整体的、社会的服务导向，在追求“小我利益”的同时兼顾“大我利益”；在追求“经济利益”的同时考虑“社会利益、环境利益、客人利益”，在追求“当前利益”的同时考虑“长远利益”。餐饮店服务创新要从以下几个方面做起：

从服务人员做起

餐饮服务中，人员是服务的主体，其素质高低直接影响服务质量的高低，因此，餐饮店应该用新知识、新技术武装员工，用高素质员工创新的头脑全方位服务于客人。如一些主题餐饮店，其服务人员不仅通晓基本的服务之道，而且是这一主题的专家，不仅能很好地为客人提供周到的服务，而且担当了主题知识传播者的角色，使消费者在普通的饮食中增长见识。这种高起点的服务与独特的主题文化相结合，往往使一般的竞争对手望尘莫及，很难模仿。

也有的餐饮店则简单地通过服务人员的外貌特征体现人员特色，但这类外表形象上的差异只能图一时之鲜，餐饮店仍应加强其文化素养培训，使其具备礼貌服务的基本素质。

从服务组织做起

组织体制是保持部门正常运行的根本保障。作为餐饮店，应始终通过对如何通过服务组织创新来为餐饮店的发展作出贡献这一基本课题的研究，使服务组织始终保持正常高效的运转。

在餐饮店内部，并不一定只选择一种组织结构，工作性质、工作内容互不相同的人员可以选择不同的组织结构，完全可根据经营任务的轻重、人员的多少、服务范围的大小，根据命令统一原则、分工协作原则、精简高效原则，确定合理的组织结构。同时，在内部岗位人员的配置上，应本着“先请菩萨后搭庙”的原则进行优化配置。

从服务环境做起

服务环境创新属于物质性创新，它属于最表象的视觉创新，经营者可通过餐饮店格调的设计、内部氛围的调整、艺术品的增减、餐具的变化等手段达到服务环境创新的目的。

具体而言，餐饮店在实施环境创新时可采用移植手法，根据餐饮店的菜式特点再现“某一典型环境”。

从服务过程做起

消费不同的产品，客人会获得不同的效用，以不同的消费过程来消费各种产品，客人也可以获得不同程度的满足。既然消费过程的不同会影响客人消费的价值获取量，那么，餐厅有责任也有必要改善客人的消费过程，并将此作为服务创新的重要内容。

实施服务过程创新，要对消费过程进行系统分析，即不仅要对每项消费活动发生的地点、时间、人员构成和活动现状进行分析，而且要深入了解客人是否具有改变活动现状的需求和改变活动现状的趋势方向；最后要通过积极调整餐厅内部的价值活动，帮助客人改善消费活动，使其在方式、时间、地点、价格等方面更为适合客人的需要。服务过程的创新将给餐饮店服务模式的创新带来广阔的发展空间。

从服务内容做起

餐饮服务的内涵远不止为客人就餐提供各种辅助性的服务。随着客人餐饮消费需求的增多，餐饮店在餐饮服务上可寻求各种延伸服务，这些服务包括安全服务、排难服务、信任服务、信息服务、休闲服务、旅游服务、托婴服务、健康服务等。

从服务语言做起

语言是服务沟通必不可少的工具，经过长时期规范化管理的熏陶，餐饮业内均已形成了一套规范化、标准化的服务语言体系。但这种千篇一律的单调语言正受到挑战，不少客人已明确表示对这种毫无新意的服务语言表示反感和厌烦，并由此戏称餐饮店的服务人员为“鹦鹉”。餐饮服务更多时候借助语言进行，因此，实施服务语言创新应是服务创新的重要内容。不少餐饮店着手研究语言的针对性、适度性、灵活性问题。新型服务语言的形成，需要餐饮店在经营过程中高度重视员工沟通技巧的培训。

从服务方式做起

服务员可以不漂亮，但必须微笑面对顾客，这是经营秘诀。让服务员微笑其实很简单，但是许多目光短浅的经营者，往往看不到“微笑服务”所带来的效益。有顾客抱怨，某家餐饮店门脸很大，还冠以某某食府之名，可一顿饭下来，他再也不想去了，因为那里服务员的脸始终是“多云转阴”，且反应速度极慢。他说，他的“胃”受不了，这样的服务消化不掉。

所谓“微笑服务”，不是指简单的“微笑”，其中学问很深。服务讲究的是不卑不亢、细心周到。专家指出，真正为“微笑服务”可以为商家带来高额回报。以周到的服务争取顾客应该是成功企业的必备要素。未来餐饮业的发展要注重经济附加值、技术含量和服务质量。

餐饮服务很多时候是面对面的近距离服务。长期以来，在“亲切服务”、“热心服务”、“贴心服务”的影响下，餐饮店餐饮服务在不自觉中也带上了“不讲求距离”的服务方式。从心理学角度来看，人与人之间都有一个亲密的距离。如果面对面讲话打破了这个距离，不仅会使对方引起警戒，而且会产生厌恶。

在餐饮服务中，服务人员应注意把握准确的服务空间距离，以免引起不必要的误会和纠纷。因此，一些餐饮店推出了“零干扰距离服务”。所谓“零干扰距离服务”，就是指服务人员与消费者保持恰当的距离，当消费者浏览菜单时，服务员不必贴近，不必开口，而当消费者示意时，服务员则应迅速来到消费者面前，提供相应的服务。这种“零干扰距离服务”实际上是给消费者留一点自由空间，营造一种轻松、自在的消费环境和消费氛围。

创新潮流：各有特色，独领风骚

丰富的见识是餐饮店经营创新的土壤，没有哪个孤陋寡闻的经营者会有什么经营新举措和新创意。在此，对餐饮业在现代市场经济条件下的一些革新或全新的经营方式作个介绍，以供读者参考和借鉴。

超市化餐饮店经营

超市与人们日常生活紧密相连，它以出售低价、优质、齐全的日用杂货满足顾客的需求，以购物方便而深受顾客喜爱。它顺应了现代生活节奏加快的时代潮流。

超市化餐饮店经营就是借鉴超市特色，运用国际流行的超市原理，以经营“餐饮产品”为内容的超级市场。它的典型特征是：批量生产，千品汇一，超市自选，廉价销售，连锁经营。

餐饮店布局打破了原有堂、柜、厨的传统布局，遵循自选就餐便利、点炒取送便利和食品增添便利三原则，设置了选食区（各类主食、烧烤熟食、冷热菜、肉类、海鲜、蔬菜水果、饮品、佐料的陈列区），操作区（透明厨房、加工烹制各类菜品的区域）以及就餐区（格调高雅、气氛热烈、富有情趣、供顾客就餐）三个区域，使“后灶前堂化”得以实现，让顾客吃得舒心，从而赢得了顾客的充分信任。

超市式餐饮的开放式经营又有别于自助餐，它把顾客的自选过程提到了加工之前，保证了成品质量。除了厨师烹制外，顾客还可自选自做，把传统的烹饪权交给了顾客，增强了顾客的随意性。在服务上也以开放式服务、顾客自助为主，服务到桌和随机服务为辅。除了做到常规服务的要求外，千方百计满足顾客需求是其根本宗旨。

餐饮产品外卖服务

为了满足顾客求方便、求高效、求简洁的需要，同时又消除工薪层无经济实力光顾高档豪华餐饮店的尴尬，做到餐饮经营以确实方便客人为宗旨，推出快餐外卖、宴会外卖、家庭套餐外卖等经营形式，也是适应社会发展趋势的经营举措。

通过产品外卖，一定程度上可缓解上班族工作紧张、时间紧迫的现况，提高其工作效率，适应其经济承受能力，给其生活、学习、工作带来便利，因此较受顾客欢迎，只不过应注意保持外卖产品“方便、价廉、美味”的特点。

无店铺餐饮店经营方式

该形式没有固定的场所提供就餐，只有流动的厨师和美味佳肴。一个办公室，一个原料加工车间就可开张营业。它以标准化的菜单为顾客提供上门服务，只需顾客一个电话，餐饮店的厨师就会带上原料走到顾客家中为你现场烹制，而且绝不多收你一分钱。采用这种方式经营，对经营者来说，可节约大笔人、财、物力成本，较为省心。对顾客而言，除了便宜，还能省去一大堆家务活，充分体现了餐饮经营向家庭的延伸趋势，较受顾客欢迎。

电脑点菜，电视点炒

电脑点菜是指餐饮店服务员手持微型电脑记录客人所点菜品，然后通过按键用红外线将所点菜品名发射给红外线接收器，再由接收器转发厨房、收银、吧柜等部门，这样做减少了顾客的等候时间，提高了上菜速度。电视点炒则是客人点菜后，其中的一道或几道菜品的烹制过程通过电视转播到餐厅，让客人看到厨师是怎样为自己烹制菜肴的。以上两种方式都是现代科学技术在餐饮店经营中的运用，它们满足了人们的时间要求及心理需求，较能使顾客产生消费兴趣。

突出休闲主题餐厅

都市生活的快节奏，使得现代人神经紧张，总希望能找个优雅、舒适的环境坐下来，听听音乐、品品香茗美酒、谈谈人生、谈谈理想、唱唱歌、打打扑克、吃点东西，借此放松自己，松弛神经，调剂身心。随之就产生了一种新型经营方式——休闲餐厅。

休闲餐厅融合了食品文化、酒文化、茶文化等多种文化形式，是文化形式的融合体。讲究餐厅的格调与布局，要求具有浓郁的文化气息，给人一种高雅、舒适的感觉，符合时代潮流的需要。休闲餐厅的经营品种一般较为丰富，各类简便的中西餐菜品、风味食品、小吃、点心、水果茶、酒水饮料及冷饮皆可出售而且收费低廉。其服务则力求高效、快捷、主动、热情，营造一个较为温馨、充满亲切感的氛围。经营方式一样算采用连锁式经营，例如昆明的一饮相思冷饮店到目前已拥有很多家分店。

饮食风味城，饮食一条街

饮食风味城、食街皆是经营地方风味小吃的餐饮店或餐饮群体。随着近几年大众消费需求的增长，地方风味小吃成了一个新的需求增长点。受经营者和消费者所重视，它虽然不是正餐，但却能满足口腹之欲，特别是它的经济实惠、简便快捷，消费者不必过于担心钱袋子，商家又可薄利多销，令双方都可以接受。

风味小吃源于过去的庙会、集市，富有浓厚的地方文化色彩，各地方、各区域几乎都有属于自己的地方风味食品。据不完全统计，我国的小吃大约有两万余种，给小吃的经营创造了一个广阔的天地。但应注意的是，小吃毕竟是小吃，因此也不可能成为餐饮霸主，要想维持经营，只有不断拓宽品种范围，深挖自身特色，保证每一种产品的地道口味，并逐步加以革新。

中餐连锁经营

时至今日，餐饮连锁在中国的发展尚处于摸索阶段。中西饮食文化的差异决定了中式餐饮企业不能完全照搬西方的那一套模式，中式餐饮店要走连锁之路，必须革新传统落后的手工作坊式的经营模式。

我国中餐业连锁经营已经得到长足的发展，同时也显露了连锁这种“21世纪最具有竞争力商业模式”的优势。很多连锁餐饮企业，如北京马兰拉面、沈阳小土豆、上海新亚大包等在规模和营业额上都取得了可观的成绩。我国中餐连锁成了餐饮经营者关注的焦点，特别是在餐饮企业及产品边际利润整体趋小的竞争市场态势下，中餐连锁更是经营者关注之处。

经营新方式尚有许多。通过以上方式的介绍可以看出，现代餐饮业要发展，创新求特是根本途径。